Beck'sche Reihe
Aktuelle Länderkunden
BsR 809

Oskar Weggel, der zu den bedeutenden Kennern Indochinas gehört, zeigt in seinem Buch vor allem eines: Jedes der drei Länder Indochinas – Vietnam, Kambodscha und Laos – hat sein eigenes, durch seine Lage, seine Landschaft, Wirtschaft und Geschichte, Kultur und Lebensart geprägtes Gesicht. Wohl hat sich das Schicksal dieser Länder durch die Gemeinsamkeit der Leiden am Ende der Kolonialzeit und die wirtschaftlichen und politischen Vorgänge seit 1945 vielfach verwoben: aber für den westlichen Beobachter wird die Geschichte dieser Region nur dann verständlich, wenn er die ursprüngliche Verschiedenheit vor Augen hat.

Oskar Weggel ist Wissenschaftlicher Referent am Institut für Asienkunde in Hamburg. Aus seiner Feder stammt auch der China-Band in der BsR sowie das 1989 ebenfalls bei C. H. Beck erschienene Werk „Die Asiaten. Gesellschaftsordnungen, Wirtschaftssysteme, Denkformen, Glaubensweisen, Alltagsleben, Verhaltensstile".

OSKAR WEGGEL

Indochina

Vietnam, Kambodscha, Laos

Zweite, überarbeitete Auflage

VERLAG C.H.BECK MÜNCHEN

Mit 4 Karten und 8 Abbildungen im Text

Dies ist eine Forschungsarbeit
des Instituts für Asienkunde Hamburg

CIP-Kurztitelaufnahme der Deutschen Bibliothek

Weggel, Oskar:
Indochina: Vietnam, Kambodscha, Laos/Oskar Weggel. –
Orig.-Ausg. – München: Beck, 2., überarbeitete Aufl. 1990.
  (Beck'sche Reihe; 809: Aktuelle Länderkunden)
  ISBN 3-406-34744-4
NE: GT

Originalausgabe
ISBN 3 406 34744 4

2., überarbeitete Auflage. 1990
Einbandentwurf von Uwe Göbel, München
Umschlagbild: Aberham/Prenzel-IFA
© C. H. Beck'sche Verlagsbuchhandlung (Oscar Beck), München 1990
Gesamtherstellung: Appl, Wemding
Printed in Germany

Inhalt

II. Die Geschichte der drei Indochina-Staaten

III. Gegenwartsgeschichte und Politik seit 1975

IV. Wirtschaft und Raumbilder

V. Kultur und Wertvorstellungen

VI. Rückblick und Ausblick

VII. Anhang

Vorwort zur 1. Auflage

Vietnam, Kambodscha und Laos haben durch die westliche Kriegsberichterstattung dreier Jahrzehnte kaum weniger Schaden genommen als durch die Kriegsereignisse selbst. Zumeist verkürzen sich die einschlägigen westlichen Vorstellungen auf die Vokabel „Vietnamkrieg". Nichts könnte jedoch unangemessener – und ungerechter! – sein als eine so einengende Betrachtungsweise. Gibt es doch in Asien nur wenige Völker, die geschichtlich ehrwürdiger und kulturell anmutiger zutagetreten als die Vietnamesen, Kambodschaner und Laoten. Ziel dieser Länderkunde ist es, die Optik zu erweitern und den Leser in die „indochinesische" Vieldimensionalität einzuführen, nicht zuletzt auch mit dem Vorurteil aufzuräumen, daß Kambodscha und Laos nicht viel mehr seien als bloße Anhängsel Vietnams.

Bei aller Aufmerksamkeit, die der Geschichte des Indochinakriegs zu widmen ist, werden die traditionellen Eigenarten, die Geschichte, Politik, Wirtschaft und Kultur der drei Völker dargestellt. Der Autor, dem die Indochinaländer von zahlreichen Aufenthalten bekannt – und ans Herz gewachsen – sind, hat die meisten der hier angesprochenen Themen bereits in den vom Hamburger Institut für Asienkunde herausgegebenen Zeitschriften „SÜDOSTASIEN aktuell" und „CHINA aktuell" behandelt. Im vorliegenden Zusammenhang ging es ihm um eine möglichst geraffte, dabei systematische Darstellung. – Gedankt sei den beiden Mitarbeiterinnen, Marianne Köhne und Grethe Meier-Gildemeister.

Hamburg-Nienstedten, Juli 1986

Vorwort zur 2. Auflage

Angesichts der reformerischen Umbrüche in den drei Ländern mußte ein Drittel des Textes neu geschrieben werden, vor allem in den Kapiteln III, IV und VI.

Hamburg, Januar 1990

I
„Indochina": Wie wenig sich die Bilder gleichen.
Die Eigenprofile Vietnams, Kambodschas und Laos'

„Indochina" ist weder eine geschichtliche noch eine wirtschaftliche noch eine kulturelle Einheit, sondern allenfalls ein politisches Wunschgebilde – auf alle Fälle aber eine französische Wortschöpfung, die zwar sachgemäßer ist als die Bezeichnung „Hinterindien", die aber gleichwohl ganz unzutreffende Assoziationen hervorruft. Läßt sich doch kaum etwas Unvergleichbareres denken als Charakter, Lebensweise und Kultur jener drei Völker, der Vietnamesen, Kambodschaner und Laoten.

So ist es denn auch kein Zufall, daß die Bezeichnung „Indochina" ausgerechnet von solchen Mächten bevorzugt wird, die das ganze Gebiet gerne unter eigener Kontrolle hätten – früher von den französischen Kolonialherren, heute von den Vietnamesen, während umgekehrt Kambodschaner und Laoten am liebsten weghören, wenn der ungeliebte Ausdruck fällt.

„Verschiedenheit" – dieses Thema soll im vorliegenden Kapitel variiert und im einzelnen verdeutlicht werden, angefangen von der Produktionsweise, über das „einfache Leben" der Bauern und die gesellschaftliche Organisationsweise bis hin zur Großen Tradition. Auszugehen ist dabei vom Erbe der Vergangenheit, das den gegenwärtigen Kulturwandel noch geraume Zeit begleiten dürfte.

1. Die verschiedenen Wege der Produktionsweise

Vietnam weist einen gesellschaftlichen Grundcharakter auf, der dem „hydraulischen" Typ im Sinne Karl Wittfogels entspricht. Kambodscha läßt sich demgegenüber, in analoger

Wortbildung, als „ichthylische", d. h. fischereibezogene, Kultur bezeichnen.

a) Das „hydraulische" (wasserbaubedingte) Schicksal Vietnams

Die vietnamesische Kultur hat sich im Einzugsbereich eines der segensreichsten, aber auch gefährlichsten Ströme Asiens, des Roten Flusses, entwickelt. Er spendet das für den Reisanbau lebenswichtige Wasser, bedeutet aber zu bestimmten Jahreszeiten auch eine ständige Bedrohung. Allein zwischen 1890 und 1926 hat es in seinem Einzugsbereich nicht weniger als 16 große Dammbrüche gegeben, zwischen 1927 und 1945 waren es sieben. Die eigentliche Hochwasserzeit konzentriert sich jährlich auf durchschnittlich drei Monate. In den gebirgigen Gegenden Nordvietnams sind dies der Juni, der Juli und der August, im restlichen Nordvietnam der Juli, der August und der September, in Zentralvietnam sowie in Südvietnam der August, der September und der Oktober. Die sturzbachartigen Regenfälle dieser drei Monate machen etwa 50 bis 70% der jährlichen Gesamtniederschläge aus, wobei der Löwenanteil in Nordvietnam auf den August fällt.

In den Spitzenzeiten der Hochwassersaison kann der Wasserspiegel täglich um 2 m, manchmal sogar, und zwar bei den kleineren Zuflüssen, um bis zu 7 m pro Tag steigen. Verglichen mit der Trockenzeit gibt es in einigen Teilen des Roten Flusses Wasserspiegelunterschiede von bis zu 10 m, nahe der Stadt Son-Tay sogar bis zu 11 m.

Besonders katastrophal pflegt die Situation dann zu werden, wenn das Hochwasser von den Bergen dem Meer zuschießt und dort auf eine gleichzeitige Gezeitenflut stößt. Das Wasser überspült dann die Dammkronen und verursacht riesige Überschwemmungen.

Die Regenfälle in Vietnam gehören zu den ergiebigsten der Welt und erreichen manchmal 730 bis 790 mm pro Tag; bisweilen übersteigen sie an zwei Tagen die Rekordmarke von 1500 mm – das sind über zwei Drittel des Jahresdurchschnitts. Üblicherweise folgen mehrere Flutstöße kurz hintereinander –

bis zu achtmal pro Regensaison. Vor allem in den kleinen Flüssen, deren Filigran sich wie ein Arterienkranz um die großen Ströme kräuselt, wirken sich Überschwemmungen verheerend aus: Dort übersteigen die Fluten das Durchlaufvolumen der Trockenzeit manchmal um das 10000fache, bei den Strömen beschränkt es sich meist auf das 200fache. Kein Wunder, daß aus Hochvietnam wahre Springfluten zu Tale stürzen und die großen Wasseradern dort im Nu bis zum Rande anschwellen lassen. Zu allem Überfluß sind die Fluten auch häufig noch von Taifunen begleitet, die auch nach Abklingen des Hochwassers noch Verheerungen anrichten. So verwüsteten beispielsweise im Oktober 1983 vier Taifune, zwei tropische Zyklone und sechs schwere Regenstürme nicht weniger als acht Provinzen Nord- und Zentralvietnams.

Wenige Monate nach den Sturmfluten pflegen dann alljährlich die Perioden der Trockenheit zu folgen, die auf die ersten sechs Monate des Jahres fallen und vor allem den „Oktoberreis" gefährden.

Dieses Wechselspiel von Überschwemmungs- und Trockenheitskatastrophen macht es verständlich, daß die Wasserregulierung seit unvordenklichen Zeiten zur vordringlichen Aufgabe des vietnamesischen Volkes geworden ist, die auch heutzutage weiterbesteht. Allein zwischen 1955 und 1964 mußten z.B. 915 Mio. m³ Erde, 1,7 Mio. m³ Steine und 35000 m³ Zement für den Deichbau bewegt werden. An den Dämmen des Roten Flusses wird ohne Unterlaß gebaut und ausgebessert. Die Schutzmaßnahmen beschränken sich freilich nicht nur auf Erdbewegungen, sondern erstrecken sich auf den Bau von Ausweichreservoiren, auf Beforstungsmaßnahmen am Oberlauf der Flüsse, auf den Bau von Lagerhäusern und Siedlungen an höhergelegenen Stellen und auf die Bereitstellung von Befestigungsmaterial.

Am 30. Mai 1989 erließ der Ministerrat einen Beschluß, demzufolge jeder Bürger „Gemeindedienste" zu leisten hat, sei es nun an Dammbauten oder an Aufforstungsmaßnahmen entlang der Flüsse oder an Verteidigungsprojekten. Die Flußbefestigungsarbeiten erfolgen um den März herum, wenn das

Bild 1: Vietnamesischer Nachwuchskader, Leiter einer Neuen Ökonomischen Zone in der Nähe von Ho Chih Minh-Stadt/Saigon

Wasser seinen niedrigsten Stand erreicht und wenn die Bauern auf den gewaltigen Humusmassen des Flußbettes gerade emsig Gemüse pflanzen.

Die seit über zwei Jahrtausenden geforderte Einsatzbereitschaft zu einem permanenten „Volkskrieg gegen die Natur" hat dazu geführt, daß die einzelnen Dörfer die Funktion einer Art „Lebensversicherung auf Gegenseitigkeit" angenommen haben und daß der vietnamesische Staat als ganzer eine hohe Organisationsstufe sowie eine beachtliche Fähigkeit erreicht hat, die Bevölkerung in Großeinsätzen zu mobilisieren.

b) Die „ichthylische" (fischereibedingte) Situation Kambodschas

Verglichen mit der Wildheit des Roten Flusses wirkt der Mekong, dessen gesamter Unterlauf noch bis vor 250 Jahren kambodschanisch war, geradezu gemächlich. Schwellen die

Wassermassen des Roten Flusses an einem einzigen Tag, wie erwähnt, oft um mehrere Meter an, so begnügt sich der Mekong mit Zentimetern; verfügt dieser gewaltigste Strom Südostasiens doch über ein gewaltiges Rückstaubecken, nämlich den Tonle-See (oder Großen See) in Zentralkambodscha, den letzten Rest des einstigen Meeresdeltas. Zwar gibt es hier regelmäßig Überschwemmungen, jedoch nur selten Überschwemmungskatastrophen. Mit den Besonderheiten der Flutung hängt es zusammen, daß Kambodscha eines der an Süßwasserfischen reichsten Länder der Welt ist: Wenn im Juni der Mekong und die anderen Flüsse („stung") ansteigen, schieben sich die Fluten den Tonle-Fluß hinauf zum 150 km entfernten Großen See, dessen Fläche sich dann gegenüber der Trockenzeit zu verdoppeln und dessen Volumen sich zu verfünffachen pflegt.

Hand in Hand mit diesem Verschiebevorgang, der im Juni eines jeden Jahres einsetzt und im November dann wieder in umgekehrter Richtung stattfindet, wandern riesige Fischschwärme, überkommenen Laichgewohnheiten folgend, den Tonle hinauf und ziehen dort entweder in den Großen See oder aber schwärmen bereits unterwegs über die zahllosen Seitenarme („prek") in die nahegelegenen sog. „Beng" hinein, die von Teichgröße bis zu Wasserflächen von 10 000 ha reichen. Während der Trockenzeit geben sie natürliche Wasservorratstanks ab, von denen aus aber in der Regenzeit die ringsum liegenden Felder und Wälder überflutet werden. Vor allem die unter Wasser gesetzten Wälder sind nicht nur ideale Laichplätze, sondern auch Planktonparadiese, von denen die Fische so magnetisch angezogen werden, daß der Mekongunterlauf in den Monsunmonaten fast ohne Leben ist. Alles, was Flossen hat, bewegt sich zu dieser Zeit im Tonle-Bereich. So dicht sind die Fischschwärme, daß sich oft die Ruder der Boote nicht mehr richtig bewegen lassen – dies wenigstens war das Schlüsselerlebnis Henri Mouhots, der um 1850 als erster Europäer Kambodscha bereiste. Erst mit der „Umkehr" des Mekongwassers beginnt dann auch die große Rückwanderung „aus den Wäldern nach Phnom Penh", wobei das Mondlicht eine besondere Rolle zu spielen scheint; ist der Himmel nämlich wolkig, so finden fast keine Wanderungen statt.

Um die Jungfische zu schützen, ist das Fischen seit alters her vom 1. Juni bis 1. Oktober verboten; doch wenn dann die milliardenfache Rückwanderung beginnt, sind auch die Fischer zur Stelle und bringen dann Tag und Nacht unermeßliche Fänge ein. Der Fischfang blüht freilich nicht nur in der Hochsaison, sondern auch zu anderen Jahreszeiten – und zwar auf den überschwemmten Reisfeldern, wo in der Regel Garnelen und Krabben, aber auch kleinere Fische als Beute locken, daneben aber auch in Flüssen und Teichen, die allerdings weniger fischreich sind. Vor allem im September und Oktober ziehen die Familien, vom Drei- bis zum Siebzigjährigen, mit ihren Kopftüchern und ihren Fanggeräten, vor allem mit ihren Harpunen, durch die Reisfelder. Das Problem der Konservierung größerer Fangmengen ist seit Jahrhunderten gelöst – das Stichwort heißt „prahoc" (siehe S. 24).

c) Gesellschaftliche Konsequenzen dieser voneinander abweichenden Produktionsweisen

Zwischen „Hydraulik" und „Ichthylik" sind drei wichtige Unterschiede hervorzuheben:

Da ist erstens die Ausrichtung der Produktionsweise: Steht in der „hydraulischen" Kultur Vietnams der Naßreisbau auf Terrassenflächen im Mittelpunkt, so sind es in Kambodscha die (Süßwasser-)Fischzucht und der Fischfang, obwohl auch dem Reisbau ein nicht unbeträchtliches Augenmerk gilt. Der ichthylisch ausgerichtete Bauer steigt mit großer Selbstverständlichkeit vom Reisfeld ins Fischerboot und bewässert seine Felder eher mit „natürlich" als mit „künstlich" (d. h. über Staudämme) gewonnenem Wasser.

Die so ungemein anstrengende hydraulische Produktionsweise findet im allgemeinen nur in Gebieten statt, die von Überschwemmungen bedroht sind, wo also kollektive Wasserabwehr lebensnotwendig ist – wie am Roten Fluß. Umgekehrt kann sich einen ichthylischen Lebenszuschnitt nur eine Zivilisation wie die kambodschanische leisten, die nicht ständig von Naturkatastrophen bedroht ist.

Nun sollte man freilich nicht vergessen, daß es auch in Kambodscha, im alten *Khmer-Reich von Angkor (802–1432)*, eine hochentwickelte Bewässerungs- und Terrassenkultur gegeben hat, deren heute noch zu besichtigende Überreste zeigen, daß es sich hier um eine der höchstentwickelten Irrigations(= Bewässerungs-)kulturen in der Geschichte der Menschheit gehandelt hat. Doch war diese „Hydraulik" weniger von der Natur als vielmehr vom Willen der Könige erzwungen, die ihre rituellen Grabbauten – „Khmer-Pyramiden" sozusagen – nur finanzieren konnten, wenn sie eine „Intensivwirtschaft" betreiben ließen, die das Äußerste aus der bäuerlichen Bevölkerung herausholte.

Das „Bauwunder" von Angkor ist vor dem Hintergrund der altindischen Idee vom Gottkönigtum zu sehen, derzufolge jeder König ein reinkarnierter Shiva, Vishnu oder Gnadenbuddha (Boddhisattva Avalokiteshvara) war. Bildnerisch wurde diesem Gedanken dadurch Rechnung getragen, daß man Götterbildern die Züge des Königs verlieh. Hauptdokument dafür sind die „Gesichtertürme" des Zentraltempels von Angkor Thom, des sogenannten Bayon.

Ähnlich wie die ägyptischen Pharaonen errichteten die Könige Angkors für ihren persönlichen Kult ein neues Bauwerk nach dem anderen, von denen jedes noch grandioser zu sein hatte als dasjenige des Vorgängers. Wie sehr der Tempelkult dazu angetan war, die Volkswirtschaft auszulaugen, wird deutlich am Beispiel des Ta Prom-Tempels, den der bedeutendste König Angkors, Jayavarman VII., zu Ehren seiner verstorbenen Mutter hatte errichten lassen. Allein dieses Heiligtum besaß, wie die Inschrift einer Stele ausweist, 3140 Dörfer und beschäftigte 79 365 Personen, deren einzige Funktion darin bestand, den Verehrungskult aufrechtzuerhalten. Schon bei einem einfachen Fest wurden 166 000 Wachskerzen aufgebraucht.

Der Ta Prom, dessen Mauern heutzutage, vom Wurzelwerk gewaltiger „Käsebäume" aufgesprengt und von Lianen umschlungen, nur noch als Ruinen daliegen, ist Symbol für den Untergang eines Reiches, dessen maßlos gewordene Kulte von den Untertanen auf die Dauer nicht mehr verkraftet werden konnten. Schon zur Blütezeit der hydraulischen Kultur Angkors war abzusehen, daß die Bauern sich ihren Belastungen in dem Augenblick entziehen würden, da der Druck der königlichen Bürokratie einmal nachließe. Dieser Moment kam mit der Zerstörung Angkors (durch die Thais) im Jahre 1430. Die Sieger führten damals die gesamte Elite Angkors, einschließlich der Architekten und Wasserbaubürokraten, in die Gefangenschaft nach Thailand. Während die Wasseranlagen in der zurückgelassenen Hauptstadt verfielen, die Malaria sich ausbreitete und die Tempelruinen sich mit Moos und Flechten überzogen, nahm das kambodschanische Bauernleben einen geruhsameren Rhythmus an. Bezeichnenderweise ging mit dem Wechsel von der hydraulischen zur ichthylischen Produktionsweise auch eine Veränderung des „Überbaus" vonstatten, insofern nämlich die Bauern damals jenen hinduistischen und mahayanabuddhistischen Glaubensformen, die hauptsächlich vom Hofe gepflegt wurden, den Rücken kehrten und sich dem demokratischeren Theravadabuddhismus zuwandten.

Den Königen der Nach-Angkor-Zeit blieb nichts anderes übrig, als diesen Entwicklungen auf der Ferse zu bleiben und sich mit dem Sangha (dazu unten S. 172 ff.) anzufreunden. Diese Metamorphose eines ganzen Gesellschaftssystems ist eines der faszinierendsten Ereignisse der asiatischen, ganz gewiß aber der wichtigste Markstein in der kambodschanischen Geschichte – und in ihrem Ausmaß vielleicht nur vergleichbar mit dem Umbruch von der Antike zum europäischen Frühmittelalter.

Es waren die Roten Khmer, die zwischen 1975 und 1978 versuchten, wieder an die hydraulische Tradition von Angkor anzuknüpfen, das kambodschanische Volk aus seiner Beschaulichkeit herauszureißen und den Theravadabuddhismus auszumerzen. Die aus den Städten evakuierte Bevölkerung wurde für Dammbauten gigantischen Ausmaßes eingesetzt. Die Rigorosität freilich, mit der diese Politik durchgesetzt wurde, sorgte dafür, daß Dammbau zu einem Synonym für Sklavenarbeit wurde – nicht gerade eine Werbung für die Fortsetzung dieser wiederbelebten Tradition.

Doch zurück zur ichthylischen Kultur Kambodschas, die während der französischen Kolonialzeit (1863–1941) einen schweren Rückschlag erlebte; ging doch die damalige Kolonialverwaltung dazu über, zu Beginn jeder Fangsaison die Flüsse (stung), Zuflüsse (prek) und die „Beng" in Lose aufzuteilen und sie den jeweils meistbietenden Fischfangunternehmen zur alleinigen Ausbeutung zu verpachten. Die „Familienfischer" sahen sich angesichts solcher „kapitalistischer" Vergabemethoden vom eigentlichen Fischstrom abgeschnitten – eine Tatsache, die um so mehr böses Blut machte, als die Loserwerber in aller Regel Vietnamesen oder aber Cham, also „Ausländer", waren.

Im Zuge der neuen Vergabemethoden entstand eine Berufsfischerei, die bis zu Beginn der siebziger Jahre des 20. Jhs. praktisch ganz unter vietnamesischem oder khmerislamischem (Cham-)Monopol stand. Nur in Außenregionen waren auch Khmer-Dörfer vereinzelt im Fischereigewerbe tätig. Durch die Verfolgung der Vietnamesen und der Cham während der

Lon Nol-, vor allem aber während der Khmer Rouge-Zeit, geriet das während der Kolonialzeit neugeordnete Fischereiwesen in Unordnung. Da die Roten Khmer überdies die Fanggeräte nicht nur der „Ausländer", sondern auch der Khmer-Bauern unter Hinweis auf die Nichtzulässigkeit privater Produktionsmittel hatten vernichten lassen, kam es zu der paradoxen Konsequenz, daß die Flüsse und Seen, die nun mehrere Jahre lang nicht befischt worden waren, zu einer Zeit an Fischen überquollen, als die Hungersnot gerade ihren Höhepunkt erreicht hatte. Dies wiederum zog – nach 1979 – erneut vietnamesische Fischer ins Land. Mit Ausnahme einer einzigen kambodschanischen Fischereikommune ist heute der gesamte professionelle Fischfang wieder in vietnamesischen Händen. Den Bauern verbleibt nur das Abfischen der Reisfelder und der weniger ergiebigen Fischgründe.

Der zweite Unterschied ist organisatorischer Natur, insofern nämlich die hydraulische Produktionsweise die Menschen „zusammenbindet", also das Entstehen fester Zellen (Familien, Dörfer) sowie eines sanktionsmächtigen Gesamtstaates begünstigt, während die ichthylische Produktionsweise gerade umgekehrt die Vereinzelung fördert, also kaum Zellenbildungen begünstigt und auf einen „weichen" Staat hinausläuft (Näheres S. 35 ff.).

Drittens führten beide Produktionsweisen zu verschiedenen Lebensphilosophien und kulturellen Ausprägungen. Ist Terrassenreis nur kollektiv und unter steter Rücksichtnahme auf den Mitbauern bestellbar (man denke an den gemeinsamen Kampf gegen Überschwemmungen sowie an die Gerechtigkeit der Wasserverteilung), so vollzog sich der traditionelle Fischfang in der Regel individuell; allerdings darf man hier nicht gerade an die Gestalt des einsamen Jägers und Fischers denken; denn zumeist schwärmen Familien und Nachbarn in Gruppen aus, wobei allerdings eher Geselligkeits- als Kooperationserwägungen im Spiele sind. Bezeichnenderweise sind die üblichen Fanggeräte für den Einzelfischer und nicht etwa für eine Gruppe konstruiert, so z. B. die Angel (santuch), die Harpune, der Fangkorb (chhneang) oder aber das Mininetz (anchang).

Die Organisationsweise beeinflußt auch das Denken. Die hydraulische Produktionsweise begünstigt m. a. W. eher kollektive, die ichthylische dagegen eher individuelle Sinngebungen, eine Tendenz, die dadurch bestätigt – und verstärkt – wurde, daß in Vietnam konfuzianische, in Kambodscha dagegen theravadabuddhistische Traditionen Fuß fassen konnten. Die Rezeption so verschiedener Philosophien hatte nicht nur zufällig äußere, sondern hauptsächlich innere Ursachen. Ichthylische Elemente finden sich auch in der kambodschanischen Spruchweisheit: „Lieber von einem Krokodil gefressen werden als von vielen kleinen Fischen" (gilt auch für die Außenpolitik); „Will man auf dem Fluß fahren, muß man den Flußlauf kennen"; „Wenn Du ins Wasser gehst, erwarten Dich die Krokodile, steigst Du aber ans Land, frißt Dich der Tiger." Was zu guter Letzt Laos anbelangt, so steht die im Mekongbereich entstandene laotische („Tiefland"-)Zivilisation der kambodschanischen Kultur bezeichnenderweise näher als der vietnamesischen.

2. Eigenakzente in der materiellen Kultur

Ob man nun die Wohn-, Ernährungs- und Bekleidungsweise – diesen Dreiklang bäuerlichen Alltagslebens –, die Konstruktion der Werkzeuge oder aber die Transport- und Viehzuchtgewohnheiten ins Auge faßt, überall treten verschiedene Welten zutage.

a) Wohnweise

Das typisch vietnamesische Haus ist auf Grund gebaut, besteht aus Mauer- und Dachziegeln, hat im Inneren gestampften Lehmboden und ist zumeist in U-Form angelegt, wobei in der Mitte das Familienoberhaupt, auf der Ostseite die Frauen und auf dem Westflügel die Männer wohnen.

In Kambodscha und Laos begegnet man demgegenüber einem völlig anderen Bauverständnis. Das Pteah (Haus) ruht hier auf Stelzen, in der Regel auf zwölf Rundpfeilern, die aus termitenresistentem Holz geschnitten sind, und die früher unter Abhaltung ritueller Zeremonien gesetzt wurden.

Während das vietnamesische Haus ebenerdig von Süden her betreten wird, besteigt man das kambodschanische Heim über eine Leiter von fünf, sieben oder neun Sprossen (gerade Zahlen würden Unglück bringen!), und zwar im allgemeinen von Osten her. Die Wohnungen bessergestellter Bauern schweben oft bis zu zwei Meter über dem Boden, die der ärmeren Hausbesitzer dagegen manchmal nur einen halben bis einen Meter. Der Schwebeboden besteht aus Holz, das mit Matten belegt wird. Unter dem Haus finden das Gerät sowie das Vieh seinen Platz. Die Leiter wird nachts hochgezogen.

Der Grundriß eines größeren Pteah mißt bis zu 8 × 12 m, der eines kleineren im allgemeinen etwa 6 × 7 m. Zwei durch eine Wand getrennte Zimmer sind Mindeststandard, nämlich das eheliche Schlafgemach und der allgemeine Wohnraum, in dem die größeren Kinder schlafen. Die Häuser der Wohlhabenden besitzen in der Regel zusätzlich eine Veranda an der „Einstiegsseite". Außer bei den ärmlichsten Behausungen ist die Küche getrennt vom Wohnbereich auf gleicher Höhe wie das Haus angebracht, ruht also meist auf einer eigenen Plattform.

Noch leichter als das zierliche Stelzenmaterial sind die Wände, die keinerlei tragende Funktion haben und die aus Brettern oder überhaupt nur aus Palmzweiggeflecht bestehen. Die Dächer sind entweder gewalmt oder gesattelt.

Einfache Bauernhäuser bestanden zwar auch im traditionellen Vietnam aus bambusdurchzogenen Lehmwänden und einer Reetdachbedeckung; doch galt eine solche Bauweise als Zeichen von Ärmlichkeit und repräsentierte keineswegs „Normalität". Wenn es irgendwie ging, stellte man solides Bauwerk auf. Was den Besucher auch in den neunziger Jahren noch überrascht, ist der hohe Anteil an ziegelgebauten Häusern, die z. B. in der Umgebung Hanois wohl 90 bis 95% aller Bauwerke ausmachen dürften.

Die Erhabenheit des Pteah hängt nicht, wie manchmal be-

Bild 2: Ein typisches kambodschanisches „Pteah". Im Gegensatz zum normalen vietnamesischen Bauernhaus, das fest mit dem Erdboden verbunden ist, aus Ziegeln besteht und mit Keramikschindeln bedeckt ist, schwebt das „Pteah" auf Stelzen und setzt sich im übrigen aus ventilations-begünstigendem Reisstroh- und Palmzweig-Material zusammen.

hauptet, mit Hochwasserüberlegungen zusammen; werden doch Häuser ohnehin nur in hochwassersicheren Bereichen errichtet! Der eigentliche Vorteil des Stelzenbaus besteht vielmehr darin, daß er erstens eine bessere Luftzirkulation garantiert, daß er des weiteren keine Feuchtigkeit hochzieht und daß er drittens besser vor wilden Tieren schützt, vor allem vor Ratten und Reptilien. Als am Ende des 19. Jhs. kurzzeitig eine Pest in der Provinz Svay Rieng ausbrach, sollen die Opfer hauptsächlich Vietnamesen und Chinesen gewesen sein, die „bodennah" lebten.

Die Leichtigkeit des Materials erlaubt einen raschen Umzug. Ein Pteah ist innerhalb weniger Tage „verpflanzbar". Als Ostkambodscha im Zuge der Operationen des Vietminh in den Jahren 1948 bis 1954 zum heißen Boden wurde, „verschwanden" dort innerhalb weniger Wochen ganze Dörfer samt Haus und Einrichtung.

Höchst unterschiedlich ist auch das Mobiliar: Während sich die vietnamesische Familie zum Essen auf Stühlen und an Tischen niederläßt, gruppiert sich die kambodschanische Familie im Hocksitz um das auf einer Matte ausgebreitete Mahl. Verwendet der Vietnamese beim Essen Stäbchen, so bedient sich die traditionelle kambodschanische Bauernfamilie der Finger.

Der Vietnamese schläft einzeln oder zusammen mit seiner Familie auf einem Bett, der traditionelle Kambodschaner dagegen auf der Bodenmatte.

Im Zuge der Europäisierung haben viele vietnamesische und kambodschanische Familien, vor allem Städter, europäische Einrichtungsgegenstände übernommen, so daß es hier zu einer gewissen Annäherung gekommen ist.

Während schließlich das vietnamesische Gehöft durch dichte Bambus- und Kakteenhecken oder gar durch Mauern vom Nachbarn abgezäunt ist und in sich ein häufig genormtes Ensemble von Bauten, Höfen und Gärten bildet, umgibt sich das in der Regel alleinstehende kambodschanische Haus lediglich mit einer lockeren Hecke und umschließt einen Hof, der zumeist mit bescheidenen Gemüsebeeten, in der Regel aber auch mit Obstbäumen und mit Kokospalmen bestanden ist, welch letztere als Sonnenschirm gegen die sengende Nachmittagshitze dienen.

b) Ernährungsweise

Zwar gibt es eine Reihe von Grundnahrungsmitteln, die allen drei indochinesischen Küchen gemeinsam sind, nämlich Reis, Gemüse, Fisch und Fischsoße sowie Süßkartoffeln und eine Reihe von Zutaten wie Pfefferminz- und Koreanderzweige, Flohsamenkraut und Ingwer, Lotuskerne und -wurzeln, Morcheln und Kokosnußfleisch, nicht zuletzt auch Zitronengras, -melisse und -blätter.

Das Verhältnis von Beilagen und Reis liegt überall in der Regel bei 1:5, so daß Reis weitgehend mit Essen schlechthin identifiziert wird. „Mahlzeit" heißt auf vietnamesisch „Lassen Sie sich den Reis schmecken" (moi ong xoi com) und „essen" heißt auf kambodschanisch einfach „Reis essen" (njam bay).

Im übrigen gibt es jedoch sowohl bei der Zubereitung als auch bei der Art des Speisens erhebliche Differenzen: Was die vietnamesische Küche anbelangt, so kann sie trotz aller Eigenständigkeit ihre Verwandtschaft mit der chinesischen nicht leugnen. Sie ist zwar weniger fett, weniger süß und weniger vielfältig als die chinesische Küche; sie verwendet auch niemals Alkohol und bedient sich zahlreicher in China ganz ungebräuchlicher Gewürze – man denke hier vor allem an Zitrone, Minze und vor allem die unentbehrliche Fischsoße (nuoc mam). Ansonsten aber überwiegen die Parallelen, sei es nun bei der alles überragenden Bedeutung der Vorarbeit und des Vorschneidens, sei es bei der Art des Servierens, im Aussehen der Näpfe und Schüsseln oder aber in der Art und Weise des Speisens (Tische, Stühle, Stäbchen, Schalen). Im Unterschied zu China wird während des Essens allerdings kaum getrunken – schon gar nicht Alkohol –, eine Eigenschaft, die wohl mit dem tropisch heißen Wetter zusammenhängt. Auch das Kochen, Schwenken, Dämpfen, Ausbacken und Fritieren gleicht der chinesischen Technik. Zum Zerkleinern wird das wuchtige, eckige Küchenbeil, zu Fondues der Feuertopf, zum Schwenken die Bauchpfanne verwendet – alles Geräte, die auch in China anzutreffen sind. Auch bei der Verwendung von Soßen und Bohnenquark (tau hu), bei der Fertigung der Glasnudeln und der Gebäcke (z. B. Frühlings- und Glücksrollen), beim Servieren ganzer Fische und bei der Zubereitung süßsaurer Gerichte begegnet man diesseits und jenseits der chinesisch-vietnamesischen Grenze ähnlichen Bräuchen. Dies gilt auch für die Bevorzugung von Fleischgerichten, wo immer man sich den Luxus leisten kann, sei es nun Schweine-, Hühner- oder Entenfleisch, aber auch Eierspeisen.

Die kambodschanische und die laotische Küche sind demgegenüber nicht von China, sondern überwiegend von Indien beeinflußt, weisen z. T. aber auch höchst autochthone Zutaten auf, wie z. B. den kambodschanischen Prahoc. Da beide

Völker sich beim Essen der Finger bedienen, müssen die Speisen nicht so kleingehackt sein wie in Vietnam. Ferner unterscheiden sich beide Küchen von der vietnamesischen auch durch ihre wesentlich schärfere Würzung. Roter und schwarzer Pfeffer sowie rote und grüne Chilischoten gehören zu den fast unentbehrlichen kambodschanischen und laotischen Zutaten. Fleisch spielt eine noch geringere Rolle als in Vietnam – eine Tatsache, die mit dem buddhistischen Tötungsverbot zusammenhängt. Fast alle diese Gedecke werden mit Fischfermenten aufgewürzt und erhalten so eine Geschmacksrichtung, mit der sich ein Europäer nicht ohne weiteres anfreunden kann.

Da ist z. B. das kräftig duftende Kepi, eine Art Krabbenpaste, vor allem aber das bereits erwähnte Prahoc, das als kambodschanisches Nationalgericht schlechthin gelten darf und das, mit Reis vermischt, das Alltagsgericht des Durchschnittskambodschaners bildet. Dabei handelt es sich um eine rosafarbene Paste, die extremen Fischgeruch verströmt. Rund eineinhalb dutzend Fischarten werden zu Prahoc verarbeitet. Der Fischereibetrieb besorgt im allgemeinen den ersten Gang der Zubereitung, indem er die Fische köpft, die Rümpfe in einem Trog zerstampft und den so gewonnenen Brei mit Bananenblättern belegt, die ihrerseits mit Steinen beschwert werden. Nach 24 Stunden Ablagerung wird Salz hinzugefügt, und zwar 2 bis 3 kg auf eine Menge von 20 bis 30 kg Fischsubstanz. Anschließend wird der Inhalt 24 Stunden auf Matten ausgebreitet, wobei die Sonneneinstrahlung für scharfe Geruchsbildung sorgt. Die weitere Bearbeitung erfolgt im Haus des Käufers, der die Masse etwa zwanzig Minuten lang mit Händen oder Füßen knetet, bis sie die richtige Sämung und den richtigen Geschmack angenommen hat. Der fertige Teig wird sodann in Tonkrüge mit einem Inhalt bis zu 60 kg gefüllt. Der Krug bleibt zunächst den ganzen Tag lang offen unter der Sonne stehen und wird erst am Abend geschlossen. Damit ist der Fermentationsprozeß eingeleitet, in dessen Verlauf sich der Inhalt von oben nach unten in Flüssigkeit verwandelt. Diese wird abgeschöpft und als „teuk trey" (Fischsoße) verwendet. Der Unterschied zwischen der Teuk Trey und der vietnamesischen Nuoc Mam besteht darin, daß die erstere aus Süßwasser-, die letztere dagegen aus Salzwasserfisch gefertigt wird, woraus sich eine verschiedene Geschmacksrichtung ergibt. Vor allem aber kommt es den Khmer weniger auf die Flüssigkeit als vielmehr auf die zurückbleibende Substanz – eben das Prahoc – an, das als wichtiger Vitamin- und Eiweißträger dient.

Ein anderes kambodschanisches Standardgericht ist Pha-ak, eine Art Kuchen aus Fisch und alkoholisch anfermentiertem Klebereis, dessen Geschmack sich je nach Fisch- oder Krabbenart variieren läßt.

Neben diesen Fischfermenten verwendet die kambodschanische Küche ferner zahlreiche saure Zutaten, die im vietnamesischen Kontext selten auftauchen, wie z.B. Tamarindenfrüchte (Cassia Siamea) oder Crassang (Polygonum odoratum).

Suppen spielen in Kambodscha und Laos eine fast noch wichtigere Rolle als in Vietnam. Bezeichnenderweise sind sie fast alle in der einen oder anderen Form mit Fisch zubereitet, sei es nun die Samlor Machou (süß-säuerliche Suppe) oder die Samlor Krauchmar (Zitronensuppe).

Bei den Genußmitteln und Früchten findet dagegen wieder eine Begegnung statt: An Genußmitteln stehen der (wahrscheinlich im 17. Jh. eingeführte) Tabak sowie die zusammen mit Blättern und Kalk zu rotem Saft zerkaute Betelnuß zur Verfügung. Vitaminlieferanten sind die überall rings um die Bauernhäuser üppig gedeihenden Früchte wie Bananen, Papayas, Mangos oder Kokosnüsse.

Die laotische Küche liegt auf halber Strecke zwischen der vietnamesischen und der kambodschanischen. Keine geringere als Pearl S. Buck hält die laotische Küche für die mit Abstand „verlockendste" unter den indochinesischen Gastronomien. Die „farbenprächtigen Gerichte" entsprächen „dem Reichtum und der Vielfalt der kulturellen Bindungen" des Landes.

c) Kleidungsgewohnheiten

Auch bei der Kleidung sind die drei Völker lange Zeit verschiedene Wege gegangen:

In Vietnam gehören enggeschnittene, kragenlose, in Oberschenkelhöhe endende und im übrigen mit dreiviertellangen Ärmeln versehene „Tuniken" sowie lockere, lange Hosen zur Standardausrüstung – und zwar sowohl bei Männern als auch bei Frauen. Die Hosen nehmen bisweilen veritable „Trompeten"-Form an. So wichtig ist die Hose, daß sie selbst bei dem vor allem von Städterinnen getragenen, höchst eleganten Aodai zum festen Bestandteil gehört.

In Kambodscha und Laos war demgegenüber bis in die neueste Zeit hinein sowohl bei Männern als auch bei Frauen der rockartige Sarong üblich, der zusammen mit einem lockersitzenden Hemd getragen wird. Meist reicht der Saum bis etwa 10 cm über den Boden. Die „Schürze" wird entweder straff um die Taille gelegt und seitwärts befestigt oder aber so über dem Bauch geknotet, daß das übriggebliebene lange Ende durch die Beine gezogen und an der rückwärtigen Taille befestigt werden kann; der Träger scheint dann mit einer Pluderhose bekleidet zu sein.

Die Farben waren in älterer Zeit noch ständisch festgelegt, doch haben sich später bei den Bauern in Vietnam schwarze, dunkelblaue und graue Farbtöne, in Laos lebhafte bunte Farben und in Kambodscha überwiegend schwarz durchgesetzt.

Während der Kolonialzeit verdrängten westliche Muster häufig die traditionellen Stilformen. Die Kommunisten freilich, die Wert auf Eigenständigkeit legen, haben in allen drei Ländern dafür gesorgt, daß die autochthone Volkskleidung z. T. wieder zurückkehrte. In Kambodscha allerdings ist das von den Roten Khmer bevorzugte Einheitsschwarz ähnlich in Verruf gekommen, wie bei den Deutschen etwa die SS-Uniform.

Frisuren wurden im traditionellen Vietnam sowohl bei Männern als auch bei Frauen streng „kopfnah" getragen und mit Bändern oder hutartigen Schlaufen zusammengehalten.

Eine besondere kambodschanische Frisur hat sich demgegenüber nie entwickelt. Männer tragen hier meist kurzes Haar, Frauen einen Bubikopf. Dagegen gibt es den typischen, von Laotinnen bevorzugten, etwas seitlich am Hinterkopf angebrachten Haarknoten, der meist von einer Perlengirlande umknüpft ist.

Tragen die Vietnamesen in der Regel kegelförmige Hüte, so besteht der Kopfschutz des kambodschanischen Bauern aus dem „Krama", dem wohl typischsten Kleidungsstück der Khmer. Dabei handelt es sich um eine Baumwollschärpe in einer Länge von mindestens einem Meter, die zumeist in weiß-blauem oder weiß-rotem Karo gehalten ist. Der Krama dient allen möglichen Zwecken, sei es als Gürtel, als Tragschlaufe für Eßvorräte, als „Tragnetz" für Säuglinge oder aber als Turban. Manchmal hängt er auch einfach schalartig um den Hals.

Schuhwerk spielt angesichts des tropisch oder subtropisch heißen Klimas im Bauernleben Indochinas keine besondere Rolle. Auf den Dörfern läuft man hier barfuß oder trägt Sandalen.

d) Transportmittel, Werkzeuge und Tierhaltung

Was Zugtiere anbelangt, so bevorzugen die Vietnamesen, vor allem in den Deltagebieten, den wuchtig-bedächtigen Wasserbüffel, während Kambodschaner und Laoten lieber Kühe vor den Pflug oder vor den Wagen spannen. Der zweirädrige Karren, das Haupttransportmittel des indochinesischen Bauern, wird außerdem in Vietnam von nur *einem* Tier (chinesische Methode!), in Kambodscha und Laos dagegen von zwei, immer etwas nervös wirkenden Rindern gezogen (indisches Vorbild). Wo einst, wie im cochinchinesischen Bereich, Khmer-Einfluß vorgeherrscht hat, taucht das Zweiergespann auch heute noch auf.

Die vietnamesische und die kambodschanisch/laotische Transportweise unterscheidet sich ferner auch dadurch, daß die Vietnamesen sehr viel auf die Schulter laden oder aber an

Stangen daherschleppen, während die Khmer und die Laoten, sieht man einmal von den durch Frauen auf dem Kopf beförderten Wasserkrügen ab, fast alle Lasten dem Tier aufbürden. Man sollte aber hinzufügen, daß der Kambodschaner oder der Laote seine Zugtiere weitaus liebevoller behandelt als der Vietnamese, indem er sie zum Fluß führt, sie badet und sie vor jeder Überanstrengung schont; vermutlich hängt diese Sorgsamkeit damit zusammen, daß der Buddhismus die wohl tierfreundlichste Religion überhaupt ist.

Betrachtet man die Arbeitswerkzeuge, so ähneln sie sich in ganz Indochina, wenngleich einzelne Geräte bei den eher nüchternen Vietnamesen weitaus funktionsbezogener gestaltet sind als bei den religiös inspirierten Kambodschanern und Laoten. Die Khmer verwenden z. B. Sicheln von ungewöhnlicher Eleganz, deren Griffe dem Ebenbild der (heiligen) Nagaschlange nachgebildet und entsprechend ausgeschnitzt sind. Man fühlt sich hier an die Erntemesser der Balinesen erinnert, die ähnlich magische Züge erkennen lassen und durch deren Handhabung verhindert werden soll, daß die in der einzelnen Ähre wohnende Reisseele beim Ernten erschreckt wird.

Besonders markant sind, wie gesagt, die Unterschiede im Bewässerungswesen. Während die Vietnamesen um systematische Eindeichung und Wasserbevorratung bemüht sind, erlauben sich Kambodschaner und Laoten hier eine fast unbegreifliche Nachlässigkeit. Sieht man von den Infrastrukturarbeiten, wie sie unter den roten Khmer eingeleitet wurden, ab, so beschränkt sich die kambodschanische Landwirtschaft auch heute noch auf die bloße Erweiterung und Vertiefung einiger Prek oder auf die Herstellung kleinerer Wasserreservoire sowie im übrigen auf das Hochschöpfen des Wassers mit so altertümlichen Werkzeugen wie dem Schleuderkrug (snach yaung), der von zwei Personen an Kordeln bedient wird, oder aber mit der Tretmühle (snach). Auch in Laos gibt man sich nach wie vor mit einfachsten Wasserbauten im Flußbereich zufrieden. Als Folge davon kann in beiden Ländern meist nur *eine* Ernte – der Monsunreis (in Vietnam „Maireis" genannt), dagegen keine Trockensaisonernte („Oktoberreis") eingefahren werden. Um diese von der Tradition hinterlassene Scharte auszuwetzen, wollen die beiden „Volksregierungen" in Kambodscha und Laos künftig das Irrigationswesen systematisieren und im Rahmen ihres Kollektivierungskurses „landwirtschaftlichen Investbau" betreiben. Lange Zeit hatte man sich solche Arbeiten erspart, weil es nicht nur an der nötigen Organisation – und Gesinnung –, sondern auch an den Lebensimperativen dafür mangelte: In Kambodscha und in Tieflandlaos hatte ohnehin jedermann genug zu essen!

Was die Tierhaltung anbelangt, so wird sie auf dem vietnamesischen Dorf mit System betrieben. Überall auf den Straßen laufen dem Passanten Schweine, Hühner oder Enten über den Weg; die Tiere gelten als „kleine Chemiefabriken" und als Sparbüchse des Bauern; sie werden gefüttert, gepflegt, und an Festtagen geschlachtet. Nach dem Tet (Neujahrsfest) sind ihre Reihen merklich gelichtet.

Auf dem kambodschanischen (und laotischen) Bauernhof ist dies ganz anders: Schweine und Hühner spielen hier nur eine geringe, Enten nahezu überhaupt keine Rolle – eine Tatsache, die hauptsächlich mit dem buddhistischen Tötungsverbot zusammenhängt. Allerdings verbietet es das Theravada eigenartigerweise nicht, Fleisch zu essen, das von nicht-buddhistischen Schlächtern zubereitet wurde. Die wenigen Hühner und Schweine werden kaum gefüttert und gepflegt, vielmehr halten sie sich an Abfall oder aber an Termiten schadlos, so daß sie wenigstens insofern von praktischem Nutzen sind. Wenn ein Bauer überhaupt Hühner hält, so vor allem deshalb, weil er sie als Opfer für die Schutz- oder Ahnengeister benötigt. Hochgeschätzt sind allerdings Kampfhähne, die der Dörfler mit Hingabe aufzieht; die südostasiatische Hahnenkampftradition hat sich bezeichnenderweise über alle buddhistischen Vorbehalte hinwegsetzen können.

Milchkühe werden weder in Vietnam noch in Kambodscha oder Laos gehalten, obwohl Reliefs aus der Angkorzeit (und zwar auf dem Ta Prom-Tempel) Szenen mit Milchkühen und Butterkonsum zeigen. Diese indische Milch- und Buttertradition allerdings liegt weit zurück.

3. Unterschiede in der Organisationsweise und im Volkscharakter

a) Mikroorganisation

An keiner Stelle sind sich Vietnam und Kambodscha/Laos fremder als bei der Dorforganisation. Hier scheinen sich verschiedene Sonnensysteme gegenüberzustehen.

Dorf, Familie und Wir-Bewußtsein – die Quintessenz des Vietnamesentums. Kaum etwas solider Gefügtes läßt sich vorstellen als ein vietnamesisches Dorf, das sowohl von der äußeren Optik als auch von der inneren Organisation her wie eine organische Zelle wirkt, aus der sich dann Stück für Stück der Gesamtwabenbau des Staates zusammenfügt. Aus der Luft nimmt sich das vietnamesische Dorf wie eine umwallte Festung aus. Es ist bambus- und kakteenumwachsen und war früher auch noch mit einem nachts verschließbaren Tor versehen. Schon dieses trutzige Äußere vermittelt den Eindruck einer abgeschlossenen Welt und einer „außenpolitischen" Unabhängigkeit; in der Tat galt das traditionelle Vietnam nicht als Staat im westlichen Sinne, sondern als ein „Dörferstaat" (so wörtliche Übersetzung von Lang Nuoc) oder besser als eine „Dörferföderation" – ein Ausdruck, der fachgerechter ist als die sino-vietnamesische Bezeichnung Xa (die entsprechenden chinesischen Ausdrücke sind Guojia, wörtl. „Staatsfamilie", und she: „Gesellschaft").

Die sprichwörtliche Autonomie des traditionellen Dorfes hat ihren Niederschlag in zwei Kernmaximen gefunden, nämlich „Dorftradition bricht Königsrecht" und „Ohne Dorf(einweihungs)feier kein Mandarinatsrang". Wenn Vietnam trotz einer tausendjährigen chinesischen Oberherrschaft nie seine Identität verloren hat, so hängt dies mit seiner Überlebensfähigkeit auf Dorfebene zusammen. Ein Sprichwort sagt: „Mandarine kommen und gehen, das Volk aber bleibt" – gemeint ist der Dörfler.

Das Dorf als Ganzes hatte vier Grundfunktionen: Es war Wirtschaftsraum des Dorfbewohners, soziale Zelle mit hohem Verpflichtungscharakter, religiöses Zentrum und Beschützer der Ahnengräber.

Als Wirtschaftsraum war das Dorf – über die Schaltstelle des Ältestenrats – für die Steuerzahlungen an den Staatsfiskus verantwortlich. Wirtschaftliche Basis für die Dorfverwaltung waren kommunale Grundstücke, aus denen die Kosten für Verwaltung, Dorfrituale, Verteidigung und Wohlfahrt bestritten wurden. Soweit das Gemeindeland für solche Zwecke nicht benötigt wurde, pflegte man es zeitweise an Gemeindemitglieder als „Mundanteil" zu verpachten.

Die soziale Einheit des Dorfes äußerte sich u. a. darin, daß nicht nur gemeindliche Hand- und Spanndienste zu erbringen waren, sondern daß die einzelnen Bauernhöfe einander auf dem Höhepunkt der landwirtschaftlichen Arbeiten gegenseitige Hilfe schuldeten. Nachbarschaftsgruppen waren, der konfuzianischen Sitte entsprechend, stets aus Mitgliedern des gleichen Geschlechts zusammengesetzt. Vor allem Auspflanz- und Erntearbeiten wurden in kollektiver Zusammenarbeit erledigt. Auch in der Familie selbst herrschte Arbeitsteilung: „Der Ehemann pflügt, seine Frau setzt die Jungpflanzen ein und das Kind hütet den Wasserbüffel" – so ein traditionelles Sprichwort.

Zwei Einrichtungen sorgten für die institutionelle Verfestigung des Wir-Gefühls der Dorfgemeinschaft, nämlich der Đinh und der Ältestenrat. Der Đinh war ein nach altehrwürdigen, z. T. noch vorchinesischen Traditionen errichtetes Bauwerk, das drei Funktionen in einem erfüllte, nämlich als Rathaus, als Gemeindezentrum und als Tempel der Dorfgottheit. Der Ältestenrat war das für die dörfliche „Innen- und Außenpolitik" verantwortliche Gremium, das sich aus den lokalen Honorationen zusammensetzte und in das man nicht über Wahlen, sondern aufgrund von Bildung, Wohlhabenheit und Seniorität einrückte. „Wenn du lange genug lebst, wirst Du eine Respektsperson", und „Wenn Du reich genug bist, hört man sogar auf Deine Idiotien", heißt es im Sprichwort. Der

Ältestenrat sorgte durch altüberkommene Rituale (feierliche Ratsmahlzeiten) und Zeremonien (zugunsten des Dorfgottes und der Ahnen) dafür, daß seine Legitimität permanente Bestätigung erfuhr und daß auch der Kontakt zur jenseitigen Welt gewahrt blieb.

Seine religiöse Identität erhielt das Dorf durch seinen höchsteigenen Gott, der von den Dörflern selbst „gewählt" war und der, wenn er den an ihn gestellten Erwartungen nicht entsprach, auch wieder abgesetzt werden konnte. Die Königliche Regierung pflegte – über ihr Riten- oder Religionsministerium – solche Dorfgottheiten manchmal amtlich zu bestätigen, doch hatte dieser Akt nur deklaratorischen, keineswegs konstitutiven Charakter. Immerhin aber entstand durch solche Bestätigungsakte ein zusätzlicher Kommunikationskanal zwischen Zentralbürokratie und Dörfern. Die Miteinbeziehung der Dorfgottheit stellte sicher, daß säkulare Beschlüsse, z. B. über die Regelung der Steuerlastverteilung zwischen den Dorfmitgliedern oder über die Zuteilung innerdörflicher Gemeindeprivilegien, erst recht aber die lokalen Rechtstraditionen stets von einem religiösen Fluidum umgeben waren. Zusätzlich sorgte der Rückbezug auf die Ahnen dafür, daß die traditionelle Dorfstruktur in ihrem Charakter das blieb, was sie immer schon war, nämlich gemeinschaftsorientiert, „geschlossen", hierarchiebestimmt und – konservativ!

Die soziale Einheit des Dorfes zeigte sich schließlich auch darin, daß bei Verstößen gegen staatliches Recht die Dorfgemeinschaft in toto verantwortlich gemacht und schlimmstenfalls sogar mit ihrer gesamten Einwohnerschaft hingerichtet werden konnte.

Mit Hilfe der Dorfautonomie hat Vietnman seine eigentliche Identität bewahrt. Familien- und Staatskulte waren im Laufe der tausendjährigen chinesischen Kolonialherrschaft konfuzianisiert worden, nicht dagegen die Dorfkulte, die ihre (prächinesische) Eigenart beibehielten und in denen lokale Geister, autochthones Brauchtum und die Verehrung vietnamesischer Volkshelden konserviert blieben. So war denn der Durchschnittsvietnamese im allgemeinen nicht Bürger, sondern Dörfler, und es bedurfte der Doppelmotivation von „Nationalismus plus Kommunismus", um hier Bewegung in erstarrte Strukturen zu bringen.

Mit welcher Vitalität sich die Dorftradition in Vietnam selbst über die französische Kolonialzeit noch hat hinwegretten können, beweist allein schon die Tatsache, daß Ho Chi Minh und seine Bewegung marxistische Ziele zum Teil an traditionellen Institutionen hat festmachen können. Die von den Kommunisten propagierten Genossenschaften beispielsweise wurden, wie Paul Mus in seiner „Sociologie d'une guerre" nachweist, als organisatorische Fortsetzung der traditionellen Xa verstanden, die ja immer schon um die Kultstätte des lokalen Bodengottes angesiedelt war. Die Kader andererseits erschienen als vertraute Vertreter jener Geheimgesellschaften, die im Laufe der Jahrhunderte immer wieder unter religiösem Vorzeichen zu Trägern bäuerlicher Protestbewegungen geworden waren. Des weiteren verstanden es die vietnamesischen Kommunisten lange Zeit, die von ihnen angestrebte klassenlose Gesellschaft als moderne Ausprägung des überkommenen sino-vietnamesischen Modells einer „harmonischen" Weltordnung glaubhaft zu machen, wie sie im kleinen ja auch im Dorf angestrebt wurde. Außerdem ließen sich zahlreiche Bauern davon überzeugen, daß mit Hilfe der neuen marxistischen Lehre endlich jene klassischen drei Heilserwartungen (langes Leben, Glück und Reichtum) verwirklicht werden könnten, die in der alten Gesellschaft Utopie geblieben waren. In diesem Zusammenhang erschien Ho Chi Minh vielen Bauern als Vollstrecker des „Tianming", des „Himmelsauftrags".

Streusiedlungen als Ausdruck des Einzelgängertums in Kambodscha und Laos. Welch ein Unterschied zum kambodschanischen oder laotischen „Dorf", das es als soziale Einheit eigentlich gar nicht gibt! An der Basis wird hier zwar offiziell zwischen der übergeordneten „khum" (Gemeinde) und der dazugehörigen „phum" (Ansiedlung) unterschieden, doch gibt es nirgends in diesen „Gemeinden" und „Ansiedlungen" Organisationskerne, die sich mit denen eines vietnamesischen Dorfes auch nur von ferne messen könnten. Schon äußerlich erwecken die einzelnen Häuser auf den Flußuferbänken und an den Hügelrücken den Eindruck, als sei ihre Lage eher von einer Streusandbüchse als von planerischem Willen bestimmt worden. Man kommt dem Befund vielleicht am nächsten, wenn man von „Weiler-Konglomeraten" spricht – so paradox eine solche Formulierung auch klingen mag. Meist haben sich solche aus 10 bis 15 Häusern resultierenden Weilergruppierungen dadurch ergeben, daß die Kinder eines Bauern heirateten und sich dann aus Zweckmäßigkeitserwägungen gleich neben dem Elternanwesen niederließen – von kommunalen Integrationserwägungen keine Spur – geschweige denn von einem Gemeindegott oder einem Dorfgewohnheitsrecht! Besonders abwegig wäre es, in einer kambodschanischen „phum" nach einer jener Institutionen zu suchen, die dem vietnamesischen Xa zur zweiten Natur geworden sind, nämlich Ältestenrat oder aber einem Đinh. Man hüte sich auch, die dörfliche Pagode in Parallele zum Đinh zu setzen. Dorfklöster sind das Ergebnis „verdienstlichen Tuns" und werden von einzelnen Bauern in der Absicht gestiftet, Karma für das nächste Leben zu sammeln. „Verdienst"-bringend ist es in diesem Sinne auch, wenn man Mönchen in der Pagode Unterhalt gewährt und so dazu beiträgt, das Alltagsleben zu heiligen und den Kindern eine religiöse Erziehung zuteil werden zu lassen. Ein Phum braucht entweder überhaupt keine Pagode zu haben oder kann deren gleich mehrere besitzen: Dies alles hängt, wie gesagt, von der Wohlhabenheit oder religiösen Gebefreudigkeit der einzelnen Familien ab – keineswegs von einem „gemeindlichen" Akt!

Auch die Phum phsar („Basar-Ansiedlungen"), also die wirtschaftlichen Verbindungsdörfer, in denen früher häufig die chinesischen Auf- und Verkäufer lebten, hatten nie den Charakter geschlossener Gemeinden.

Der niedrige Integrationsgrad des kambodschanischen oder laotischen Dorfs hängt letztlich mit dem auf theravadabuddhistische Einflüsse zurückgehenden „individualistischen" Charakter der Kambodschaner und Laoten zusammen (Näheres vgl. I, 3 c.). Allerdings schließt dieses „Einzelgängertum" gegenseitige Hilfe keineswegs aus; doch ist sie hier nicht gemeindlich-institutioneller Natur, sondern beruht auf Ad-hoc-Abmachungen zwischen den Nachbarn, die sich auf diese Weise persönlich oder qua Familie erkenntlich zeigen, sei es nun beim Bau eines Hauses, beim Umzug oder bei der Erstellung eines gemeinsamen Kanals.

Während also die vietnamesischen Kommunisten für die Errichtung dörflicher Kollektive auf traditionelle Ansatzpunkte im Dorf zurückgreifen konnten, sahen sich ihre kambodschanischen und laotischen Gesinnungsgenossen vor einem institutionellen Nichts. Hier hatte es nie eine Berufsgruppe, eine Dorfsolidaritätsgruppe oder eine irgendwie organisierte Altersgruppe gegeben – wo sollte man in diesem Fluidum gar eine LPG „verankern"!? Vielleicht läßt sich der Polpotsche Extremismus z. T. auch mit dieser strukturellen Herausforderung erklären!

b) Makroorganisation: „Staat" und Gesellschaft in der Tradition

Vietnam, Kambodscha und Laos waren in der Vergangenheit keineswegs Staaten im westlichen Sinne, die der Dreiheit von Volk, Gebiet und Staatsgewalt gehorcht hätten. Dieses „Manko" hängt mit dem für Südostasien so charakteristischen Verschiebungs- und Verschichtungsprozeß zusammen, der gerade die Länder des südostasiatischen Festlands zu einem einzigartigen ethnischen Schmelzkessel hat werden lassen, wie er in vergleichbarer Form sonst nirgends mehr auf der Welt vorkommt.

Fluktuationsbewegungen und „Staatsvolk". Da sind zunächst die *historischen* Schichtungen: Die Vorfahren der heutigen drei Hauptvölker sind in einem über die Jahrtausende nur selten abreißenden Einwanderungsstrom von Norden nach Süden gekommen, und zwar entweder entlang der großen Ströme Menam, Mekong und dem Roten Fluß oder auf dem Rücken der ebenfalls in Nord-Süd-Richtung streichenden Höhenzüge. Erstes „Opfer" der Überlagerung war die, manchmal so genannte, „indonesische Gruppe", deren Angehörige in Laos als „Kha" (wörtl. „Sklaven") oder „Lao Theung" (Phouteng = „die auf dem Berg Lebenden") bekannt sind und deren Verwandte sich auch im heutigen Sumatra oder Kalimantan noch antreffen lassen. Funde aus dem Stein- und Bronzezeitalter beweisen, daß die Kha seit alters her auf den heutigen Gebieten von Laos, Kambodscha und Vietnam gelebt haben. Die mächtigen Steinzisternen auf der Ebene der Tonkrüge gehören beispielsweise zu ihrer kulturellen Hinterlassenschaft. Die Kha besitzen keine eigene Schrift, praktizieren Polytheismus, sind weder vom Buddhismus noch vom Konfuzianismus beeinflußt worden und leben von Jagd und Schwend(Brandrodungs)-Bau.

Diese „indonesische" wurde später von der „chinesischen" Gruppe, den Lao Soung, überlagert, zu denen Stämme wie der Meo (Hmong), Yo, Ho, Lolo, Shan usw. gehören – Völker, die zumeist höhere Wohnlagen bevorzugen und deren Produktionsmethoden wesentlich fortschrittlicher sind als die der Kha. U. a. leben sie von Mais, Klebereis, Opiummohnanbau oder von Handwerksprodukten (Weberei, Schmiedekunst). Die Lao Soung sind wesentlich straffer organisiert als die buddhistischen Tieflandlaoten oder Khmer und sie haben deshalb im Laufe der Zeit auch immer wieder zu höchst effizienten militärischen Verbänden zusammengefunden, die den Tieflandvölkern das Leben schwer machten.

Als dritte und wichtigste Gruppierung sind die Tieflandbewohner zu nennen, die identisch sind mit den heutigen Herrschaftsvölkern, also in Vietnam den Annamiten (Vietnamesen), in Laos den Thai-Laoten („Lao Loum") und in Kambodscha mit den Khmer. Sie wurden zu den Kulturträgern und Gestaltern der neueren Geschichte.

„Anthropogeographische" Höhenschichtung der Bevölkerungs-, Siedlungs- und Wirtschaftsgebiete. Neben den historischen sind die geographischen Schichtungen zu erwähnen, die sich ziem-

lich genau nach Höhenlagen feststellen lassen. In Höhen bis zu etwa 100 m ü. M. sind die Tieflandvölker zu Hause. Darüber – und zwar bis zu Höhenlagen von 1000 m siedeln (z. B. in Laos) die „indonesischen" Völkerschaften, die Lao Theung, die z. T. Hackbau, z. T. Viehzucht betreiben, und zu deren Häupten wiederum die Lao Soung, die durch die Mohnkulturen zu einem Politikum geworden sind, vor allem im „Goldenen Dreieck" zwischen Laos, Birma und Thailand, wo sich eines der vier großen „Opiumzentren" der Welt befindet.

Angesichts dieser Verschichtungen liegt es auf der Hand, daß sich für die einzelnen „Staaten" weder eine präzise „Volks-" noch eine Landesgrenzendefinition geben ließe, von einer durchgehenden homogenen Staatsgewalt ganz zu schweigen. Diese „Penetrationskrise" wurde dadurch noch verschärft, daß die später hinzukommenden Kolonialmächte, die zwischen Montagnard- und Tieflandvölker bestehenden Spannungen zu ihren eigenen Gunsten ausnutzten, indem sie gezielt einzelne Minoritäten förderten und in ihren Gebieten die christliche Mission begünstigten. Beides, die historische „Erzfeindschaft" und die koloniale Politik des „Teile und herrsche", führten dazu, daß das Minderheitenproblem auch heute noch zu den Zeitbomben in allen fünf Staaten Festland-Südostasiens gehören – man denke an den Dauerkrieg in Birma und Thailand, aber auch in Laos und Vietnam. Während die vietnamesischen Kommunisten zu den Minderheiten in Bac Bo, in deren Wasser sie ja lange Zeit wie Fische geschwommen haben, ein erträgliches Verhältnis finden konnten, erweisen sich die Minderheiten des Zentralvietnamesischen Hochlands als höchst aufsässig – man denke an die Aktionen der seit 1981 wiedererstandenen FULRO (Force Unifiée pour la Libération des Races Opprimées). Was schließlich Kambodscha anbelangt, so will Prinz Sihanouk einen Großteil der nach 1975 begangenen Greueltaten den Rachegelüsten der Bergvölker anlasten, die von Anfang an zu den Hauptelementen der Roten Khmer gehörten.

Dualistische und „monistische" Herrschaftstrukturen; „Verzellung" und „Versäulung". Staatliche Herrschaft konnte in Vietnam, Kambodscha und Laos daher immer nur punktuell und mit zunehmender Dichte zum jeweils bestimmenden Zentrum hin ausgeübt werden, nicht dagegen gleichmäßig bis in die letzten Winkel.

Vietnam kam mit diesem Dilemma besser zurecht als Kambodscha und Laos, wobei es sich einer „dualistischen" Herrschaftsstruktur bediente und den „Staat" zwischen Kaisertum/Mandarinat einerseits und den weitgehend autonomen Dörfern andererseits aufteilte.

Der König/Kaiser hatte theoretisch eine allesbeherrschende Position, die auf drei verschiedene Traditionen zurückging: Der König war zunächst einmal Träger des „Himmlischen Mandats", also Statthalter des Göttlichen, und nahm insofern eine religiöse Funktion unter den Menschen wahr; er hatte ferner, als Abglanz des Himmels, durch tugendhafte Lebensführung ein leuchtendes sittliches Vorbild für seine Untertanen abzugeben, und er war drittens Chef der Bürokratie, die sich ihrerseits aus einem dreistufigen, durch Prüfungen gesiebten Mandarinat rekrutierte.

Die Dörfer waren dem mandarinären Gesamtstaat nur in drei Belangen (Ruhehaltung, Steuerzahlung und öffentliche Dienstleistungen) pflichtig und verwalteten sich im übrigen selbst, nahmen also dem Staat alle Kleinarbeit ab und ließen ihm die Hände frei für die Bewältigung der überdörflichen Angelegenheiten, sei es nun der Großinfrastruktur, der Verteidigung und all jener Wirtschaftsbelange, die über den Subsitenzbereich hinausgingen.

Während also im traditionellen Vietnam Staat und Dorf in einem ständigen Zwiegespräch standen, gab es in Kambodscha und Laos nur den Monolog der Bürokratie – also kein dualistisches, sondern ein *monistisches* Machtsystem, das von der staatlichen Bürokratie getragen wurde und dem das Dorf nichts entgegenzusetzen hatte.

Sowohl in Kambodscha als auch in Laos gab und gibt es zwar die Einrichtung des Dorfschulzen, dem u. a. die Pflicht der „polizeilichen" Beaufsichtigung, der Arbeitseinteilung, der „statistischen Überwachung" und, wo möglich, der Sammlung der Steuern oblag. Doch war er nicht Vertreter der Gemeinde, sondern umgekehrt Auge, Ohr und Mund der staatlichen Bürokratie.

Diese aber gehorchte ihrerseits der jeweils gerade an die Macht gelangten Adelsclique, die sich durch Anlehnung an den König zu legitimieren pflegte, und die die Schlüsselpositionen in Staat und Wirtschaft innehatte.

Staatsgewalt wurde von den rivalisierenden und oligarchisch herrschenden Cliquen in der Regel als Pfründengewalt aufgefaßt und gehandhabt; da sich Pachtgelder zumeist allerdings nur aus der unmittelbaren Nachbarschaft der Regierungszentrale einziehen ließen und mager auszufallen pflegten, hielten die Cliquen gern nach anderen Hilfsgeldern Ausschau und waren deshalb auch für französische oder US-Apanagen durchaus empfänglich.

Eine Zeitlang spielte die französische Kolonialmacht selbst Cliquen- und Königsschicksal, indem sie z. B. 1904 die aufmüpfige Norodom-Dynastie durch die Sisowaths ersetzte, diesen Entschluß jedoch 1941 wieder rückgängig machte und nunmehr erneut einem Norodom, nämlich dem vermeintlich gefügigen Prinzen Sihanouk, den Vorzug gab. Kein Wunder, daß die an den Rand gedrängten Sisowaths mit zu den Triebkräften des im März 1970 von Lon Nol inszenierten Staatsstreichs gegen Norodom Sihanouk gehörten!

Auch im traditionellen Laos rekrutierte sich die Führung aus der alten Aristokratie, die zwar nur wenige Hundert Personen umfaßte, deren einzelne Clans jedoch ständig im Clinch miteinander lagen – man denke an die Auseinandersetzungen zwischen den Prinzen Souvannah Phouma, Souvanouvong und Boun Oum (Champassak), die sich z. Zt. der Genfer Laoskonferenz (1962) überdies in verschiedenen weltanschaulichen Lagern befanden und hier die neutralistische, dort die vietnamesische bzw. die US-thailändische Karte spielten.

Wurde die Elite im traditionellen Vietnam tendenziell nach dem Leistungsprinzip (Staatsprüfungen!) ermittelt, so waren in Kambodscha und Laos Cliquen-Zugehörigkeitskriterien maßgebend. Überflüssig zu erwähnen, daß die „Zirkulation der Eliten" in Vietnam im allgemeinen besser funktionierte als in Kambodscha oder Laos, wo daher auch Korruption und „Selbstbedienung" tendenziell schneller um sich zu greifen pflegten. Während das traditionelle vietnamesische Mandarinat in der Bevölkerung noch allemal über Ansehen verfügt hatte, stießen die Oberschichten in Laos und Kambodscha permanent auf Mißtrauen – sieht man einmal von der geheiligten Person des Königs ab.

Der traditionelle vietnamesische „Staat" lebte von der „Verzellung", der kambodschanische und laotische dagegen von der „Versäulung". Wer Vietnam beherrschen wollte, mußte daher nicht nur die Zentrale, sondern auch jedes einzelne Dorf unter Kontrolle bekommen. In Kambodscha und Laos dagegen genügte die Besetzung der Hauptstadt und die Ausschaltung der zentralen Elite. Dies wußten auch die Roten Khmer und der Pathet Lao, als sie gegen Phnom Penh und Vientiane vorgingen.

Des weiteren läßt sich ein Staat wie Vietnam wesentlich effizienter organisieren als ein aus „Individualisten" bestehendes Gemeinwesen vom Zuschnitt Kambodschas oder Laos'. Freilich pflegt in Vietnam auch der Widerstand von unten her wesentlich wirksamer zu sein als in den beiden Nachbarländern. Die herrschende Elite Vietnams ist daher eher auf Überzeugung und Erziehung angewiesen als die laotische oder kambodschanische, die dafür um so mehr auf den Gebrauch von Machtmitteln rekurrieren muß.

c) Der vietnamesische, der kambodschanische und der laotische Volkscharakter

Gemeinsamkeiten. Ihrem Äußeren nach sind Vietnamesen, Kambodschaner und Laoten nicht ohne weiteres voneinander zu unterscheiden. Die Angehörigen aller drei Völker verkörpern einen feingliedrigen, anmutigen und hochintelligenten Menschentyp mit angenehm-ruhigen Umgangsformen und bemerkenswerter Selbstkontrolle. Flaches Gesichtsprofil, glatt-straffes schwarzes Haupthaar, das höchstens bei den Khmer manchmal leicht gewellt ist, fehlendes Körperhaar, gleichmäßig getönte helle Hautfarbe, dunkle mandelförmige Augen mit bisweilen „epikanthischer" Lid-Oberfalte, die die inneren Augenwinkel überdeckt, sind ihnen allen grosso modo gemeinsam. Kambodschaner mögen vielleicht etwas hochgewachsener und dunkelhäutiger, Laoten etwas runder im Gesicht sein als die zierlichen Vietnamesen – *den* Ideltypus und *das* Unterscheidungsmerkmal jedenfalls gibt es nicht.

Den drei Völkern sind auch zahlreiche Verhaltensweisen und -erwartungen gemeinsam, ja scheinen gesamtasiatisches Traditionsgut zu sein: Man denke an die alles überragende Bedeutung des „Gesichts", des weiteren an Contenance und Leidensfähigkeit, Bescheidenheit und Zurückhaltung, Improvisationsgeschick und Disziplin, Geduld und Würde – um hier die positivsten Eigenschaften zu nennen, die sich auch in einigen vietnamesischen Sprichwörtern spiegeln: „Reib eine Eisenstange lang genug, und Du hast eine Nadel" (Geduld), „Wenn du aus dem Fluß trinkst, denk an die Quelle (Dankbarkeit). Einige Kambodschanische Sprichwörter: „Undankbar wie ein Krokodil!"; „Wenn Du arrogant bist, mag Dich niemand, bist du aber bescheiden, lieben Dich die Leute"; „Um ein hohes Ziel zu erreichen, muß man sich erst beugen" und: „Die Zunge entscheidet über Leben und Tod".

Gemeinsam ist ihnen allen nicht zuletzt auch ein spezifischer Umgang mit Raum und Zeit: „Der Indochinese" hat, anders als beispielsweise der Durchschnittsdeutsche oder -engländer („My home is my castle"), kein Verlangen nach persönlich individuellem Lebensraum, der mit Mauern, Zäunen, Doppeltüren oder Gardinen geschaffen wird; er braucht keinen weiten Gesprächsabstand und kennt auch nicht die Abneigung gegen physische Nähe: Man bewege sich nur einmal durch einen der dortigen Dorfmärkte oder z. B. auf dem Zentralmarkt von Hanoi, um zu wissen, was hier gemeint ist.

Auch die Zeit ist in Indochina nirgends „kostbar" und bedeutet schon gar nicht „Geld". Unterbrechung bei der Arbeit wird als kommunikative (zwischenmenschliche) Bereicherung, nicht etwa als Störung eines Schritt für Schritt zu erledigenden Arbeitsablaufs empfunden. Der Typ des „Zeiteinteilers", den der Durchschnittsdeutsche verkörpert, ist in Indochina unbekannt – oder war es zumindest bis vor kurzem. „Es ist besser, wenn die Leute kommen statt gehen", heißt es in Kambodscha.

Den Eliten der drei Völker ist übrigens auch die französische Erziehung gemeinsam, die, nebenbei bemerkt, nicht etwa geschadet, sondern ihr im Gegenteil einen urbanen Schliff gegeben hat, wie man ihn selbst bei den Chinesen nur selten antrifft. Einem Europäer bleibt der Umgang mit gebildeten „Indochinesen", vor allem ihre Kultur des leisen Sprechens, fast immer in angenehmer Erinnerung.

Drei fundamentale Unterschiede. Neben all diesen Affinitäten gibt es aber zwischen Vietnam einerseits und Kambodscha/ Laos andererseits drei Unterschiede, deren Auswirkungen gar nicht hoch genug veranschlagt werden können, nämlich die Gruppenbindung, die Marktgesinnung und die Neigung zu (überdörflichen) Kampflösungen.

Was die in Vietnam so bemerkenswert ausgebildete *Gruppenbindung* anbelangt, so hängt sie mit der oben geschilderten Dorftradition zusammen. Das Dorf war/ist jener Ort, an dem man geboren wird, das man kaum jemals verläßt und in dem man auch „zu den Ahnen geht". Alles ist hier auf gegenseitige Verpflichtungen und auf Hierarchieprinzipien ausgerichtet. Es gibt kein Ich, sondern ein „Wir", das nach außen hin als Esprit de Corps in Erscheinung tritt. Der einzelne ist nicht Individuum, sondern Dörfler mit genau festgelegten Rechten und Pflichten. Das Solidaritätsgefühl drückt sich in dem Sprichwort aus: „Wenn ein Pferd krank ist, will der ganze Stall nicht fressen".

Gruppenmensch ist auch der moderne Vietnamese geblieben, der sein Dorf verläßt und in einen Industriebetrieb, in eine Militäreinheit, auf den Campus, in ein Büro oder in eine städtische Nachbarschaft einzieht. Er trägt sein Dorf gleichsam mit sich herum und wird sich überall „seiner" Gruppe unterordnen. (Die einschlägige – auf Vietnam genauso wie auf China zutreffende – Diskussion zur Danwei [Grundeinheits]-Theorie findet sich in Oskar Weggel, China: Zwischen Marx und Konfuzius, München [Beck] – [4]1989.)

Demgegenüber sind Kambodschaner und Laoten die reinsten „Individualisten". Auf sie läßt sich die von Embree im Zusammenhang mit Thailand entwickelte „Theorie von der lose strukturierten Gesellschaft" ohne Schwierigkeiten übertragen. Gründe für dieses „Einzelkämpfertum" sind erstens die spezifische Produktionsweise (s. oben S. 10 ff.) und zweitens die individuelle Verantwortung, die jeder einzelne nach dem theravadabuddhistischen Glauben für sich selbst trägt (s. unten Kap. V. 2). Der so entstandene „Individualismus" hat unmittelbare Auswirkungen auf das soziale Leben. Die Familie ist zwar auch in Kambodscha und Laos „patriarchalisch" bestimmt, doch knüpfen sich an die einzelnen Familienfunktionen viel weniger strenge Verpflichtungen als in Vietnam; außerdem ist die Erziehung wesentlich permissiver und der Zusammenhalt der Familie weitaus mehr von der individuellen Zuneigung abhängig als in dem eher „institutionell" denkenden Vietnam. Was die Einstellung gegenüber der Dorfgemeinschaft und dem Staat anbelangt, so geht es in Kambodscha und Laos wesentlich ungebundener zu als in Vietnam. Hier gibt es, wie bereits erwähnt, keinen Ältestenrat, keinen Đinh, keinen Dorfgott, kein Dorfgewohnheitsrecht, keine Altersgruppen und keine festgefügte Dorfgemeinschaft. Man kann sich also einerseits relativ ungebunden bewegen und fühlt sich dem Nachbarn gegenüber nur ad hoc verpflichtet; andererseits jedoch ist man dem Zugriff der zentralen Bürokratie viel schutzloser ausgeliefert.

Soweit es um organisatorische und Gruppenbelange geht, werden Kambodschaner und Laoten den Vietnamesen allemal hoffnungslos unterlegen sein: Nicht weil sie über weniger Vitalität, Intelligenz, Leidensfähigkeit oder (Reisbauern-)Zähigkeit verfügten, sondern weil sie von ihrem Wertesystem her sozial weniger „gerinnungsfähig" sind. Die Roten Khmer scheinen diese Behauptung mit ihrer straffen militärischen Organisation zwar Lügen zu strafen; doch ist mit ihnen erstens ein ganz unkambodschanisches Element ins Spiel gekommen, zweitens haben auch sie, trotz der Exekution aller auch nur im geringsten verdächtigen Gegner (zwischen 1970 und 1978), nicht verhindern können, daß am Ende ganze Bataillone (unter Führung Heng Samrins und Hun Sens) zu den Vietnamesen überliefen, und drittens wird häufig übersehen, daß die Roten Khmer selbst 1975 weit davon entfernt waren, eine monolithische Einheit zu bilden; Kambodscha gliederte sich damals vielmehr in acht Regionen (N, NO, O, Zentrum, SW, W, NW und „Sonderzone" Phnom Penh), in denen die politischen Geschäfte recht verschieden gehandhabt wurden. Die meisten Ausschreitungen und Exekutionen fanden z. B. in der Region NW statt, während es im O und SW am gemäßigsten zuging. Außerdem gab es damals mindestens drei einander bekämpfende Führungsfraktionen, nämlich die Polpotisten, die Khmer Vietminh und eine Intellektuellengruppierung um Hu Nim und Hou Yuon. Pol Pot kam dadurch zur Macht, daß er die Repräsentanten der gegnerischen Fraktionen liquidieren ließ, und daß er sich zugleich des Einflusses der Südwestregion bediente. „Fraktionalismus" also auch hier auf ganzer Linie!

Der vietnamesische Wertevorsprung bei der Modernisierung besteht aber auch im Wirtschaftlichen. Im Gegensatz zu Laos und Kambodscha, wo immer noch die Subsistenzgesinnung zu Hause ist, bekommt der Vietnamese in seiner Erziehung eine Vierzahl von Wirtschaftstugenden eingeimpft, die ihn zur erfolgreichen Teilnahme am modernen Wirtschaftsleben fähig machen, nämlich Leistungsanerkennung, Sparsamkeit, Korporativität und Marktgesinnung.

Die Anerkennung der Leistung hat ihren Ausdruck in einer vielhundertjährigen Tradition der Beamtenprüfungen gefunden. Was Sparsamkeit anbelangt, so fehlt sie, um hier ein Gegenbeispiel anzuführen, fast ganz in der malaiischen Welt. Dort gilt es als anständig, Gewinne und Zuwächse gemeinsam mit anderen zu verbrauchen. Nur ein engherziger Mensch spart! Laos und Kambodscha liegen hier etwa in der Mitte zwischen vietnamesischem und malaiischem Wertesystem. *Korporativität* hängt mit der dörflichen Tradition Vietnams zusammen und hat sich in die Industriewelt herübervererbt. „Kapital, Arbeit und Bürokratie" ziehen hier also, ähnlich wie in Japan – und ganz im Gegensatz zur englischen Tradition – prinzipiell an einem gemeinsamen Strang. Dies könnte bedeutsam werden, wenn Vietnam eines Tages einen ähnlichen Weg beschreitet wie inzwischen die VR China. Was schließlich „*Marktgesinnung*" ist, erfährt jeder, der einmal durch die Straßen Hanois oder gar Saigons mit offenen Augen geht. Obwohl der Privathandel lange Zeit offiziell verboten war, fand man stets jedes Trottoir von Händlertrauben besetzt, deren Geschäftsfähigkeit ihresgleichen in Asien sucht.

Um die wirtschaftliche Zukunft Vietnams braucht man sich also ganz gewiß keine Sorgen zu machen; sind erst einmal die schlimmsten wirtschaftspolitischen Fehlsteuerungen korrigiert, so werden sich die produktiven Energien der sechzig Millionen Vietnamesen schnell freisetzen und zu ähnlichen Ergebnissen führen wie in Südkorea oder vielleicht sogar Singapur.

Bei Kambodscha und Laos andererseits ist eine solche Energieentladung weniger zu erwarten. Zwar leben hier ganze Gewerbezweige vom „Verdienste"-Mechanismus, angefangen vom Devotionalienhandel über die Bildhauerei und das Baugewerbe bis hin zu jenen im Tempelvorhof tätigen Fisch- und Vogel-„Verkäufern", die dem Gläubigen Gelegenheit geben, Tiere freizukaufen und sie ihrem Element zu übergeben, woraufhin der Händler sie wieder einfängt und erneut zur „Befreiung" anbietet.

Auf der anderen Seite jedoch sind „Gewinnstreben" und „Revolution der steigenden Erwartungen" Fremdwörter für den echten Buddhisten; laufen sie doch auf Vermehrung der Begierde und des „Leids" und somit auf die Verringerung des Karmas hinaus, führen also weit weg vom wahren Erlösungsweg (dazu unten V. 2).

Beruhigend ist immerhin die Tatsache, daß Kambodscha und Laos mit natürlichen Reichtümern gesegnet sind, die den

Mangel an Marktgesinnung wenigstens teilweise wettzumachen vermögen; außerdem packt man durchaus fleißig zu, sobald es um Subsistenz geht: „Wenn sich die Hände bewegen,
wird man satt", heißt es in Kambodscha.

Ein dritter wichtiger Unterschied im Verhaltenskodex besteht darin, daß der Vietnamese *Kampflösungen* selten aus dem
Wege geht, während der durchschnittliche Khmer oder Laote
ausnahmslos *Kompromißlösungen* anstrebt – man denke an die
drei Grundentscheidungen von 1975 ff. (unten S. 82 ff.). Diese
vietnamesische Einstellung hängt mit zwei Ursachen zusammen: Im Dorfbereich verfolgt der vietnamesische Bauer Har-
monielösungen, im überdörflichen Bereich dagegen zeigt er
schnell Igelhaltung.

Was dem Bauern sein Dorf, ist dem von vielhundertjährigen
Auseinandersetzungen mit China sensibilisierten Literaten-
beamtentum der „Staat". Nationale Heldenverehrung, maxi-
male Mobilisierung aller Reserven und Widerstand bis zum
äußersten sind dem vietnamesischen „Staat" zur zweiten Natur geworden – eine Erfahrung, die zu ihrem Leidwesen auch
Franzosen und Amerikaner machen mußten. Die „dao tranh"
(„Kampf")-Philosophie ist nicht zuletzt durch die beiden Indochinakriege neu bestärkt worden: im militärischen, im politischen, im diplomatischen und – sehr zum Leidwesen der
Volkswirtschaft – auch im ökonomischen Bereich. Die Zeit
gilt als Verbündete – man denke an das Bild des Mannes, der
mit dem Kopf immer wieder gegen eine Mauer anrennt und
der den Schmerz nur erträgt, weil er zu wissen glaubt, daß eines Tages nicht der Kopf, wohl aber die Mauer nachgibt.

d) Brauchtum und Volksfeste: Ein Stück Lebensphilosophie

Auch beim Brauchtum, vor allem bei den behaglichen Volksfesten, die so viel von der Selbstbegegnung, Wesensart und Lebensphilosophie der Asiaten offenbaren, gibt es erhebliche
Unterschiede.

Gemeinsam ist den „indochinesischen" Festen zwar, daß sie
sich nach dem Mondkalender richten, daß sie allesamt religiös

inspiriert sind und daß sich die fünf Hauptfeste der kambo-dschanischen und laotischen Buddhisten an drei Stellen mit den vier Hauptfesten der Vietnamesen berühren, nämlich beim Neujahrs-, beim Allerseelen- und beim Wasserbannungs-fest; doch handelt es sich hier erstens um Archetypen des (Reis-)Bauernlebens und zweitens sind sowohl die Zeitpunkte als auch die Ausgestaltungsmodalitäten denkbar verschieden.

Vietnamesisch-Neujahr (Tet) fällt auf die Monate Januar/Februar und wird eher als Fest der Familie, der Ahnen und des Großreinemachens begangen. Man ißt gemeinsam „lange Nudeln" (=langes Leben), Klebereiskuchen (=Glück), ver-treibt die Dämonen mit ohrenbetäubendem Feuerwerk, „ent-sendet" den Küchengott zur Berichterstattung über das Fami-lienleben im abgelaufenen Jahr und zieht schon vor „Silvester" einen Strich unter das alte Jahr, indem man seine Schulden be-gleicht und den Hausputz erledigt. Seit Ho Chi Minh findet am dritten Tag des Tet auch ein gemeinsames Bäumepflanzen statt.

Das kambodschanische und laotische Neujahr fällt demge-genüber erst auf den April und wird hauptsächlich als Frucht-barkeits- (z. T. freilich auch als Großreinemachens-)Fest ge-feiert. Die Regenzeit steht vor der Tür, und alle Welt übergießt sich übermütig mit dem „Wasser der Fruchtbarkeit".

Zur Ehrung der Toten findet das vietnamesische Allerseelen im April, das kambodschanische und laotische Prachum Ben dagegen erst im September statt; hier (in Vietnam) gehen die Angehörigen zu den Gräbern (die Toten werden dort ja erd-bestattet), dort (Kambodscha, Laos) beten Mönche vor den Stupas, in die die Asche der Toten eingelassen wurde.

Äußere Berührungspunkte gibt es auch bei den Drachen- und Schlangen(Naga)-Bootsfesten, deren ursprünglicher Zweck es war, die Geister des Wassers (Vietnam: Drache, Laos und Kambodscha: Schlange) magisch zu bannen, auf daß sie nicht über die Ufer treten. Dieses Fest, das in Boots-rennen (früher auch in königlichen Barkenprozessionen) auf dem Mekong und auf dem Tonle Sap kulminiert, findet in Kambodscha und Laos bezeichnenderweise auf dem Höhe-punkt des Hochwassers, nämlich bei Oktobervollmond statt.

Opfer an die Flußgeister sind auch die Bananenblattschiffchen, die, mit Blumen, Münzen und brennenden Kerzen beladen, bei Novembervollmond von der Bevölkerung zu Hunderttausenden dem Fluß überantwortet werden – eines der bezauberndsten Brauchtümer Südostasiens. Das vietnamesische Drachenbootfest kennt ebenfalls Bootswettrennen, findet aber als eine Art „Mittsommernachtsfest" statt.

In Laos gibt es noch ein weiteres „Bun" (Fest), das mit Wasser zu tun hat, nämlich das im (trockenen) Mai abgehaltene Bun Bang Fai, bei dem Drachenpfeile in den Himmel gefeuert werden, um den Regengott an seine Pflichten zu erinnern. Auch dieses Schießen erfolgt bezeichnenderweise im Wettbewerb – nämlich um die äußerste Höhe.

Zu den weiteren Volksfesten dagegen gibt es keine Parallelen mehr, so z. B. zum kambodschanisch/laotischen Buddha-Fest (April/Mai-Vollmond, bei dem Buddhas Geburts-, Erleuchtungs- und Todestag in einem gefeiert wird) und zum Sangha-Tag (Oktober/November-Vollmond), wenn der Mönchsgemeinschaft durch Lichterprozessionen und Spenden Dank erstattet wird. Bei diesem Fest pflegte bis 1975 auch die Zeremonie des Königseids im laotischen Nationaltempel von That Luang (Vientiane) stattzufinden, durch die das Band zwischen Königtum und Sangha bekräftigt wurde.

Umgekehrt findet das vietnamesische Mittherbstfest (Septembervollmond) – eine Art Erntedankfest, bei dem Löwentänze und Laternenumzüge stattfinden – in Laos und Kambodscha keine direkte Entsprechung.

4. Verschiedene geschichtliche Erfahrungen – und Vorurteile

Verschieden wie ihre materielle und geistige Kultur waren auch die geschichtlichen Grunderfahrungen und -lehren, die den drei Völkern in vorkolonialer Zeit zuteil wurden.

a) Die drei Leitmotive des vietnamesischen Geschichtsverständnisses

Wenige Völker der Welt sind so geschichtsbewußt wie das vietnamesische, dem sich die ewige Wiederkehr einer Reihe von leidvollen Erfahrungen so tief ins Gedächtnis eingeprägt hat, daß Geschichte nicht als Vergangenheit, sondern als zyklische Wiederkehr des Ewig-Gleichen erlebt wird.

Zu diesen vitalen Erinnerungsposten gehört die ewige Parusie von Flutkatastrophen, von Bauernaufständen, von Auseinandersetzungen mit Minoritäten, aber auch von der Bedrohtheit der dörflichen Autonomie, die es deshalb immer wieder zu verteidigen gilt.

Ganz im Vordergrund aber stehen drei Leitmotive, nämlich Zusammenarbeit und Kampf mit China, Nord-Süd-Wanderung und Nord-Süd-Spannungen.

Über 1000 Jahre lang, nämlich von 111 v. Chr. bis 939 n. Chr. stand Vietnam unter direkter und weitere 800 Jahre unter mehr oder weniger indirekter Herrschaft Chinas. Seit das vietnamesische Volk aus dem Dunkel der Geschichte hervorgetreten ist, weiß es sich vom nördlichen Nachbarn belehrt oder bedroht, beschenkt oder bestraft – man denke an die chinesischen „Erziehungsfeldzüge".

Nachahmung und Abwehr – dies war die in sich logische Doppelantwort, die Vietnam der chinesischen Dauerherausforderung entgegensetzte. Im Gegensatz zu anderen Staaten Südostasiens wurde Vietnam nicht indisiert, sondern sinisiert und übernahm fast die gesamte Große Tradition Chinas (Einzelheiten dazu Kap. V). Authentisch-vietnamesisch blieb lediglich die Kleine Tradition der Dörfer, von denen denn auch immer wieder antichinesische Aufstände ausgingen. Hatten Geschichtsschreibung und Propaganda Hanois während des Ausnahmezustands der drei Jahrzehnte freundschaftlicher Koexistenz mit China (1949–76) stets das Verbindende hervorgehoben, nämlich die historischen Gemeinsamkeiten („wie Lippen und Zähne"!) und vor allem die Unterstützung Ho Chi Minhs von seiten des revolutionären China, so ist seit dem

Beginn der sino-vietnamesischen Eiszeit (1978/79) wieder die „Verteidigung des vietnamesischen Volkes gegen die Han-Aggression" zum Hauptthema geworden. Die sog. Zehn Großen Abwehrkämpfe und die Sechs Großen Siege von 1077, 1288, 1426, 1427, 1785 und 1789 gehören zum Lehrstoff jeder Schule und jedes Parteischulungskurses. Typisch auch die Präsentation der 1790 Exponate im „Vietnamesischen Historischen Museum" in Hanoi: Waren sie unter Louis Finot, dem Museumsbegründer, noch nach chronologischen Gesichtspunkten angeordnet worden, so erscheinen sie heute unter zwei neuen Ausstellungskriterien, die mit „Fortschritte in der Nationalkultur des vietnamesischen Volkes" und „Heldischer Abwehrkampf gegen die Han-Aggression" thematisiert sind. Von den insgesamt 13 Ausstellungsabschnitten sind nicht weniger als 5 ausschließlich dem Thema des antichinesischen Widerstands gewidmet, nämlich dem Kampf gegen die Dynastien der Han, der Tang, der Song, der Yuan und der Ming.

Zwei für das vietnamesische Selbstverständnis typische Phänomene leiten sich aus diesem Geschichtsverständnis ab:

Da ist einmal der allgegenwärtige Heldenkult. Die großen Heroen Vietnams, nämlich die Schwestern Trung (Trung-Dynastie: 40–43), Nguyen Trai (1380–1442: Gelehrter, Stratege und Lyriker), Ngo Quyen (Sieger der Schlacht am Bach Dang, durch die Vietnam selbständig wurde, Regierungszeit 939–944) und Le Loi (der die Truppen der Ming aus Vietnam vertrieb und die langlebigste Dynastie Vietnams, die Le, gründete, 1428–1788) waren allesamt antichinesische Widerstandskämpfer. Allein Ho Chi Minh, der seine wichtigsten Erfolge chinesischer Unterstützung verdankt, machte in dieser Ahnengalerie eine Ausnahme.

Was für andere Staaten das „Grab des Unbekannten Soldaten", ist für Vietnam das Denkmal der Schwestern Trung in Hanoi: Hier werden Kränze niedergelegt und feierliche Staatsakte vollzogen. Der Name Trung assoziiert Unabhängigkeit, nationale Würde und Kampf. Man bedenke: Der Aufstand der beiden Schwestern fand nur wenige Jahre nach der Schlacht vom Teutoburger Wald statt. Während die Deutschen dieses „Befreiungs"-Ereignis als solches längst vergessen haben, führen die Vietnamesen ihren damals begonnen Kampf bis auf den heutigen Tag fort – zumindest in der Propaganda und im Schulunterricht.

Zweitens ist aus den vielhundertjährigen Abwehrkämpfen eine China-Allergie entstanden, die so intensiv ist, daß sie auch heute noch bis in den täglichen Entscheidungsprozeß hineinwirkt und allen Konflikten, sei es nun der militärischen Konfrontation im Norden, dem Seegrenzenproblem im Osten oder aber der Kambodscha-Frage im Westen, eine zusätzliche Schärfe verleiht, zumal seit Frühjahr 1979, als beide Nachbarn erneut die Klingen gekreuzt haben.

Das zweite Leitmotiv ist die kontinuierliche Nord-Süd-Wanderung. Jahrhundertelang war das vietnamesische Herrschaftsgebiet auf das Rote Fluß-Delta und seine Umgebung beschränkt gewesen. Doch dann begann im Zuge der Auseinandersetzung zwischen den damals mächtigen Clans, den Trinh und den Nguyen, gleichsam in einem Ruck der Marsch nach Süden, in dessen Verlauf zwei einst mächtige Reiche, nämlich das der Cham (1611–1697) zerschlagen und das der Khmer z. T. aufgerieben wurde (Näheres Abschnitt II.).

Noch zu Beginn des 17. Jhs. war Saigon ein kambodschanisches Fischerdorf gewesen. Um 1840 dagegen befand sich bereits der gesamte Südostbereich unter Nguyen-Kontrolle. Tausende von Siedlern strömten in die aus Sümpfen und Mangrovenwäldern bestehende Ebene ein und gestalteten sie zur Reiskammer Vietnams um. Bei ihrem Versuch, sich auch noch das restliche Khmer-Reich untertan zu machen, stießen die Nguyen auf die Konkurrenz der Siamesen, die ebenfalls die Einverleibung Kambodschas im Auge hatten. Mitte des 19. Jhs. schien der Khmer-Staat nur noch die Wahl zwischen Siam und Vietnam zu haben, bekam aber in diesem kritischen Augenblick die Gelegenheit, mit dem Deus ex machina, nämlich Frankreich, einen Protektoratsvertrag zu schließen. Damit war dem vietnamesischen Ausdehnungsdrang ein Jahrhundert lang der Riegel vorgeschoben.

Die „Tributisierung" von Laos 1977 und von Kambodscha

1979 mit Hilfe sog. „Sonderbezichungs"-Verträge war historisch gesehen nichts anderes als der Versuch einer Wiederaufnahme des Nord-Süd-Marsches, der durch die französische Intervention vorübergehend gebremst worden war.

Eine dritte Erfahrung ist die Spannung zwischen Nord und Süd. Die Eroberung des Südens durch die Nguyen führte zu einer Verdoppelung der bisherigen Staatsfläche, gleichzeitig aber auch zur Ausbildung einer dem alten Nil-Ägypten ähnlichen Formgestalt, der die Zergliederung gleichsam auf den Leib geschrieben zu sein schien. In der Tat entwickelte sich zwischen den Trinh und den Nguyen ein rund zweieinhalb Jahrhunderte während er Bürgerkrieg (1533–1788), an dessen Ende die Wiedervereinigung des Landes vom Süden her, nämlich durch die Nguyen, stand (1802).

Während der langen Zeit der Trennung hatten sich Nord- und Südvietnam auseinanderentwickelt. War der Norden konservativ geblieben, so hatte der Süden Neuerungsbereitschaft und vor allem Pioniergeist gezeigt; kein Wunder, daß er am Ende den Sieg davontrug. Damals entwickelten sich auch verschiedene Wirtschaftsformen (Latifundiensysteme im Süden, Kleinstbetriebe im Norden), verschiedene Lebensauffassungen – und gegenläufige Stereotypen: Der Norden galt den südlichen Pionieren als „schwerfällig und langweilig", während diese wiederum bei den Nordvietnamesen den Ruf der „Unzuverlässigkeit und Leichtlebigkeit" hatten.

Begünstigt durch die Aufteilung Vietnams in die „Kolonie" Cochinchina und die „Protektorate" Tongking und Annam sowie durch den hauptsächlich auf Bac Bo konzentrierten vietnamesischen Bürgerkrieg kam es im 20. Jh. erneut zur Spaltung, die allerdings nur 21 Jahre lang (1954–1975) dauerte und diesmal von Norden her überwunden wurde.

Auch die neuen Herren, die ihr Selbstverständnis aus einer Doppelsendung, nämlich dem vietnamesischen Nationalismus und dem marxistischen Revolutionsgedanken, bezogen, mußten bald erfahren, daß es sich bei der Wiedervereinigung nicht nur um eine administrative Angelegenheit, sondern um die Überwindung tiefgreifender Strukturverschiedenheiten und eingesessener Vorurteile handelte, deren Beseitigung durch die vorausgegangene antikommunistische Erziehung der Bevölkerung Südvietnams noch zusätzlich erschwert worden war.

b) Kambodscha und Laos: „Geschichtslosigkeit" und Identitätskrise

Anders als das geschichtsbewußte und mit den Erinnerungen von Jahrhunderten lebende Vietnam sind Kambodscha und Laos Nationen, in denen Geschichtsschreibung und historisches Bewußtsein eine so untergeordnete Rolle spielten, daß selbst die wichtigsten Ereignisse nur mehr aus Tempelinschriften, Stelen oder Beschreibungen chinesischer Historiker erschlossen werden können. Dieses historische Desinteresse entspringt einerseits der indischen Tradition, von der die Kultur beider Länder ja maßgebend beeinflußt ist, und zweitens dem Buddhismus, dessen wichtigste Prämisse in dem Lehrsatz besteht, daß alles Leiden der Welt auf Begierde und Täuschung zurückzuführen und daß Erlösung nur erreichbar sei, wenn man die Welt und ihre Prozesse als unwesentlich und illusionistisch begreift. Unter diesen Umständen war selbst die Geschichte des strahlenden Angkor aus dem Gedächtnis des Volkes verschwunden und konnte erst durch die Detektivarbeit westlicher Archäologen neu erschlossen werden.

Trotz dieses mangelnden Gespürs für das Historische haben Kambodschaner und Laoten eine Reihe von geschichtlichen Erfahrungen internalisiert, die unmittelbar auf die heutige politische Perzeption wirken.

– Im Gegensatz zu Vietnam haben die beiden z. B. ihre Kolonisierung durch Frankreich nicht als Schock, sondern eher als Rettungstat empfunden. Beide hatten im Laufe der Geschichte erfahren, daß Unabhängigkeit für sie überhaupt nur dann in Betracht kommen konnte, wenn sie starke „Freunde" hatten. Kein Wunder, daß das Kambodscha Sihanouks nach China, die „Khmer-Republik" nach Amerika, das Demokratische Kampuchea wieder nach China und die Volksrepublik Kampuchea nach Moskau blickt. Auch Laos

Bild 3: Die „Gesichtertürme" zeigen in vielfacher Wiederholung das rund fünf Meter hohe Porträt Jayavarman VII. (1181–1201), des bedeutendsten Khmer-Königs und Erbauers der Stadt Angkor Thom. Das seit 1432 vom Dschungel überwucherte Angkor wurde im 19. Jh. von den französischen Kolonialherren freigelegt und ist seither zu einem Kristallisationspunkt des kambodschanischen Nationalverständnisses geworden.

hat nacheinander die amerikanische und dann die sowjetische Karte gespielt. Sowohl Kambodscha als auch Laos hatten aber am Ende die Rechnung ohne den Wirt gemacht, d. h. ohne Vietnam. An dieser Stelle zeigt sich nun die Doppelnatur des mächtigen Nachbarstaats: Auf der einen Seite war er zwar jahrhundertelang das Opfer mehrerer chinesischer Dynastien, auf der anderen Seite jedoch erwies er sich als zäher Angreifer – und zwar in umgekehrter zeitlicher Reihenfolge: Je mehr die chinesische Gefahr nachließ, umso entschlossener wurde der vietnamesische Zugriff auf das Cham- und das Khmer-Reich. Die vietnamesische Propaganda betont immer nur die Opferrolle und hüllt ihre Angreiferrolle in den Mantel des Schweigens.

– Kambodschas zweite Lehre ist eine tiefe Identitätskrise, die
damit zusammenhängt, daß sich das Land im 14. Jh. von einer machtvollen hydraulischen zu einer schwachen ichthylischen Gesellschaft zurückentwickelt hat und daß der Glanz
der Angkor-Zeit nach diesem Filmriß erst durch die französische Archäologie wieder sichtbar gemacht worden ist. Seither wird Angkor von jedem kambodschanischen Regime
neu beschworen, ob nun von Sihanouk, von Lon Nol oder
von den Roten Khmer.

Je machtvoller freilich die Nostalgie, um so bedrückender
das Leiden an der Gegenwart: Einst ein Königtum, das sich
vom Bengalischen bis zum Südchinesischen Meer erstreckte, war das Reich Mitte des 19. Jhs. auf nur noch
800 000 Menschen zusammengeschrumpft und stand überdies vor der Gefahr, zwischen Siam und Annam aufgeteilt
zu werden. Zwar hatte es sich dann vor allem unter der Regierung Sihanouks in den fünfziger und sechziger Jahren
wieder erholen können und hatte eine Zeitlang innerhalb
des umkämpften Indochina wie eine Oase des Friedens ge-
wirkt, um dann allerdings, beginnend mit dem Jahr 1970,
noch tiefer als ehedem in die Krise zu stürzen. 5 Jahre lang
mußte es den Zweiten Indochinakrieg, 3 1/2 Jahre die Herrschaft Pol Pots und anschließend weitere 10 Jahre die Besetzung durch Vietnam über sich ergehen lassen. Hoffnungen blieben nur wenige, so z. B. die Weissagung des
Eremiten Pouth von 1863, also jenem Jahr, da Kambodscha
französisches Protektorat wurde: Die Dominanz des weißen Mannes dauere zwar nicht ewig, werde aber abgelöst
durch eine noch schlimmere Herrschaft, nämlich durch
„betrügerische Raben", die das Land in Blut und Elend
stürzten. Nach dem Terrorregime der „Schwarzgefieder-
ten" (zu denken wäre hier an die dunkel gekleideten
Khmers Rouges) sei das Leid der kambodschanischen Bevölkerung leider immer noch nicht zu Ende; vielmehr steige
die „Blutwelle der Getöteten nochmals bis zum Bauch des
Elefanten an" (war damit der zehnjährige Krieg zwischen
vietnamesischen Truppen und DK-Widerstand gemeint?).

Dann aber kehre nach unsäglichen Leiden endlich wieder Frieden ein und ein „Prinz wird unser Volk und unser Land erretten". Ob damit Sihanouk oder sein Sohn, Prinz Norodom Ranariddh, gemeint sein könnte, fragen sich heute nicht wenige Kambodschaner.

– Die historischen Erfahrungen des laotischen Volkes sind vor allem dreifacher Natur: Da ist erstens das ständige Gefühl der Abhängigkeit – einmal von Thailand, dann wieder von Birma – und heute von Vietnam; da ist zweitens das Bewußtsein der ewigen Spaltung des Landes, und drittens die Unlösbarkeit des Minoritätenproblems.

c) Wechselseitige Vorurteile

Zwischen den drei indochinesischen Hauptvölkern haben sich eine Reihe höchst unliebenswürdiger Stereotype herausgebildet. „Der" Vietnamese hält „den" Kambodschaner und Laoten im allgemeinen für träge, unwillig und vor allem unfähig. Die Aussagen abgesprungener nordvietnamesischer Ausbildungsoffiziere lassen dies besonders deutlich werden. Die Pathet Lao-Soldaten seien disziplinlos, „kleinkariert" in ihrer politischen Perspektive, hätten von zehn geplanten Punkten immer nur höchstens fünf oder sechs verwirklicht und seien auch sonst durch und durch undiszipliniert. Was die Khmer anbelangt, so haben sie nach vietnamesischer Auffassung eine „schwarze Seele", sind aber im übrigen ebenfalls nicht besonders ernst zu nehmen. Es muß die Vietnamesen in ihrem Überlegenheitsgefühl gewaltig erschüttert haben, daß sie in Kambodscha schon bald auf so entschlossenen Widerstand gestoßen waren.

Umgekehrt gibt es in Laos, vor allem aber in Kambodscha eine tiefgründende Abneigung gegen die „Yuon". Wer in Kambodscha Mißbehagen zum Audruck bringen will, pflegt einen negativen Vergleich häufig mit der Floskel „. . . wie ein Vietnamese" abzuschließen. Bezeichnend auch das Sprichwort, daß man „sich ebensogut mit einem Tiger anfreunden kann wie mit einem Vietnamesen".

Es ist klar, daß auf einem solchen Humus des gegenseitigen Mißtrauens keine Freundschaft und schon gar keine ehrliche „Sonderbeziehung" entstehen konnte.

5. Zusammenfassung: „Indochina" – Anachronismus oder historischer Auftrag?

Wohin man auch blickt, sind die Unterschiede zwischen den „indochinesischen" Ländern mit Händen zu greifen, die einheitstiftenden Elemente dagegen nur mit der Lupe aufzufinden. Ob Produktions- oder Organisationsweise, ob materielle Kultur oder Volkscharakter, ob Brauchtümer oder geschichtliche Erfahrungen – die drei Völker scheinen verschiedenen Sonnensystemen anzugehören. Der Autor ist überzeugt davon, daß die drei stärker am Anker der Vergangenheit hängen, als es ihre „Fortschritts"-Ideologie glauben machen möchte, und daß die Vorstellung der breiten Bevölkerung von dem, was als „normal" zu gelten hat, auf längere Sicht mindestens genauso determinierend wirkt wie die Konzeption der drei Führungseliten von dem, was eigentlich sein sollte.

Jahrhundertealte historische Erfahrungen haben die drei Völker gelehrt, daß nichts schädlicher für sie ist als eine Politik *einseitiger* Bündnisse. Dies gilt auch für die jüngste Geschichte. Die einseitige Anbindung des Lon Nol-Regimes an die USA, der Polpotisten an die VR China oder der Heng Samrin-Führung an Vietnam haben den Khmer z. B. nicht weniger geschadet als die ebenso eindimensionale Hinwendung der DLVR zu Hanoi den Laoten. Sowohl politisch als auch historisch war es deshalb konsequent, daß Phnom Penh den günstigen Augenblick des vietnamesischen Truppenrückzugs nutzte und 1989 seine dauernde Neutralität erklärte. Auch Vientiane scheint sich mit ähnlichen Absichten zu tragen. Es bleibt der Hun Sen-Regierung jetzt noch die Aufgabe, darzutun, wie diese Neutralität mit dem fortbestehenden „Sonderbeziehungsverhältnis" zu Vietnam vereinbar ist.

II
Die Geschichte der drei Indochina-Staaten

1. Gegenwartsgeschichte als Konsequenz dreier schicksalhafter Entscheidungen

Die Geschichte der drei Länder* läßt sich entweder wie ein historischer Film betrachten oder aber – mehr politisch – als Ergebnis bestimmter Kernentscheidungen. Hier soll der etwas unkonventionelle zweite Ansatz gewählt und der Leser mitten in jene Schlüsselsituationen hineinversetzt werden, mit denen auch die späteren Sieger seinerzeit konfrontiert waren. Indem der Leser sich mit dem Politiker identifiziert, soll er die Situation nicht nur „verstehen", sondern darüber hinaus auch die geschichtlichen Fäden rückwärts und vorwärts besser verfolgen können. Geschichte als ewige Gegenwart zu thematisieren ist überdies eine Eigenart der (in Vietnam beheimateten) zyklischen Betrachtungsweise.

Ganz im Sinne Lenins galt es, je zwei strategische Hauptfragen zu entscheiden, nämlich erstens die nach dem „Hauptgegner" und zweitens die nach dem „richtigen Augenblick". Dieser „Augenblick" stand den Vietnamesen 1945, den Laoten 1946 und den Kambodschanern 1952 ins Haus.

a) Vietnam: Ho Chi Minh und die Augustrevolution von 1945

Mitte August 1945 stand Ho Chi Minh vor seiner bisher schwersten politischen Entscheidung – und dies nach einer fünfundzwanzigjährigen Parteikarriere, die durch vier Jahreszahlen gekennzeichnet war: 1920 hatte er sich der KP Frankreichs angeschlossen und war kurze Zeit später Mitglied des

---

* Zur vormodernen Geschichte der drei Völker vgl. zunächst unten S. 201 ff.

„Generalstabs der Weltrevolutionsbewegung", nämlich der Moskauer Komintern, geworden. 1924 hatte er als Abgesandter des „Ostbüros" der Komintern in der südchinesischen Stadt Guangzhou die „Vereinigung der revolutionären Jugend Vietnams" gegründet – die Vorgängerin der dann im Oktober 1930 unter dem Vorsitz Hos etablierten „KP Indochinas". 1941 war Ho Chi Minh nach Vietnam zurückgekehrt und hatte wenige Monate später den Vietminh („Liga für die Unabhängigkeit Vietnams") aus der Taufe gehoben – also fast zur gleichen Zeit, da die japanischen Truppen Französisch-Indochina besetzten.

Ho Chi Minh war zu dieser Zeit ein „Inernationalist" ohnegleichen geworden, mit dem verglichen der Chinese Mao Zedong geradezu provinziell wirkte. Souverän auch seine Lagebeurteilung Mitte 1945, als sich die japanische Kriegsniederlage abzuzeichnen begann.

Es waren damals nicht weniger als sechs verschiedene feindliche Kräfte, auf die sich die vietnamesischen Kommunisten einstellen mußten. Wer von ihnen aber hatte als Hauptgegner zu gelten?

Die *japanischen Militaristen* konnte man wohl bereits abschreiben. Sie waren 1941 ins Land gekommen, um den militärischen Nachschub vom vietnamesischen Hafen Haiphong nach Südwestchina abzuschneiden und um Vietnam als eine Art Flugzeugträger für die Blitzangriffe auf Birma, Malaya, Singapur und die Philippinen zu benutzen. Sie hatten dabei auch mehrere vietnamesische Aufstände niedergeschlagen, jedoch nicht verhindern können, daß sich an der Grenze zu Guomindang-China hin die ersten Keime der späteren „Vietnamesischen Volksarmee" entfalteten.

Auch die *US-Imperialisten* bildeten vorerst noch keine unmittelbare Gefahr, obwohl sie bereits in einem Rundschreiben des Vietminh vom 6. August 1944 als mögliche Gegner bezeichnet worden waren.

Und wie stand es mit den *chinesischen Guomindang-Truppen?* Im Zuge der Potsdamer Konferenz war Mitte 1945 vereinbart worden, daß die in Indochina stationierten japanischen Truppen südlich des 16. Breitengrades von britischen und nördlich davon von Guomindang-Einheiten entwaffnet werden sollten. Im Vollzug dieser Mission marschierten die ausgehungerten chinesischen Verbände bereits im September 1945 in „ihren" Nordabschnitt ein und bewirkten durch ihr undiszipliniertes Vorgehen, daß die uralte China-Allergie im Nu wieder um sich zu greifen begann.

Schlimmer noch: Im Gefolge der GMD-Entwaffnungseinheiten befanden sich auch VNQDD-Vertreter, also Angehörige jener antikommunistischen, dem chinesischen Guomindang-Modell nachgebildeten *Nationalen Volkspartei Vietnams* (Viet Nam Quoc Dan Dang), die 1927 von Militärs, Intellektuellen und subalternen Beamten gegründet worden war, und die 1930 in Yen Bay (im Rote Fluß-Delta) einen, allerdings erfolglosen, antifranzösischen Aufstand inszeniert hatte.

Ein fünfter Gegner, den es ins Kalkül zu ziehen galt, war der 1913 geborene *Bao Dai (Prinz Vinh Thuy)*, der als letzter der dreizehn Nguyen-Kaiser (seit 1802) 1926 den Thron bestiegen hatte, und dessen Schicksal es sein sollte, in einem fort als Werkzeug ausländischer Interessen zu dienen: Bis zu der von ihm verkündeten „Unabhängigkeit" vom 10. März 1945 hatte er mit Frankreich zusammengearbeitet, dann kollaborierte er mit der japanischen Besatzungsmacht, um sich später (ab Juni 1949) wieder den Franzosen zuzuwenden. Mit ihm glaubte Ho Chi Minh leichtes Spiel zu haben – ein Irrtum, wie sich später herausstellte: sollte Bao Dai den südvietnamesischen Teil doch immerhin bis Oktober 1955 regieren.

Als sechster Widersacher waren schließlich noch die *französischen Kolonialisten* ins Kalkül zu ziehen.

Wer aber mußte damals als „Hauptgegner" gelten? Bao Dai, die VNQDD und der „US-Imperialismus" waren wohl die im Augenblick am wenigsten ernst zu nehmenden Gegenspieler. Auch der „japanische Militarismus" hatte angesichts der sich abzeichnenden Kriegsniederlage seinen Biß verloren. Blieb also nur die Wahl zwischen den Franzosen und den Chinesen – eine wahre Tortur! Ho Chi Minh soll damals, nach Paul Mus, den Satz geäußert haben: „Lieber noch ein wenig an der Merde der Franzosen riechen, als ein Leben lang die der Chinesen fressen". Zu aller Überraschung löste sich die „chinesische Gefahr" schon wenige Monate später auf, als nämlich die Franzosen durch ihr Versprechen an Jiang Jieshi (Tschiang Kai-shek), die Konzession in Shanghai sowie die Yunnan-Eisenbahn zurückzugeben, im Februar 1946 den Rückzug der Guomindang-Verbände erreichten.

Dies alles konnte freilich Mitte 1945 noch nicht vorausgesehen werden – zu einem Zeitpunkt, da sich die Ereignisse geradezu überschlugen: Am 7. August fiel die Atombombe auf Hiroshima, am 15. August kapitulierte Japan, am 17. August demonstrierten in Hanoi 20 000 Vietminh-Anhänger, am 18. August trat der Vertreter Bao Dais in Hanoi zurück, am 19. August besetzten militärische Formationen des Vietminh die strategischen Knotenpunkte Hanois und seiner Umgebung, am 30. August erklärte Bao Dai auf Druck des Vietminh seine Abdankung, und am 2. September 1945 rief Ho Chi Minh auf dem Ba Dinh-Platz in Hanoi unter dem tosenden Jubel einer Millionenkulisse die „DRV" (Demokratische Republik Vietnam) aus. All diese Ereignisse sind als „Augustrevolution" in die Geschichte eingegangen. Sie brachten aber noch keineswegs die Unabhängigkeit, sondern waren nur der erste Schritt auf einem langen und verlustreichen Marsch zu ihr; denn inzwischen waren immer mehr französische Truppen an Land gegangen. Paris schwankte zwischen Rückzugsabsichten und dem Drängen seiner Siedler und Administratoren auf koloniale Restauration. Nach einer Komödie der guten Absichten, die sich über ein Jahr hinzog, kam es am 23. November 1946 zur Kanonade von Haiphong, in deren Gefolge der auf alle Eventualitäten vorbereitete Vietminh zum bewaffneten Widerstand gegen die französische Kolonialmacht aufrief. Damit hatte der Erste Indochinakrieg begonnen, der 1954 mit der Niederlage Frankreichs enden sollte.

1945 schienen zwei Wege denkbar, nämlich eine Politik des Einlenkens und des zeitweiligen Kompromisses mit den Franzosen, oder aber die harte Linie der militärischen Auseinandersetzung. Ho Chi Minh wählte die Kampflösung und führte Vietnam so auf einen langen Marsch voller Blut und Tränen.

b) Laos: Prinz Souvannouvong und die Flucht in den Untergrund

Sieht man von den kurzen Epochen einer wirklichen Einheit ab, so war Laos fast immer Spielball einer oder mehrerer Nachbarmächte gewesen; sei es nun der Chinesen im Norden, der Thais und Birmanen im Westen oder aber der Vietnamesen im Osten. Es scheint das Schicksal des Dreieinhalb-Millionen-Staats zu sein, entweder geeint unter der Schirmherrschaft eines starken ausländischen Protektors zu stehen, oder aber zwar selbständig einem neutralen Kurs zu folgen, dann aber in mehrere Einflußsphären aufgespalten zu werden. Nationale Einheit unter fremder Oberherrschaft *oder* Spaltung der Nation im Zeichen der „Unabhängigkeit" und Neutralität – in der Tat eine bittere Wahl.

Lange Zeit versuchten die jeweiligen Machteliten, diesem Dilemma zu entkommen und einen Zwischenkurs zu steuern, womit sie allerdings nichts Geringeres versuchten als die Quadratur des Kreises. Galt es doch gleich zwei Schwierigkeiten auf einmal zu lösen, nämlich die Schaffung einer einheitlichen Nation und die Suche nach Partnern, die vielleicht doch noch – entgegen allen bisherigen Erfahrungen – an einer laotischen Neutralität interessiert sein könnten.

Schon der erste Punkt stand in den Sternen – war Laos doch von jeher nichts weniger als eine Nation, sondern eher eine Restsumme von Völker- und Landschaften, die nicht schon von den Nachbarstaaten vereinnahmt worden waren. Nichts, aber auch gar nichts prädestinierte diesen Torso für eine Nation nach westlichem Zuschnitt. Schon die dschungelüberzogene Gebirgslandschaft scheint sich einer solchen Entwicklung gleichsam zu versperren. Nicht einmal der Mekong ist in seiner ganzen Länge schiffbar.

Was nun gar die Bevölkerung anbelangt (3,58 Millionen nach der Volkszählung von 1985), so setzt sie sich aus 68 verschiedenen ethnischen Gruppen zusammen, die ihrerseits fünf größeren Sprachfamilien angehören, von denen freilich wiederum die Sprechermehrheiten in den Nachbarstaaten siedeln, wie z. B. die Lao Isan-Bevölkerung in Nordostthailand, die sich dort auf 10 Millionen Angehörige beläuft und damit etwa sechsmal so stark ist wie das ethnisch verwandte „Herrenvolk" der Tieflandlaoten im eigentlichen Laos. Überhaupt gibt es innerhalb der laotischen Grenzen fast ebensoviele „Minoritäten" wie Tieflandlaoten.

Sich in Laos einzumischen, ist die einfachste Sache der Welt: Man spiele einen Stamm gegen den anderen aus – und schon ergeben sich die brisantesten Fronten. Auf diese Taktik des „Divide et impera" hatten sich bereits die französischen Kolonialherren trefflich verstanden, als sie z. B. Angehörige der Lu-Stämme dazu ermächtigten, von den Lamet Steuern einzutreiben. Die Amerikaner warben später die Hmong (Meo) als Helfershelfer gegen den Pathet Lao an; die VR China schließlich treibt heutzutage ein ähnliches – diesmal „antivietnamesisch" aufgezogenes – Spiel. Dies alles funktioniert um so müheloser, als nicht einmal die einzelnen Völkerschaften in sich geeint sind. Unter den Hmong z. B. gibt es mehrere Clans, u. a. die Lo und die Ly, die seit langer Zeit um die Vorherrschaft in der nordöstlichen Provinz Xieng Khouang kämpften. Die Franzosen hatten sich in den vierziger Jahren diesen Konflikt zunutze gemacht, indem sie die Ly auf Kosten der Lo bewaffneten und als Hilfstruppen gegen die damals gerade nach Indochina vordringenden japanischen Divisionen bereithielten. Die Lo wandten sich daraufhin kurzerhand dem Pathet Lao zu und kämpften für dessen „antikolonialistische" Ziele. Ihr Führer Faydan avancierte infolgedessen nach 1975 zum Vizepräsidenten der Demokratischen Laotischen Volksrepublik. Die Angehörigen des Ly-Clans vollzogen einen weiteren Schwenk und wurden diesmal zum Rückgrat jener von General Vang Pao befehligten Guerilla-Armee, die im Dienste des CIA den Pathet Lao jahrelang das Leben schwer machte.

Zerrissen wie das Land und seine Bevölkerung war auch die

politische Struktur. Seit der Entstehung Lang Xans, des „Königreichs der ein Million Elefanten" im Jahr 1353 gab es zwar immer wieder die Fiktion eines Einheitsstaats; doch war die Rivalität der einzelnen Fürstentümer, die im allgemeinen nur von Stromschnelle zu Stromschnelle reichten, und die Intervention ausländischer Mächte die Regel. Auch nach Erlangung der „Unabhängigkeit" Laos' 1954 ging dieses innere Tauziehen weiter, das sich nach außen in der Präsenz miteinander rivalisierender Mächte fortpflanzte: In den nördlichen Provinzen bauten z. B. die Chinesen – mit Genehmigung der Regierung – ein Straßennetz, im Südosten betrieben Vietminh und Pathet Lao – gegen den Willen der Regierung – den Ho-Chi-Minh-Pfad, und auf den Hochebenen sowie über dem Pfad-Areal warfen getarnte US-Bomber – mit stillem Einverständnis der Regierung und unter Verletzung der 1962 versprochenen Neutralität – mehr Bomben ab als während des ganzen Zweiten Weltkriegs über Europa. Daneben kämpften Thai-Soldaten z. T. in königlich-laotischer Uniform.

Trotz alledem wahrte Laos nach außen hin den schönen Schein der Neutralität und der Kooperation zwischen den Bürgerkriegsgegnern. Freund und Feind wußten: Obwohl eine Neutralisierung des Landes und eine Koalition von linken und neutralistischen Vertretern höchst undenkbar war, mußte sie doch immer wieder versucht werden – der Mythos des Sisyphos auf laotisch! Sogar über eine „Kommunistische Monarchie" wurde eine Zeitlang nachgedacht!

Neben der Suche nach „nationaler Einheit" stellte sich noch ein zweites Dauerproblem, nämlich die Frage nach dem „richtigen Verbündeten". Schon in den frühen vierziger Jahren hatten sich hier mehrere Denkschulen gegenübergestanden. Während eine Gruppe (unter Führung der Prinzen Phetsarath und Souvanna Phouma) den Beitritt in die vom früheren Kolonialherrn vorgeschlagene Union Française befürworteten, trat eine andere für den Anschluß des Königreichs an das „verwandte Volk" der Thais ein. Eine dritte Fraktion (unter Leitung des Prinzen Souvannouvong, eines jüngeren Halbbruders der beiden obigen Prinzen) plädierte für die Zusammenarbeit mit dem Vietminh und eine vierte Gruppe für den Verzicht auf jegliche Anlehnung, also für laotisches „Eremitentum" nach der Art Birmas.

Zwei Ereignisse beschleunigten den Entscheidungsprozeß, nämlich die japanische Kapitulation, in deren Gefolge Prinz Phetsarath am 1. September 1945 die Unabhängigkeit ausrief, sowie die Rückkehr der französischen Truppen, die es den Mitgliedern der neuen Führung ratsam erscheinen ließ, Anfang 1946 nach Bangkok zu fliehen. Dort, im Exil, spitzten sich die Meinungsverschiedenheiten zu. Als Phetsarath und Souvanna Phouma beschlossen, in Thailand zu bleiben, Souvannouvong aber zum Widerstandskampf an der Seite des Vietminh aufrief, war der Bruch in der bis dahin bestehenden gemeinsamen Befreiungsfront (Lao Issara) perfekt. Souvannouvong setzte sich nach Ostlaos ab und begann dort sowohl mit dem Vietminh als auch mit dem Pathet Lao und dem späteren Parteigeneralsekretär Kaysone Phomvihan zusammenzuarbeiten.

Noch bei der Genfer Laos-Konferenz von 1962 schienen drei Optionen offen zu stehen, für die jeweils ein Name repräsentativ war: Prinz Souvanna Phouma für den „neutralistischen" Weg, Prinz Souvannouvong für die Vietnam-Option und Prinz Boun Oum (von Champassak) für Thailand. Bei genauerem Hinsehen war es jedoch klar, daß das nationale Schicksal vom Ausgang des Zweiten Indochinakriegs und damit von Ereignissen abhing, die fremdbestimmt waren. Tröstlich immerhin, daß die Vietnam-Fraktion die Macht im Dezember 1975 auf unblutige Weise übernahm. Dieser fast versöhnliche Ausgang konnte allerdings 1949 von Souvannouvong nicht vorausgesehen werden. Damals hatte er sich für eine Kampflösung entschieden.

c) Kambodscha: Sihanouk und der „Königliche Kreuzzug für die Unabhängigkeit" von 1952

Zu Beginn der fünfziger Jahre sah sich Prinz Sihanouk, der damals schon maßgebende Politiker Kambodschas, mit drei Kräften konfrontiert, die Einfluß auf die zentrale Frage Kambodschas, nämlich die Unabhängigkeit, nahmen.

Da war einmal die *französische Kolonialmacht*, zu der das Königreich Kambodscha in einem höchst ambivalenten „Protektorats"-Verhältnis (von 1863) stand: Einerseits hatte Frankreich das Land Mitte des 19. Jhs. vor dem Zugriff seiner beiden Nachbarstaaten, Siam und Vietnam, bewahrt, doch hatte es dann seinerseits koloniale Strukturen aufgebaut. Sihanouk ging davon aus, daß in dem Augenblick, da Frankreich von der indochinesischen Bildfläche verschwände, augenblicklich Vietnam – oder Thailand – wieder auftauchte. Sollte man daher nicht ein Gift gegen das andere einsetzen und eine wenigstens bescheidene Präsenz Frankreichs aufrechterhalten?

Überlegungen solcher Art widersprach eine Gruppe um den damals höchst einflußreichen Nationalisten *Son Ngoc Thanh*, der mit der schlagkräftigen Parole „Unabhängigkeit jetzt" politischen Kredit zu sammeln suchte. Als im Oktober 1945 britische Truppen in Kambodscha einrückten, und in ihrem Gefolge auch wieder die ersten Franzosen erschienen, fiel Thanh in ihre Hände – nicht ohne Mithilfe Sihanouks, wie allgemein vermutet wurde. Thanh wurde zunächst zum Tode verurteilt, dann aber wieder freigelassen und floh nach Thailand, von wo aus er den Widerstand der sogenannten „Khmer Serai" gegen Sihanouk entfachte.

Eine weitere Gefahr, die Sihanouk äußerst hellhörig machte, tauchte mit dem Einsickern von Vietminh-Verbänden in Ostkambodscha auf. Nach den Zielsetzungen der KP Indochina ging es den vietnamesischen Kommunisten ja nicht nur um eine „Befreiung" Vietnams, sondern ganz Indochinas; schon

1941 hatte Ho Chi Minh den Franzosen vorgeworfen, daß sie „einen Teil unseres Landes an Siam abgetreten haben" – gemeint waren die beiden westkambodschanischen Provinzen Battambang und Siem Reap, die Frankreich unter dem Druck der japanischen Besatzungsmacht den Thais vorübergehend hatte überlassen müssen. War die siamesische Gefahr allerdings Mitte des 20. Jhs. längst in den Hintergrund getreten, so drohte jetzt die „Vietnamisierung" – eine alarmierende Aussicht; ist kambodschanische Außenpolitik doch weitgehend identisch mit einer Politik des nationalen Überlebens. Kambodscha befindet sich hier in einer ähnlichen Lage wie beispielsweise Israel oder Taiwan.

Dies also war die Situation im Jahr 1952: Mit den Thanhisten, d. h. den innenpolitischen Gegnern, war Sihanouk z. T. fertig geworden; doch wie sollte sich Kambodscha zwischen den zurückgekehrten Franzosen und Vietnam entscheiden?

Bei diesem Stand der Dinge raffte sich der junge König zu einer Art Flucht nach vorne auf und führte eine Radikalkur durch, die den Beginn der bis Ende der sechziger Jahre so glänzenden „Ära Sihanouk" einleitete. In Kambodscha selbst löste er den von innerfraktionellen Streitigkeiten gelähmten Ministerrat auf, schickte die Nationalversammlung nach Hause, verhängte das Kriegsrecht und ernannte eine Notstandsregierung; nach außen verschaffte er sich Gehör durch seinen am 5. Juni 1952 beginnenden „Königlichen Kreuzzug für die Unabhängigkeit", der ihn durch zahlreiche Länder Europas, Amerikas und Asiens führte, und in dessen Verlauf er den Vietminh und die Franzosen wegen ihrer Übergriffe auf Kambodscha an den Pranger stellte. Die „Croisade Royale" dauerte 10 Monate lang – und erreichte in der Tat alle Ziele: Frankreich, das tief im Morast des Indochinakriegs versunken war, wollte sich nicht zusätzlich auch noch mit dem charismatischen Sihanouk anlegen; der Vietminh traf Anstalten, seine Truppen aus Kambodscha zurückzuziehen, und die innenpolitischen Gegner hatten nun völlig an Attraktivität verloren. Die Rückkehr Sihanouks nach Phnom Penh war ein einziger Triumph. Schon wenige Monate später verkündete er am 9. November 1953 die „volle Unabhängigkeit". Noch freilich war der Erste Indochinakrieg im Gang. Als aber auch dieser beendet und Frankreich aus Indochina vertrieben war, spielte Sihanouk noch seine Karten gegen den Vietminh aus. Als der vietnamesische Ministerpräsident Pham Van Dong bei der Genfer Konferenz versuchte, den Khmer Issarak eine Freizone in Kambodscha, nämlich die Provinz Stung Treng, zu sichern, stieß er bei Sihanouk auf so erfolgreichen Widerstand, daß die kambodschanischen Kommunisten am Ende leer ausgingen, während die Pathet Lao im benachbarten Königreich zwei Provinzen als „Revolutions-Reservate" eingeräumt bekamen.

Sihanouk ließ sich nach diesem Triumph nicht auf seinen Lorbeeren nieder, sondern leitete 1955 eine weitere, dreifach instrumentierte Prozedur an Haupt und Gliedern ein: Zur Überraschung aller Welt dankte er im März 1955 zugunsten seines Vaters als König ab, gründete gleichzeitig eine Massenpartei unter dem Namen „Sozialistische Volksgemeinschaft" (Sangkum Reastr Niyum), mit deren Hilfe er alle nachfolgenden Wahlen haushoch gewinnen konnte, und initiierte drittens den „Khmer-Sozialismus", in dessen Namen nicht nur bäuerliche Traditionen der gegenseitigen Hilfe wiederbelebt, sondern darüber hinaus auch eine systematische Verstaatlichungspolitik eingeleitet und zugleich das wirtschaftliche Fundament seiner bürgerlichen Gegner ausgehöhlt werden sollten. Sihanouk hoffte mit Hilfe dieser Maßnahmen seine neutralistische Außenpolitik absichern und seine innenpolitische Position so nachdrücklich festigen zu können, daß den Gegnern von links (Khmer Rouge) und von rechts (Khmer Serai) der Wind aus den Segeln genommen würde.

Im Gegensatz zu den politischen Spitzenführern in Vietnam und Laos hatte Sihanouk also nicht die Kampf- sondern die Friedensoption gewählt. Ganz in diesem Sinne versuchte er, die Gesellschaft nach innen zu „harmonisieren" und das Land nach außen gegen politische Abenteuer oder militärische Verwicklungen abzuschirmen. Daß es ihm gelungen ist, Kambodscha sechs Jahre lang, d. h. bis 1970, aus dem Zweiten Indochinakrieg herauszuhalten, war eine der bedeutendsten politischen Leistungen im Asien der Nachkriegszeit.

Trotz seines Geschicks wurde Sihanouk am Ende doch noch vom indochinesischen Schicksal eingeholt, das zuerst von rechts (Lon Nol) und dann von links (Pol Pot) zuschlug.

Während Sihanouk mit seinem Sangkum Triumphe feierte, wuchs unter der Bezeichnung „Khmer Serai" seit 1959 eine aus Vertretern des Bürgertums und der Armee bestehende Gegnerschaft heran, die für eine entschiedenere Anbindung Kambodschas an die USA plädierte. Sihanouk geriet, ganz zu Unrecht, in den Ruf eines Kommunistenfreundes, da er häufig die chinesische Karte spielte.

Politiker aus dem Umkreis der Khmer Serai waren es dann auch, die am 18. März 1970 den gerade auf Auslandsreise befindlichen Sihanouk stürzten, die „Khmer-Republik" ausriefen und den bisher neutral gebliebenen Staat an der Seite der USA in den Indochinakrieg hineinmanövrierten, an dessen Ende der Sieg und die dreieinhalbjährige Schreckensherrschaft der Roten Khmer standen. Sihanouk hatte indessen in der VR China Asyl erhalten und unterstützte von nun an systematisch die Kämpfe der Roten Khmer, von denen er freilich am Ende jahrelang eingekerkert und nur deshalb nicht hingerichtet wurde, weil die chinesische Regierung ihre schützende Hand über ihn hielt. Über seine Person ist viel geschrieben und gerätselt worden; kaum ein Vorwurf, den ihm seine Kritiker nicht gemacht hätten, angefangen von seinem bizarren persönlichen Benehmen bis hin zu seinen völlig „undemokratischen" Allüren. In einem Punkt jedoch sind sich Bewunderer und Kritiker einig, daß er es nämlich, wie kein anderer, verstanden hat, viele Jahre lang die Unabhängigkeit Kambodschas zu wahren. Sieht man das Wirken des Prinzen aus dieser Perspektive, so bleibt kein „Rätsel" ungelöst.

Wie unentbehrlich Sihanouk auch heute noch ist, zeigte sich im Jahre 1981, als er, wie ein Phönix aus der Asche, zum „Staatspräsidenten" jenes Demokratischen Kampuchea avancierte, dessen Hauptkräfte sich kurz vorher in einer „Dreierkoalition" zusammengeschlossen hatten.

2. Der „Dreißigjährige Krieg" in Indochina (1945–1975)

Mit den drei Schlüsselentscheidungen waren die Weichen für das so tragische Schicksal Indochinas frühzeitig gestellt worden. Erneut wurde Vietnam zum Hauptschauplatz, während Kambodscha und Laos Nebenbühnen blieben.

a) Der Erste Indochinakrieg, die Vietnamesische Volksarmee (VVA) und Dien Bien Phu

Die Unabhängigkeitserklärung Ho Chi Minhs war noch nicht verklungen, da zogen bereits dunkle Wolken am Horizont herauf. Offensichtlich war es nur eine Frage von Wochen, bis die französischen Kolonialtruppen zurückkämen. Bis dahin galt es Zeit zu gewinnen und eigene Streitkräfte aufzubauen. Im Grenzgebiet zu China waren schon während der japanischen Besatzungszeit Guerillaeinheiten entstanden, die sich zumeist aus den Angehörigen nationaler Minderheiten rekrutierten. Mit dem Ziel, diese Verbände militärisch und politisch zu disziplinieren, wurde am 22. Dezember 1944 jene von General Vo Nguyen Giap angeführte „Bewaffnete Propagandabrigade für die Befreiung Vietnams" gegründet, die aus nur 34 Mann bestand und heute als Keimzelle der VVA gilt. Der 22. Dezember gilt als offizieller Gründungstag der VVA.

Was damals klein begann, sollte schon bald Millionenausmaße annehmen. Bereits im Juni 1945, also wenige Wochen vor der japanischen Kapitulation, umfaßte die sogenannte „Befreite Zone Viet Bac" sämtliche sechs Provinzen entlang der chinesischen Grenze. Von hier aus begann die Kommunisierung Vietnams. Während der Hungersnöte, die zur Zeit der japanischen Kapitulation herrschten, strömten der VVA Zehntausende von opferbereiten Zivilisten zu, deren Kontingente zu Milizen, Selbstverteidigungseinheiten und regulären Einheiten umgeformt wurden. Mit ihrer Parole „Die Reislager stürmen und die Hungersnot beseitigen" trafen die Vietminh-Führer genau den richtigen politischen Ton.

Zur Zeit des „Haiphong-Zwischenfalls" vom 23. November 1946, bei dem französische Kriegsschiffe das Feuer auf die nordvietnamesische Hafenstadt eröffnet und damit den Ersten Indochinakrieg eingeleitet hatten, war die VVA bereits auf 100 000 Mann angewachsen. Obwohl im Kampf noch unerfahren, gelang es ihr doch, innerhalb weniger Monate den größten Teil Vietnams nördlich des 18. Breitengrades unter Kontrolle zu bekommen und die französischen Einheiten auf zwei Gebiete einzuschnüren, nämlich auf das Delta des Roten Flusses sowie auf die äußerste Ecke von Nordwestvietnam. Begünstigt wurde diese Entwicklung durch den Sieg der Mao Zedong-Bewegung in China, die dem Vietminh ohne Zögern unter die Arme griff und ihm militärische und wirtschaftliche Hilfe zuteil werden ließ.

Unter diesen Umständen hatte das französische Expeditionskorps nur noch in Süd- und Zentralvietnam ausreichende Operationsfreiheit. Dies war die Lage, als Henri Navarre im Mai 1953 das Amt des Oberbefehlshabers der französischen Truppen in Indochina antrat. Hauptziel des von ihm entworfenen und nach ihm benannten Plans war es, den Gegner innerhalb von 18 Monaten in den Griff zu bekommen. Phase 1 war auf die Zeit zwischen Winter 1953 und Frühjahr 1954 angelegt und sah südlich des 18. Breitengrades eine strategische Offensive, nördlich dagegen eine hinhaltende Defensive vor. Phase 2 sollte dann im Herbst 1954 beginnen und die strategische Offensive nun auch nach Nordvietnam vortragen.

Von zentraler Bedeutung war nach dem Navarre-Plan die Errichtung der Dschungelfestung Dien Bien Phu in der äußersten Nordwestecke Vietnams. Diese militärische Großanlage sollte die in dieser Dschungel-Gegend verzettelten französischen Kräfte zu einer soliden Einheit zusammenfassen und dazu beitragen, die Kontakte zwischen Vietminh- und Pathet Lao-Kräften entzweizuschneiden. Dien Bien Phu liegt in einem 18 × 18 km engen, von Gebirgswäldern umschlossenen Talkessel, durch den sich alle möglichen Ost-West- und Nord-Süd-Straßen „drängeln". Navarre wollte die VVA zwingen, hier einen offenen Schlagabtausch anzunehmen und sich dabei zu verbluten. Doch es kam umgekehrt: Rund 55 000 Bo Doi (Kampf- und Versorgungssoldaten) sowie Zehntausende von bäuerlichen Helfern zogen in abenteuerlichen und völlig geheimgehaltenen Tag- und Nachteinsätzen ganze Artilleriebatterien durch das unwegsame Gelände auf die Höhen rings um das zur Festung ausgebaute, sowie mit einem Flugzeugrollfeld versehene Dien Bien Phu und begannen sodann, völlig überraschend für die Franzosen, mit einer Belagerung, die 55 Tage dauerte und mit Artillerieangriffen von oben sowie Infanterieangriffen von unten instrumentiert war. Am 7. Mai kapitulierte die physisch erschöpfte und seelisch zermürbte französische Besatzung, nachdem sie 3000 Tote und 3000 Verwundete als Verluste hatte hinnehmen müssen. Dien Bien Phu war damit zum Stalingrad der Franzosen und zum Anfang vom Ende der französischen Kolonialherrschaft in Indochina geworden. Von seinen insgesamt 420 000 Kolonialsoldaten hatte Frankreich nach acht Jahren Krieg 50 000 Tote und 100 000 Schwerverwundete zu beklagen. Umgekehrt war die VVA bis 1954 auf 160 000 Mann angewachsen – unterstützt von 70 000 Regionalsoldaten und etwa 100 000 Milizionären. Die einzelnen Verbände hatten sich nach dem Doppelkommando (Kommandant und Politoffizier) – und nach dem Dreier-Prinzip organisiert: An der Basis stand die aus drei Mann gebildete Kampftruppe oder „Dreierzelle"; drei solche Zellen ergaben eine „Gruppe", drei Gruppen einen „Zug", drei Züge eine Kompanie, drei Kompanien eine Bataillon usw. Diese Feingliederung hatte den Vorteil, daß die Truppen stets flexibel blieben und sich ebenso schnell zerstreuen wie erneut sammeln konnten. Das Doppelkommando wurde erst 1980 aufgegeben.

b) *Genfer Konferenz, Schattenkriege und Zweiter Indochinakrieg*

Vom 26. April bis 20. Juli 1954 tagte in Genf die Erste Indochinakonferenz, an der nicht nur die Vertreter Vietnams und Frankreichs, sondern u. a. auch die hinter ihnen stehenden

Großmächte Sowjetunion, China und die USA teilnahmen. Vereinbart wurden im wesentlichen der Rückzug der Franzosen aus Indochina, die Unabhängigkeit der indochinesischen Staaten, die Teilung Vietnams (in eine nördliche Demokratische Republik unter Ho Chi Minh und ein südliches Königreich unter Bao Dai) ferner die Optionsfreiheit der Vietnamesen für die eine oder andere Hälfte und nicht zuletzt auch die Abhaltung von Wahlen im Jahr 1956, die den Startschuß für einen Wiedervereinigungsprozeß sowie für die Entstehung eines blockfreien Vietnam abgeben sollten.

Staatspräsident Ngo Dinh Diem, der 1955 die Nachfolge Bao Dais angetreten hatte, vereitelte jedoch den Urnengang. Seine Taktik war nicht nur von der Befürchtung diktiert, daß die Wahlen wahrscheinlich verloren gehen würden, sondern orientierte sich auch an den Wünschen der neuen Schutzmacht USA, deren politisches Handeln damals im Zeichen der „Dominotheorie" und des „Containment" stand. Nicht Wahlen, sondern Defensivvorbereitung für den Tag X – dies war der neue Kurs, dessen Einzelheiten sich in den später unter so dramatischen Umständen publizierten „Pentagon-Papers" nachlesen lassen. In aller Heimlichkeit entstanden Luftlandestützpunkte, erfolgten Militärlieferungen und liefen militärische Ausbildungslehrgänge an – wie übrigens ähnlich im Norden! Hanoi spricht in diesem Zusammenhang von einem „Spezialkrieg" der USA (1955 ff.), der später in heißen Krieg überging.

Die Pulverfässer standen bereit. Der auslösende Funke fiel im August 1964, als es im Golf von Tongking zu einem Feuergefecht zwischen dem Zerstörer Maddox und zwei vietnamesischen Torpedobooten kam. Präsident Johnson erhielt daraufhin vom Kongreß grünes Licht für militärische Maßnahmen, die unter der Parole „Rolling Thunder" ab März 1965 voll anzulaufen begannen, und zwar auf der Doppelschiene eines Luft- und eines Bodenkriegs. Ziel der Luftangriffe über Vietnam, die auch mit den Fliegenden Festungen vom Typ B-52 geführt wurden, war es, den Gegner „an den Verhandlungstisch zu bomben". Was den Bodenkrieg anbelangt, so landeten ab Mai 1965 immer neue Kontingente an amerikanischen Bodentruppen, die im März 1969 den Höchststand von 541 000 erreichten und von südkoreanischen, thailändischen und australischen Verbänden ergänzt wurden.

Hanoi ließ sich nicht einen Augenblick lang in die Verteidigung drängen, sondern antwortete mit Offensiven auf zwei Ebenen: Schon mit Beginn des Jahres 1965 erfolgten groß angelegte Angriffe auf den US-Stützpunkt Pleiku im Zentralen Hochland. Genauso wichtig wie militärische waren aber politische Maßnahmen: Aufmerksam beobachtete man beispielsweise, wie bereits Ende 1965 die ersten US-Rekruten ihre Einberufungsbefehle verbrannten, wie es in den USA zu Demonstrationen gegen den Krieg kam, und welche Ratlosigkeit vor allem die Selbstverbrennung buddhistischer Mönche auslöste. Die Hanoier Führung war sich bewußt, daß der Krieg gegen die Weltmacht USA letztlich nicht auf den Schlachtfeldern in Indochina, sondern an der Front der amerikanischen Innenpolitik gewonnen werden mußte – und zwar durch Geduldsproben, durch psychologische Abnutzung und durch eine Politik der permanenten Nadelstiche, die jede Siegesmeldung Lüge strafen und die beim Gegner Nachdenklichkeit und Zweifel auslösen sollte. Nur aus einem solchen Gesichtswinkel wird klar, warum Hanoi jene drei verlustreichen Hauptschlachten des Zweiten Indochinakriegs gewagt hat, die zwar mit verheerenden Menschenverlusten und – durch die rein militärische Brille gesehen – mit taktischen Niederlagen erkauft, die jedoch gleichwohl zu strategischen Wendepunkten wurden.

Da war zunächst die am 30. Januar 1968 begonnene Tet (buddhistische Neujahrs)-Offensive, die alle US-militärischen Beteuerungen, man habe die Lage fest im Griff, offensichtlich Lügen strafte. Die Offensive war hauptsächlich vom südvietnamesischen Vietcong getragen und richtete sich gegen nahezu sämtliche Provinz- und Kreishauptstädte, vor allem aber auf Hue und auf Saigon, wo Zivilisten und Militärs in größter Ahnungslosigkeit gerade das traditionelle Mondneujahr feierten. Zwar verloren die Angreifer 38 000 Tote, während es auf der Gegenseite „nur" 1000 Amerikaner und ungefähr 2000 südvietnamesische Soldaten waren, doch schreckte der Anblick von Vietcongs, die sogar auf das Dach der US-Botschaft in Saigon geklettert waren, die amerikanische Öffentlichkeit so jäh auf, daß Präsident Johnson unter dem Druck der empörten Öffentlichkeit schon wenige Wochen später die (seit 1965 andauernde) Bombardierung Vietnams einstellen und auf eine neue Präsidentschaftskandidatur verzichten mußte. Zur gleichen Zeit gingen Einzelheiten über das von einer US-Kompanie angerichtete „Massaker von My Lai" durch die Weltpresse.

Politisch scharf durchkalkuliert war auch die Schlacht von Khe San (31. 1. und 3.–14. 4. 1968), die zu einem amerikanischen Dien Bien Phu werden sollte. Die Festung Khe San lag in dem von Laos und der nordvietnamesischen Grenze gebildeten äußersten nordwestlichen Wetterwinkel Südvietnams, durch den auch die zum Ho-Chi-Minh-Pfad nach Laos hinüberführende Landstraße Nr. 9 verlief. Wie Dien Bien Phu war Khe San in einen waldbestandenen Gebirgskessel eingebettet und befand sich weitab von rückwärtigen Verbindungen. Diesmal freilich hatte sich der vietnamesische Generalstab verkalkuliert und vor allem die amerikanische Logistik und Luftwaffe unterschätzt. Mit ihren dichten Truppenkonzentrationen rund um Khe San boten die vietnamesischen Angreifer den Tag und Nacht anfliegenden B-52-Verbänden ideale Ziele. Nicht nur, daß der Nachschub für Khe San keinen Augenblick ins Stocken kam, warfen die US-Luftflotten während der Belagerungszeit auch noch 35 000 t Bomben ab. Diesmal waren, im Gegensatz zur Tet-Offensive, vor allem reguläre nordvietnamesische Verbände betroffen, die ihren Einsatz mit rund 20 000 Toten bezahlen mußten. Da die Schlacht von Khe San freilich Tag für Tag auch auf den Fernsehschirmen der westlichen Welt stattfand, war sie, trotz taktischer Erfolge, ein weiterer Baustein zur strategischen Niederlage der Amerikaner.

Nur drei Monate nach der Tet- und einen Monat nach den Khe San-Operationen begannen in Paris die Waffenstillstandsverhandlungen zwischen Washington und Hanoi, die allerdings erst am 27. Januar 1973 zu einem Abschluß führten.

1969 leitete der inzwischen neugewählte Präsident Nixon nach schmerzhaften innenpolitischen Auseinandersetzungen den schrittweisen Abzug der US-Truppen ein, der bis Mitte 1969 weitgehend durchgeführt war. Hand in Hand damit wurden die südvietnamesischen Truppen weiter aufgerüstet; der Krieg sollte ja, wie es in der „Guam-Doktrin" Nixons von 1969 hieß, von nun an „vietnamisiert", d. h. entamerikanisiert werden. Kaum waren die US-Truppen abgezogen, setzten in Zentralvietnam kommunistische Großoffensiven auf die (damaligen) Provinzen Quang Tri sowie An Loc und im Mekongdelta ein intensiver Guerillakrieg des Vietcong ein. Die USA reagierten (1972) mit erneuten Luftangriffen auf Nordvietnam und mit der Verminung des Hafens von Haiphong, um auf diese Weise den Überseenachschub für Vietnam abzuschneiden – vergeblich, wie sich zeigte.

Politische Dimensionen hatte auch das dritte große Ereignis, nämlich die Osteroffensive von 1972, mit der die Hanoi die Pariser Verhandlungen zu beeinflussen suchte, und in deren Verlauf an die 100 000 nordvietnamesische Soldaten fielen.

Mit Politisierungsaktionen dieser und ähnlicher Art brachte es Hanoi fertig, daß Ho Chi Minh (bis zu seinem Tod im Mai 1969 – und darüber hinaus) zu einer Symbolfigur des Kampfes gegen „Kolonialismus und Unterdrückung", ja gegen die „etablierte Gesellschaft" schlechthin wurde. Sein Bild fand sich von jetzt an auf jedem Universitätscampus der westlichen Welt, und die 68er-Generation stellte im Namen der vietnamesischen Revolution nicht nur außenpolitische Forderungen, sondern begann auch Strukturen im jeweils eigenen Land zu hinterfragen. Das Verlangen nach einem „Sieg des vietnamesischen Volkes" begann ein Teil des damaligen Zeitgeistes zu werden; nie wieder auch hat das Bild des „häßlichen Amerikaners" solche Dimensionen angenommen wie damals.

Die „Politik" hatte hier aber nicht nur mit Propaganda gesiegt, sondern auch mit Kriegstechniken, denen der Goliath USA nichts entgegenzusetzen hatte.

Da war einmal die „grüne" Kriegsführung, die aufs engste mit der vietnamesischen Erde verbunden war: Man denke an die zahllosen Tunnel, die den Gegner verunsicherten, an die „Tigergruben" („Booby-Traps") mit ihren Bambusnadeln und überhaupt an das Eintauchen in die Natur, das vor allem beim Ausbau des Ho Chi Minh-Pfads demonstriert wurde, mit dem im Mai 1959 (also bereits fünf Jahre vor Beginn des Zweiten Indochinakriegs) begonnen worden war, und der sich bis zum Kriegsende zu einem Spinnennetz von insgesamt 16 000 km Länge mit fünf Hauptstraßen und 21 Nebenstraßen verzweigt hatte, wobei die wichtigsten Teile durch das offiziell neutrale Ostlaos und Ostkambodscha verliefen. Die Tarnung war dabei so perfekt, daß der „Pfad" erst zu Beginn des Zweiten Indochinakriegs entdeckt und dann sogleich zum Ziel intensivster Bombardements durch die US Air Force wurde. Hanoi hatte die Parole ausgegeben, daß der Transport auf dieser Hauptinfiltrationsroute nach Südvietnam nicht eine Minute lang zum Stillstand kommen dürfe – und in der Tat hielten sich die Soldaten und Zivilisten mit ihren Lkws, Ochsenkarren und Fahrrädern an diese Vorgabe. Als die Amerikaner „Eulen"-Flugzeuge vom Typ AC-130 einsetzten, die nachts verheerende Zerstörungen anrichteten, tags aber blind waren, wurden die Transporte auf den Tag verschoben – zu diesem Zweck galt es aber nun, die „Pfade" zu begrünen und zu belauben, wobei sogar mit Orchideen und Schlinggewächsen bepflanzte Töpfe in die Baumkronen gehängt wurden. Die amerikanische Luftwaffe beantwortete diese „Begrünung" mit Entlaubungsaktionen, indem sie das dioxinhaltige „Agent Orange" versprühte – mit der Folge, daß nicht nur eine Waldfläche von der Größe Baden-Württembergs abstarb, sondern auch ungezählte Menschen an Leberkrebs, Epilepsie, Blindheit und Allergien aller Art erkrankten.

Außerdem trugen südvietnamesische und US-Truppen im

Frühjahr 1970 einen Schattenkrieg nach Ostkambodscha und ein Jahr später nach Ostlaos hinein, um auch „von unten her" das Pfadareal unter Kontrolle zu bekommen. Sie erlitten dabei freilich nicht nur militärische Niederlagen, sondern mußten sich von der Weltöffentlichkeit auch die Verletzung der kambodschanischen und laotischen Neutralität ankreiden lassen. Nach Shawcross haben diese Übergriffe den Sieg der Roten Khmer überhaupt erst ermöglicht.

Verunsicherung verbreiteten auch die Sondereinsatztruppen der VVA, die sog. Dac Cong, die man sich als eine Art vietnamesische GSG-9 vorzustellen hat und deren Tradition bis auf die Kämpfe zwischen der Tran-Dynastie und den Yuan-Angreifern, also bis zum 13. Jh., zurückgeht. Die für moderne Sabotagezwecke ausgebildeten Dac Cong wurden während der beiden Indochinakriege hauptsächlich auf infrastrukturelle Knotenpunkte wie Flughäfen, Munitions- und Treibstofflager sowie auf alles angesetzt, was mit Logistik zu tun hatte.

Es waren vor allem diese Dac Cong-Einheiten, die die Amerikaner bis zur Weißglut reizten, indem sie beispielsweise auf dem Saigoner Flughafen Tan Son Nut periodisch Flammenmeere anrichteten, Schiffe auf dem Saigon-Fluß sprengten oder aber Bombenüberfälle auf Restaurants, Clubs und Tanzhallen der Amerikaner durchführten. Ende 1967 unterstanden dem Dac Cong-Kommando innerhalb der VVA 4000 Mann, die sich nicht zuletzt auch bei der Tet-Offensive von 1968 hervortaten.

Während ferner die USA ihre Luftüberlegenheit und die nordvietnamesischen Truppen ihre konventionelle Kampfstärke ins Spiel brachten, suchten die Vietcong-Verbände in Südvietnam mit ihrem Pfund, der Guerillataktik, d. h. dem Krieg ohne Fronten, zu wuchern – und kamen damit hervorragend zum Zuge, ist doch die vietnamesische Gesellschaft aufgrund ihrer Zellularisierung wie kaum eine andere geeignet, Geheimnisse zu wahren und deshalb auch Guerillakriege zu führen. An dieser Stelle wurde das Versäumnis der südvietnamesischen

Regierungen, die „Herzen" der Bevölkerung zu gewinnen, besonders fühlbar.

Negativ zu erwähnen an der nordvietnamesischen Kriegsführung war ihr Mißerfolg in den Städten, vor allem aber ihr Menschenopferkalkül, das stets großzügig auszufallen pflegte. Zwischen 1965 und 1973 starben 924 000 nordvietnamesische und NLF-, 183 000 südvietnamesische, 57 939 US- und 5225 US-alliierte Soldaten. Ferner kamen rund eine Million südvietnamesische Zivilisten ums Leben, die Zahl der getöteten Nordvietnamesen ist unbekannt. Zwischen 1965 und 1972 warf die US-Air-Force über Südvietnam 3,7 Mio., über Nordvietnam 937 000, über Südlaos (im Bereich des Ho-Chi-Minh-Pfades) 2,1 Mio., über Nordlaos 321 000 und über Kambodscha 685 000 t Bomben ab – über Deutschland waren es während des Zweiten Weltkriegs 1,36 Mio. t gewesen. Die Gesamtausgaben der USA für den Vietnamkrieg beliefen sich auf rund 400 Mrd. US $ (Koreakrieg: 20 Mrd., Zweiter Weltkrieg 250 Mrd.): Für alle Seiten war es der längste Krieg ihrer Geschichte.

c) *Die Ho Chi Minh-Kampagne von 1975 und das Ende der Republik (Süd-)Vietnam*

1973 war es zwar zwischen Hanoi und Washington zum Abschluß des Waffenstillstandsvertrags von Paris gekommen, der allerdings eher dem gesichtswahrenden Rückzug der US-Truppen aus Vietnam als der Beendigung des Indochinakriegs diente; hatte doch der Waffenstillstand in Südvietnam ein „Tigerfell" mit überall eingesprengten Vietcong-Stellungen hinterlassen. Gleichzeitig auch bereitete Hanoi Tag und Nacht die Offensive im Süden vor, während sich Saigon von den USA mit Waffen aller Art eindecken ließ und mit der Durchführung mehrerer „Pazifizierungspläne" begann. Der Unterschied zwischen süd- und nordvietnamesischen Zielen bestand am Ende lediglich darin, daß der Süden überwiegend defensiv, der Norden dagegen offensiv dachte. Im Dezember 1974 beschloß das Politbüro in Hanoi einen Zwei-Stufen-Plan, nämlich eine Großoffensive 1975 und einen zweiten Generalangriff 1976. Da man die Achillesferse des Feindes im Zentralen Hochland vermutete, sollte dort der Hauptangriffskeil angesetzt werden. In der Tat gelang es zwischen dem 4. und dem 18. März 1975, die dortigen südvietnamesischen Truppen so überraschend anzugreifen, daß diese umgehend den Befehl zum Rückzug erhielten – ein „großer strategischer Fehler", wie Nordvietnams Oberkommandierender, Van Tien Dung, befriedigt feststellte, zumal sich rund eine Million Zivilisten dem von Panik erfaßten Rückzugstreck anschlossen.

Gleichzeitig gelang es den Angreifern, die unterhalb des Zentralen Hochlandes liegenden Küstenprovinzen einzunehmen. Hanoi war von diesem schnellen Erfolg so überrascht – und beeindruckt, daß es entgegen seinen ursprünglichen Plänen beschloß, den Angriff auf Saigon noch vor der Regensaison 1975, also vor Mitte Mai, zu wagen. Hierbei erwies es sich nun als einzigartiger Vorteil, daß die gesamte 3,5-Millionen-Stadt von Sonderkommandozellen des Vietcong durchsetzt und damit militärisch aufgeweicht war. Am Stadtrand von Saigon befand sich das Tunnelsystem von Cu Chi (das inzwischen voller Stolz dem Tourismus geöffnet ist).

In ständigem Wettlauf mit dem stündlich erwarteten Regen gelang es den nordvietnamesischen Truppen am 30. April, fast ohne Blutvergießen in die Innenstadt von Saigon einzudringen und dort am Präsidentenpalast die nordvietnamesische Fahne aufzupflanzen. Die ganze Ho-Chi-Minh-Kampagne hatte damit nur 55 Tage gedauert – ein überwältigender Triumph, von dem die Sieger selbst am meisten überrascht waren. Gleichzeitig siegten die „Befreiungsbewegungen" auch im benachbarten Kambodscha und Laos. Damit begann in Indochina eine neue Ära.

III
Gegenwartsgeschichte und Politik seit 1975

1. Innenpolitik seit der „Stunde Null":
Wie die weißen Blätter beschriftet wurden.

1975 begann in den drei Ländern Indochinas ein neues Zeitalter: Am 17. April fiel Phnom Penh nach fünf Jahren Bürgerkrieg in die Hände der Roten Khmer, am 30. April kapitulierte Südvietnam und am 2. Dezember 1975 kündigten die laotischen Kommunisten ihr 1974 mit der Königlichen Regierung geschlossenes „Koalitionsabkommen" auf, schafften die 661 Jahre alte Monarchie ab und riefen die Volksrepublik aus. Die Geschichte schien den Atem anzuhalten: Nie vorher hatte es in den drei Ländern eine ähnliche Chance für die fundamentale Neugestaltung nahezu aller innen- und außenpolitischen Konstellationen gegeben. Nie auch erfreuten sich die drei Länder so sehr globaler Aufmerksamkeit und weltweiter – wenngleich manchmal auch kritischer – Sympathie wie in diesen Monaten. David hatte über Goliath gesiegt: Dreißig Jahre lang hatten die Bauernarmeen der drei Staaten nacheinander gegen zwei Großmächte gekämpft, hatten schließlich militärische Erfolge über eine Weltmacht errungen, deren Intervention zu Beginn der siebziger Jahre durch nichts mehr gerechtfertigt erschien, und besaßen nunmehr offensichtlich alles moralische Anrecht auf Entwicklungshilfe auch von seiten „kapitalistischer Industriestaaten".

Wie würden die drei siegreichen Bewegungen in dieser „Stunde Null" ihre historische Chance nutzen? Vorrangige Probleme aller drei Länder waren die kriegsverursachte, hochgradige Außenabhängigkeit der gerade „befreiten" Gebiete, der Stadt-Land-Dualismus, das bäuerliche Analphabetentum, die ethnische Zersplitterung und nicht zuletzt die Bodenfrage.

a) Vietnam: Drei Schlüsselentscheidungen und ihre traumatischen Folgen

Neben diesen Grundproblemen hatte Vietnam noch drei zukunftsträchtige Schlüsselentscheidungen zu treffen, nämlich über die Art und Weise – nicht zuletzt auch über das Tempo – der Wiedereingliederung Südvietnams, ferner über die damit zusammenhängende Frage des sozialistischen Aufbaus und nicht zuletzt über die künftige Gestaltung der Außenpolitik, wobei die Beziehungen zur Sowjetunion, zur VR China, zu Laos und Kambodscha im Vordergrund standen.

Um diese Entscheidungen war Hanoi nicht zu beneiden; es mochte sich in dieser oder jener Richtung festlegen – am Ende würde immer etwas „falsch" sein:

Was die Wiedervereinigung anbelangte, so konnte Hanoi sich entweder für ein bedächtiges Vorgehen oder aber für eine harte Lösung entscheiden. Der sanfte Weg würde den unterschiedlichen Entwicklungen in beiden Landeshälften Rechnung tragen, gefiele auch dem Ausland (nicht zuletzt den Chinesen) und könnte in Abstimmung mit jener „Südvietnamesischen Befreiungsfront" (NLF) erfolgen, die ja dank ihres jahrelangen Guerillakampfs nicht zu Unrecht die Rolle einer Mit-Architektin des neuen Vietnam beanspruchte. Freilich würde die Verwirklichung dieser Option Zeit kosten und dem „Klassenkampf" in Nam Bo (Südvietnam) eine vielleicht nicht ungefährliche Atempause verschaffen. Niemand konnte dabei das Spannungsverhältnis zwischen Nord- und Südvietnam außer acht lassen, das nicht nur geschichtlich, sondern auch durch die unterschiedliche gesellschaftliche Entwicklung seit der Nachkriegszeit bedingt war. Sollte man Südvietnam also am lockeren Zügel führen oder gleichsam mit der Brechstange neue Tatsachen schaffen?

Im Bereich der Sozialisierungspolitik boten sich gleich mehrere Alternativen: Sollten z. B. der in der Wirtschaft des Südens so tief verwurzelte – und nicht selten von Auslandschinesen getragene – Kleinhandel sowie das tausendzellige Gefüge des Handwerkertums beibehalten werden oder sollte man dieses dem Sozialismus so gefährliche „Kleinproduzententum" nicht mit Stumpf und Stiel ausschalten – sich damit freilich auch ganze Bevölkerungsteile zum Feind machen? Sollte man also umfassend oder nur punktuell sozialisieren, und sollte man nicht wenigstens im Süden darauf verzichten, die „Phase des Kapitalismus zu überspringen" – d. h. keine Kompromisse einzugehen? Sollte man der Schwerindustrie oder der Landwirtschaft Priorität einräumen oder aber im Sinne der chinesischen Simultaneitätsstrategie „auf zwei Beinen" gehen? War es ratsam, im Süden die Produktivkräfte erst zur Entfaltung kommen zu lassen und dann zu sozialisieren oder aber gleich zur Sozialisierung überzugehen? Sollte man schließlich auf eigenen Beinen gehen oder aber eine möglichst breite internationale Zusammenarbeit anstreben? Es war klar, daß die Sozialisierung früher oder später kommen mußte; war die kommunistische Bewegung doch seit 45 Jahren von dieser Perspektive beherrscht gewesen; ungeachtet dessen freilich stand die Wahl zwischen dem „harten Weg" der sofortigen Sozialisierung und einer sanften Lösung allemal zur Wahl.

Ganz besonderes Kopfzerbrechen bereitete schließlich die außenpolitische Standortwahl. Hier hatte sich Hanoi entweder für „Indochina-Sonderbeziehungen" – und damit gleichsam automatisch gegen China – zu entscheiden oder aber umgekehrt. In jedem Fall wäre damit auch schon die Wahl zwischen Moskau und Peking sowie voraussichtlich auch bereits zwischen „Ostblock" und „Westen" (einschließlich den ASEAN-Ländern) mitgetroffen.

Für eine chinafreundliche Lösung sprach die jahrelange Unterstützung, die der nördliche Nachbar den Nordvietnamesen im Verlauf von zwei Indochinakriegen gewährt hatte, darüber hinaus aber auch die Überlegung, daß man sich mit einem so mächtigen – und im Gegensatz zum früheren Hauptfeind USA auch dauernd „präsenten" – Staat wie China nicht auf Gedeih und Verderb anlegen sollte.

Für eine (mit an Sicherheit grenzender Wahrscheinlichkeit

den Chinesen zutiefst mißfallende) „Sonderbeziehungslösung"
sprachen andererseits die drei oben (I.4) erwähnten Ge-
schichtserfahrungen und zweitens das Sicherheitskalkül Vietnams, zu dem nicht nur eine solide Westfront gehört (ein
Blick auf die Landkarte läßt den Grund dafür sofort deutlich
werden), sondern auch eine gesicherte Ernährung der eigenen
Bevölkerung, die durch nichts besser zu gewährleisten wäre
als durch die Besetzung jenes dünnbesiedelten und fruchtbaren Kambodscha, dessen Territorium wie eine natürliche Ver-
längerung des südvietnamesischen Reisgürtels nach Westen
erscheinen muß. Drittens aber konnten gewisse geostrategi-
sche Überlegungen nicht ganz außer acht bleiben: Vietnam
hat einen starken Nachbarn (China) mit 1460 km gemeinsa-
mer Grenze und zwei schwache Nachbarn mit 2060 km (Laos) bzw. 1100 km (Kambodscha) langen Kontaktzonen.

Verzicht auf ein indochinesisches Sonderbündnis und „pie-
tätvolle Verneigung" gegenüber China, wie sie fast zwei Jahrtausende lang mit großer Selbstverständlichkeit geübt worden
war, wären die Hauptelemente einer weichen Lösung gewesen; die harte Option dagegen würde auf einen langfristigen
Schulterschluß mit der Sowjetunion und auf die Besetzung/
Quasibesetzung von Kambodscha und Laos hinauslaufen.

Dies also waren die Möglichkeiten. Wofür würden sich die
Sieger entscheiden?

Berauscht von den Triumphen der vorangegangenen Jahre,
beherrscht auch von dem Glauben, daß sich der bisher ge-
pflegte militärische Arbeitsstil bruchlos auf die Lösung ziviler
Fragen übertragen lasse, und überdies fest entschlossen, das
Eisen zu schmieden, solange es heiß war, entschied sich die
Hanoier Führung in den Jahren 1975/76 für die durchwegs
härteste Option.

Was die Wiedervereinigungsfrage anbelangte, so ordnete Hanoi kurzentschlossen Wahlen zur gesamtvietnamesischen Nationalversammlung für den 25. April 1976 an, und dies, obwohl (oder vielleicht weil) die NLF zwischenzeitlich bereits
einen Antrag an die UNO auf separate Mitgliedschaft gestellt

hatte. Schon bei der ersten Sitzung der neugewählten Delegierten wurde dann die „Sozialistische Republik Vietnam" (2.7. 1976) ausgerufen und eine gesamtstaatliche Verfassung angekündigt. Hanoi handelte dabei nach der sprichwörtlichen Erkenntnis, daß „Büffel, die zu spät an der Wasserstelle ankommen, nur noch schmutziges Trinkwasser vorfinden".

Auch in der Sozialisierungsfrage bestimmten Biß und Tempo das Geschehen. Großbetriebe im Süden waren schon gleich nach dem Einmarsch der nordvietnamesischen Verbände in die öffentliche Hand übergegangen. Außerdem legte der vom IV. Parteitag im Dezember 1976 beschlossene „Erste Fünfjahresplan" (1976–1980) fest, daß im Süden Aufbau und Revolution gleichzeitig vor sich gehen sollten. Im Herbst 1977 wurde überdies ein Ausschuß für die Umwandlung der Landwirtschaft mit dem Ziel gegründet, die Kollektivierung in Nam Bo bis zum Jahre 1980 zu erreichen.

Am 31. März 1978 kam die nächste Überraschung, als nämlich mit sofortiger Wirkung der „bourgeoise" Handel in Südvietnam verboten und der einzelne Händler angewiesen wurde, sich in der Landwirtschaft, in der Industrie oder aber in der Fischerei eine neue Betätigung zu suchen. Einen Monat später folgte eine neue Nacht-und-Nebel-Aktion, indem am 3. Mai eine Währungsreform angekündigt wurde, die zwei Fliegen auf einen Streich treffen sollte, nämlich die Beseitigung der gespaltenen Währung sowie die Verhinderung von Kapitalflucht. Diese Maßnahme brachte bei jenem Bevölkerungsteil das Faß zum Überlaufen, der vom Privathandelsverbot und von der Währungsreform offensichtlich bewußt getroffen werden sollte, nämlich bei den Hoa (Auslandschinesen). Vor den Verlust ihrer Lebensgrundlage und vor die Option einer Umsiedlung in die Neuen Ökonomischen Zonen gestellt, ließen sich viele von der damals einsetzenden panikartigen Fluchtbewegung mitreißen. Zuerst als „Land-", später als „Boatpeople" verließen sie zu Hunderttausenden das zur Heimat gewordene Vietnam und flohen anfangs nach China (272000 Personen), später über das Südchinesische Meer nach Südostasien, wo sie mit Mißtrauen aufgenommen und dann sogar mit militärischen Abwehrmaßnahmen bedroht wurden, vor allem von Malaysia, das sich ohnehin schon täglich mit dem Auslandschinesenproblem herumschlagen muß. Alles in allem haben nach Statistiken des UN-Hochkommissars für Flüchtlingswesen zwischen 1975 und Anfang 1990 nicht weniger als 2 Millionen „Indochinesen" ihre Heimat verlassen, von denen wiederum der größte Teil aus vietnamesischen Hoa besteht.

Auf außenpolitischem Gebiet schließlich entschied sich Hanoi für die Anlehnung an die Sowjetunion sowie für die „Indochinisierung" der beiden Staaten Laos und Kambodscha. Die Vorentscheidung fiel hier bereits mit der Unterzeichnung des vietnamesisch-laotischen Vertrags über Freundschaft und Zusammenarbeit vom 18. Juli 1977, der auf 25 Jahre abgeschlossen war und u. a. auch eine Militärpräsenz Vietnams in Laos gestattete. Gleichzeitig wurden die nächsten Schritte vorbereitet: Im vietnamesischen ZK kam es zur Ausschaltung prochinesischer Mitglieder – allen voran Hoang Van Hoans, eines früheren engen Mitarbeiters Ho Chi Minhs, der u. a. auch Botschafter in China gewesen war (Hoan konnte später nach China entkommen und diente der dortigen Propaganda seither als eine Art Kronzeuge gegen den prosowjetischen Le Duan-Kurs).

Am 29. Juni 1978 trat Vietnam dem COMECON bei, und am 3. November des gleichen Jahres schloß es mit der UdSSR einen „Vertrag über Freundschaft und Zusammenarbeit" ab, der u. a. auch eine aus Chinas Sicht höchst dubiose „Konsultations"-Klausel enthält. Am 2. Dezember 1978 wurde mit vietnamesischer Hilfe die „Nationale Einheitsfront Kampucheas zur Rettung der Nation" aus der Taufe gehoben, deren Protagonisten schon bald in Phnom Penh residieren sollten, und am 25. Dezember 1978 begann die vietnamesische Großoffensive gegen das Demokratische Kampuchea, die am 7. Januar 1979 mit der Eroberung Phnom Penhs, dem Sturz des Pol Pot-Regimes und der Stationierung von anfänglich 180000, später rd.

150 000 vietnamesischen Soldaten in Kambodscha endete. Schon eineinhalb Monate später, nämlich am 18. Februar 1979, schloß Vietnam, nach dem gleichen Schema wie mit Laos, auch mit Kambodscha, d. h. mit der am 8. Januar ausgerufenen „Volksrepublik Kampuchea", einen Vertrag über Frieden, Freundschaft und Zusammenarbeit ab, womit nun auch hier „Sonderbeziehungen" hergestellt waren.

Die Konsequenzen dieser sich in rascher Folge abspulenden Ereignisse waren katastrophal: In dem so schnell mit dem Norden wiedervereinigten Südvietnam breiteten sich lähmende Passivität und „Negativismus" aus, und gleichzeitig erlagen zahlreiche Kader aus dem Norden, denen Askese und Verzicht über die Jahre zur zweiten Natur geworden waren, den materiellen Versuchungen des Südens, so daß sie in Korruption und Postenjägerei verfielen. Lähmend machte sich auch schon bald der Aderlaß in Handel, Bergbau und Fischerei bemerkbar, der durch die Flucht der Hoa-Bevölkerung verursacht worden war, gar nicht zu reden von dem Verlust an technischem und wissenschaftlichem Personal, an mittlerem Management und Expertentum.

Es sollte aber noch schlimmer kommen. Im Februar und März 1979 begannen die Chinesen mit einer Aktion, die eigentlich niemand von ihnen erwartet hatte, nämlich dem sog. Erziehungsfeldzug gegen Vietnam, der die Wirtschaft einiger Nordprovinzen zum Erliegen brachte und vor allem eine höchst kostspielige vietnamesische Generalmobilmachung nach sich zog. Zu allem Überfluß kam es im Laufe des Jahres 1979 auch noch zu mehreren Naturkatastrophen, die das Ernteergebnis zusammenschmelzen ließen. Aber nicht nur die Getreide-, sondern auch die Industrieproduktion fiel knapper aus als es selbst in den schlimmsten Kriegsjahren der Fall gewesen war, und die Währung erfuhr dadurch eine inflationäre Aufblähung. Bereits im Juli 1979 mußte der Dong offiziell abgewertet werden – 1985 folgte ein zweiter Schnitt. Zahlreiche Kader, die mit ihrem Salär nicht mehr zurechtkamen, suchten sich durch irreguläre Amtsgeschäfte über Wasser zu halten. Schiebungen, illegale Transaktionen, eine Hochkonjunktur des Schwarzmarkts und ein weiterer Vertrauensverlust bei der Bevölkerung waren die Folge. Schmerzhaft machte es sich nun auch bemerkbar, daß China 1978 seine Entwicklungshilfe eingestellt hatte und daß auch die westlichen Industriestaaten seit dem Einmarsch Vietnams in Kambodscha und seit dem Exodus der Flüchtlinge nicht (mehr) bereit waren, Entwicklungshilfe zu leisten. Die Sowjetunion allein zeigte sich überfordert, all diese Ausfälle wettzumachen.

Auch außenpolitisch gerieten die Dinge aus dem Ruder. In Kambodscha raffte sich noch 1979 der bereits totgeglaubte Rote Khmer zu einem systematischen Guerillakrieg gegen die vietnamesische Besatzung auf, und selbst in Laos regten sich erste Resistancebewegungen. Zu Hause, im Zentralvietnamesischen Hochland, gab die 1964 gegründete, dann aber lange Zeit untergetauchte FULRO (Force Unifiée pour la Liberation des Races Opprimées) wieder Lebenszeichen von sich. Schnell begannen sich auch Vermutungen zu bestätigen, daß China hinter der Revitalisierung dieser Widerstandskräfte stand und offensichtlich nicht nur Propaganda-, sondern auch Ausbildungs- und Waffenhilfe leistete.

Im Verlaufe von nur vier Jahren hatte Vietnam damit – aus der Sicht der westlichen Welt und eines Teils der südvietnamesischen Bevölkerung – die Metamorphose vom Unterdrückten zum Unterdrücker durchgemacht, war vom Freund Chinas zu dessen Feind und vom Fackelträger der Selbstbefreiung zum Kostgänger der Sowjetunion geworden.

Es war daher klar, daß der bisherige Kurs einer grundlegenden Korrektur bedurfte. An welchem Ende freilich sollte man beginnen: bei der Außenpolitik, bei der Aussöhnung mit der südlichen Bevölkerung, die das nördliche Regime immer mehr als eine Art Besatzungsmacht empfand, oder aber bei wirtschaftlichen Reformen?

Dies war die Situation, in der die Reformbeschlüsse von 1979 ergingen, deren Auswirkungen mit zeitlicher Verzögerung bald auch schon in Kambodscha und Laos verspürt wurden. Bevor auf Einzelheiten einzugehen ist, sei ein Blick auf die dortigen Entwicklungen geworfen.

b) Kambodscha: Jahre der Katastrophe. Rote Khmer,
VRK (Volksrepublik Kampuchea) und „Dreierkoalition"
des DK (Demokratischen Kampuchea)

Stand in Vietnam die Wiedervereinigungsfrage an erster Stelle
der politischen Prioritäten, so war es in Kambodscha der
Stadt-Land-Dualismus, der hier eine besondere Zuspitzung
erfahren hatte, der aber auch anderen südostasiatischen Ländern eigen ist. Das Profil Südostasiens wird heute von Städten
geprägt, die noch vor 200 Jahren kaum mehr als Fischerdörfer
waren, seien es nun Rangun, Singapur, Bangkok und Manila
oder aber Saigon und Phnom Penh. Was die südostasiatischen
Staaten in ihrem einstweiligen Entwicklungsstand so sehr von
den europäischen unterscheidet, ist die tiefe Kluft zwischen
den allmächtigen Metropolen und dem nachfolgenden „Rest".
Bangkok beispielsweise hat sechzigmal mehr Einwohner als
die zweitgrößte Stadt Thailands, Chiengmai. Das Verhältnis
zwischen den beiden Erzrivalen um die Hauptstadtrolle Birmas, Rangun und Mandalay, liegt bei 5:1, das Verhältnis zwischen Manila und Davao bei 9:1. Besonders kraß aber war
die Entwicklung Phnom Penhs, in dem, verursacht durch den
Bürgerkrieg 1970–75 und durch die US-Flächenbombarde-
ments auf dem flachen Land, am Vorabend der Eroberung
durch die Roten Khmer die Hälfte (!) aller Kambodschaner
zusammengepfercht war. Diese Entwicklung war die Peripetie
einer ohnehin schon seit Jahrzehnten kritisch gewordenen Bevölkerungsverteilung: Schon seit der französischen Kolonialherrschaft hatte das Land ja eigentlich aus zwei Kambodschas
bestanden, nämlich dem Herzland, in dem etwa – auf einem
Drittel des Khmer-Territoriums um die Hauptstadt sowie um
den Großen See – 90% der Bevölkerung lebten, und den Au-
ßenländern im Norden, Nordosten und Süden, die in jeder
Hinsicht „marginalisiert" waren. Im Großraum Phnom Penh
konzentrierte sich überdies alles, was an Industrie, moderner
Infrastruktur und modern ausgebildetem Personal vorhanden
war. Die Metropole wirkte wie ein Magnet auf Unternehmertum, auf Kapital und Intelligenz. Zugleich war sie Fluchtburg

für Bauern, die auf den Dörfern kein Auskommen mehr fanden, und nicht zuletzt auch Kristallisationspunkt der Vergnügungsindustrie. In Phnom Penh lebte auch ein starker Ausländeranteil, die Geschäftsaufschriften waren häufig viersprachig gehalten, und zudem hatte sich dort ein verhältnismäßig breiter tertiärer Berufssektor, bestehend aus Anwälten, Maklern, Bankiers und einer üppigen Bürokratie, entwickelt, so daß der Bauer, der zu Besuch kam, die Stadt als eine Art Krebsgeschwür empfinden mußte, dem früher oder später mit operativen Methoden („Einkreisen der Städte von den Dörfern her") beizukommen war.

Kein Wunder, daß sich die revolutionäre Phantasie der Roten Khmer, deren Hauptrepräsentanten übrigens zumeist in Frankreich studiert hatten, ausgerechnet am Stadt-Land-Gegensatz entzündete. Kambodschas Elend war nach Ansicht dieses Personenkreises dadurch entstanden, daß sowohl die Landwirtschaft als auch die junge Industrie ganz vom Sog der auf die Metropolen hin ausgerichteten Außenwirtschaftsströme (zuerst Frankreich, später die USA) erfaßt worden seien. Die hier entstandene internationale „Arbeitsteilung" habe in den Städten eine parasitäre Schicht von Zwischenhändlern und Tertiärberufen aufkommen lassen, die dem Bauerntum, dem wahren Vertreter des kambodschanischen Volkes, jede Chance verbaue.

Die praktischen Konsequenzen, die aus dieser Marginalisierungstheorie gezogen wurden, fielen in den drei Ländern Indochinas nach 1975 höchst verschieden aus: Während Laos seine frühere Elite in die „Lager nach Norden" zur „Umerziehung" schickte und Vietnam zu Methoden der Vertreibung (Hoa!) oder aber zur Umsiedlung größten Stils in sog. „Neue Wirtschaftsgebiete" griff (dazu ausführlich unten IV.2.b.), suchten die Roten Khmer nicht nur die kambodschanischen Städte, sondern auch den Städter als solchen zu liquidieren. Wie sie diese Absicht in die Praxis umsetzten, wurde aller Welt in der Zeit zwischen April 1975 und Dezember 1978 drastisch vor Augen geführt. Die Roten Khmer entvölkerten innerhalb weniger Tage sowohl Phnom Penh als auch die Provinzhauptstädte, rekurrierten nach Abschaffung des öffentlichen Dienstleistungs- und Geldwesens auf reine Tausch- und Verteilungswirtschaft, legten die Industriebetriebe und den gesamten Handel lahm, ließen sämtliche Erziehungsanstalten über Volksschulniveau schließen, liquidierten die Inhaber städtischer Berufe und überhaupt die Angehörigen der „Intelligenz", vernichteten die Bibliotheken, schlossen fast alle Krankenhäuser, rotteten die Ärzteschaft aus und eliminierten die moderne Pharmazie. Auf dem flachen Lande, wohin sich die gesamte Wirtschaftstätigkeit verlagerte, entstanden zwei Arbeitseinheiten, nämlich bäuerliche Genossenschaften und sog. „Einsatzgruppen", die hauptsächlich aus vertriebenen Stadtbewohnern bestanden und deren Aufgabe es war, die ländliche Infrastruktur – und hier wiederum Bewässerungsanlagen und Terrassenfelder – auszubessern oder neu aufzubauen. Ganz Kambodscha verwandelte sich damals in ein düsteres Arbeitslager und Phnom Penh in eine tote Stadt. Auf dem Lande wurden sämtliche Ansätze individuellen Feldbaus verboten, wurden die Fischereinetze (als private Produktionsmittel) vernichtet und die Mönche, die dem bäuerlichen Leben Halt gegeben hatten, systematisch verfolgt.

Außerdem wurde die Bevölkerung offiziell in drei Kategorien unterteilt: Die Angehörigen der neuen politischen Oberschicht, die sich zum Teil aus Mitgliedern der „Angka" („Organisation"), d. h. der geheimnisvollen und mit fast religiöser Scheu zitierten Krypto-KP, rekrutierten, hatten das Recht auf volle Nahrungsmittelration und durften sich jeder politischen Organisation, vor allem der Armee anschließen. Die Mitglieder der zweiten Gruppe – in der Regel Dörfler, die schon vor der „Befreiung" (April 1975) auf seiten der Roten Khmer gestanden hatten – kamen bei der Nahrungsmittelverteilung ebenfalls noch auf ihre Rechnung und waren befugt, Führungspositionen auf unterer Ebene zu bekleiden. In der dritten Kategorie schließlich fanden sich all jene Khmer wieder, die erst 1975 „befreit" wurden und die damit dem institutionellen Verdacht einer Kollaboration mit dem Ancien Regime Sihanouks oder Lon Nols ausgesetzt waren. Sie wurden entweder, wie die Inhaber von Beamten-, Offiziers- und Lehrstellen, auf der Stelle exekutiert oder aber mit einer Art „Vernichtung durch Arbeit" bestraft. Nach dem heutigen Kenntnisstand sind in den dreieinhalb Jahren der Pol Pot-Herrschaft rund 100 000 Khmer erschlagen und rund 900 000 mit System ausgehungert worden.

Neben dem oben erwähnten Städteliquidierungsziel war diese Politik noch von einigen zusätzlichen Überlegungen mitbestimmt: Da war einmal die Angst, vom „vietnamesischen Tiger gefressen" zu werden: Mußte man unter diesen Umständen nicht den Helm fester binden, die Gegner im eigenen Land beseitigen und wirtschaftliche Autarkie erstreben? Ein weiterer Grund, der hier der Gerechtigkeit halber erwähnt werden muß, waren Reaktionen auf jene Liquidationspolitik der Lon Nol-Soldaten, die während des Bürgerkriegs (1970–75) ungezählte Khmer Rouge-Angehörige zu Tode gefoltert hatten; das Köpfe-Abschneiden und Leber-Herausreißen gehörte damals zur täglich geübten Praxis und war kaum geeignet, eine Stimmung der nationalen Versöhnung zu fördern. Drittens wurde der „Puritanismus" der Roten Khmer zu allem Unglück auch noch durch das „kulturrevolutionäre" Vorbild des damaligen China bestärkt, bei dem Pol Pot sich rückversichert hatte. Viertens aber waren die Roten Khmer, genauso wie die Vietminh, von der Schnelligkeit ihres Sieges so überrascht, daß sie in Zugzwang gerieten – und überstürzt handelten.

Ungeduldig, wie die Roten Khmer nun einmal waren, verfolgten sie eine Politik des „dreifachen Sofort", nämlich des „sofortigen Übergangs zum Sozialismus", der „sofortigen Eliminierung der Klassen" sowie der „sofortigen Umwandlung des sozialen und ideologischen Lebens in Kambodscha".

Radikal waren die Roten Khmer nicht nur in ihrem Bestreben nach „Verdörflichung" und Kollektivierung des Landes, sondern auch in ihren Maßnahmen gegen die als aggressionslüstern verdächtigten Nachbarn Thailand und Vietnam. Unter der Parole „Kampuchea Krom (=Südvietnam) heim ins Reich" rotteten sie die Bevölkerung ganzer vietnamesischer

Grenzdörfer aus und griffen die von Vietnamesen bewohnte Insel Phu Quoc im Golf von Siam an. Vietnam antwortete darauf im Juni 1975 mit der Okkupation der Insel Wai und mit einer Verstärkung seiner Truppen im Grenzbereich.

Sollte sich Vietnam tatsächlich von Anfang an mit Eroberungsabsichten getragen haben, so bot ihm die Offensivtaktik der Roten Khmer nunmehr eine geradezu goldene Gelegenheit zum Angriff – und zur „Befreiung" des kambodschanischen Volkes. Zu diesem Zweck bediente es sich einer Doppelstrategie, indem es einerseits im Inneren Kambodschas eine Widerstandsfront aufbaute und gleichzeitig – seit Januar 1978 – auch von außen her militärische Angriffe vorzutragen begann. Für beides waren die Voraussetzungen geradezu ideal; hatte doch die Radikalisierung in Kambodscha nicht nur zur leidenschaftlichen Abneigung der Bevölkerung gegenüber den „Polpotisten", sondern sogar zur Spaltung im eigenen Lager der Roten Khmer geführt. Wie aus den Folter-Archiven des berüchtigten Tuol Sleng-Gefängnisses hervorgeht, wurden in den drei Jahren der Pol Pot-Herrschaft nicht weniger als 18 000 Mitläufer der Angka als „Handlanger der CIA, des KGB oder als vietnamesische Agenten" angeklagt, gefoltert und ermordet, unter ihnen Spitzenkader wie Hu Nim, Hu Youn oder Vorn Veth. Außerdem gab es zwischen 1975 und Ende 1978 sechs Umsturzversuche gegen Pol Pot. Nach und nach auch setzten sich ganze Regimenter von den Roten Khmer ab, und zwar unter der Führung späterer VRK-Spitzenfunktionäre wie Heng Samrin oder Hun Sen. Sie alle schlossen sich am 2. Dezember 1978 unter vietnamesischem Patronat im ostkambodschanischen Snuol zur „Nationalen Vereinigten Front für die Rettung Kampucheas" zusammen. Zwar hatten die neuen Oppositionsführer in der 1951 gegründeten KPK (die auch als „Pracheachon", d. h. „Volk", firmierte) keine Spitzenpositionen eingenommen, doch beanspruchten sie, diese Parteigruppierung weiterzuverkörpern.

Nur wenige Tage später – am 25. 12. 1978 – begann jener 16 Tage-„Blitzkrieg", in dessen Verlauf 12 vietnamesische Divisionen die Truppen Pol Pots in die schmalen Randgebiete

des kambodschanisch-thailändischen Grenzgebirges zurück-
warfen. Im Troß der vietnamesischen Divisionen kamen Heng
Samrin, Hun Sen und andere ehemalige Mitglieder der Roten
Khmer zurück nach Phnom Penh, bildeten dort eine Regierung, riefen am 8. Januar die Volksrepublik Kampuchea
(VRK) aus und schlossen mit Vietnam einen auf 25 Jahre an-
gelegten Sonderbeziehungsvertrag ab.

Von nun an gab es zwei Regierungen, die in der Vertretung
des kambodschanischen Volkes miteinander wetteiferten – die
eine in Phnom Penh, die andere umschichtig im Grenzgebiet
zu Thailand. Beide verfügten über eigene Radiostationen, fanden auch schon bald internationale Helfershelfer (hier Vietnam und Sowjetunion, dort China und Thailand), beide führten mit jeweils drei Formationen (Regulärtruppen, Territorial-
verbände und Milizen) gegeneinander einen blutigen „Volkskrieg", beide beriefen sich auf den 17. April (den Tag der
Eroberung Phnom Penhs im Jahr 1975) als Nationalfeiertag,
beide stellten die Landwirtschaft in den Mittelpunkt und beide
räumten dem Khmer-Nationalismus einen hohen Stellenwert
ein, der hier allerdings antichinesische, dort antivietnamesische Stoßrichtung erhielt. Die VRK-Regierung wurde von
den Ostblockländern und einigen Blockfreien, u. a. Indien,
anerkannt, die DK-Regierung von den meisten Staaten des
Westens und Asiens, vor allem der Volksrepublik China. Kurze Zeit nach der Einnahme Phnom Penhs begann eine Hun-
gerkatastrophe in Kambodscha, deren schlimmste Konsequenzen nur durch eine weltweite Hilfsaktion verhindert
wurden. Schon während der Regenzeit 1979 konnten sich die
Truppen Pol Pots wieder recht und schlecht konsolidieren.

Beide Regierungen traten von nun an in einen Legitima-
tions-Wettbewerb, wobei sich das DK vor allem durch „pa-
triotischen" Widerstand gegen die „vietnamesischen Expansio-
nisten", die VRK dagegen durch einen Wiederaufbau des
Landes hervorzutun suchten. Ganz in diesem Sinne führte die
VRK bereits 1981 Wahlen durch, verabschiedete 1981 und
1989 neue Verfassungstexte und baute eine neue Verwaltungs-
struktur auf, die von den Ministerien in Phnom Penh bis hin-

unter zu den Dörfern reichte und die den Kreisen die Hauptverantwortung für den „Aufbau und die Verteidigung" zuwies. Bis 1989 hatte auch das Erziehungswesen wieder Vorkriegsniveau erreicht. Sogar die Wirtschaftsbilanz konnte sich trotz trüber Flecken wieder einigermaßen sehen lassen, vor allem im Bereich der „vier ökonomischen Hauptsektoren", nämlich bei den Nahrungsmitteln sowie bei der Holz-, Gummi- und Fischproduktion; u. a. war Kambodscha 1988 – zumindest statistisch – wieder Getreideselbstversorger geworden. Durch Verfassungsänderung von 1989 wurde schließlich sogar das Privateigentum an Grund und Boden wieder legalisiert. Vor allem aber ließ die VRK-Führung nichts unversucht, um Vertrauenskapital aus der allgemeinen Angst vor den schwarzgekleideten Guerilleros der Roten Khmer zu schlagen. Um Mißtrauen in den eigenen Reihen abzubauen, wurde z. B. 1989 der Staatsname von „Volksrepublik Kampuchea" (VRK) in „Staat Kambodscha" (SK) umgetauft. Der einzelne Bürger sollte durch diese semantische Korrektur das Gefühl bekommen, daß Kambodscha inzwischen zur „Normalität" zurückgekehrt sei.

Die DK-Seite sah sich schon bald gezwungen, hier mitzuziehen: Bereits am 21. August 1979 verkündete sie ein neues „Politisches Programm", in dem u. a. von Verzicht auf den sozialistischen Weg, von der Einführung einer „freien Marktwirtschaft" (sic!) und von der Gewährung persönlicher Freiheitsrechte die Rede war. Als Träger dieses Programms etablierte sich eine sog. „Patriotische und Demokratische Front der Nationalen Einheit Kampucheas", der, wie es hieß, sämtliche Gesellschaftsgruppen des Landes angehörten. Am 6. Dezember 1981 erklärte die KP (also die lange Zeit so berüchtigte „Angka") ihre Selbstauflösung, ohne daß sich allerdings an der personellen Zusammensetzung und an der Ideologie dieser Gruppierung auch nur das Geringste geändert hätte. Gleichzeitig begann im Namen der neuen „Front" ein stürmisches Werben um die beiden anderen, von Sihanouk und Son Sann geführten Widerstandskräfte, bei dem China und die ASEAN-Staaten kräftig mithalfen. Angesichts dieser antivietnamesischen Synergie kam es schon wenige Jahre später, nämlich am 22. Juni 1982, in Singapur zum Abschluß eines „Dreierkoalitionsabkommens", unter dessen Dach sich eine paritätisch besetzte Regierung konstituierte. Schon die Tatsache, daß der authentische Text des Abkommens auf englisch verfaßt war, ließ erkennen, daß hierbei hauptsächlich außerkambodschanische Kräfte am Werk gewesen waren. Kein Wunder, daß das Bündnis sowohl von seiner personellen Zusammensetzung als auch von seiner inneren Verfassung her einer Quadratur des Kreises glich und daß die später immer wieder zutage tretenden politischen und militärischen Auseinandersetzungen zwischen den ungleichen Brüdern von Anfang an vorprogrammiert waren. Trotzdem erhielt das von dem ungleichen Trio repräsentierte „Demokratische Kampuchea" sogleich internationales Gewicht – nicht zuletzt wegen des weltweiten Ansehens, dessen sich der kommunikationsbeflissene Sihanouk erfreute.

Freilich war das „DK" auch ohne die Vernunftehe der Dreierkoalition bereits im September 1979 von der UNO-Vollversammlung als legitime Vertretung des kambodschanischen Volkes anerkannt worden. Aus der Sicht der Weltorganisation wog die den Polpotisten anzulastende Genozidpolitik weniger schwer als die Tatsache, daß die VRK-Regierung durch eine auswärtige Okkupationsmacht in den Sattel gehoben worden war und ihre Stellung nur den Bajonetten der Vietnamesen verdankte. Die Nichtanerkennung hatte u. a. zur Folge, daß die VRK von der UNO fortan nur noch Notstandshilfe erhielt, während die DK-Truppen sich an den großzügig gewährten Beständen schadlos halten konnten, die den vom UNHCR protegierten Flüchtlingen im thailändisch-kambodschanischen Grenzbereich zur Verfügung gestellt wurden. Da überdies die Waffenhilfe vor allem Chinas, aber auch anderer Staaten wie Thailand und Singapur reichlich zu sprudeln begann, konnte die DK-Guerilla nach und nach wie ein Ölteppich das ganze Land überziehen.

Nach anfänglichem Chaos begannen sich schon bald holzschnittartige Gesetzmäßigkeiten des Kriegsgeschehens abzuzeichnen: In den Monaten der Trockenzeit (Oktober–März) pflegte der vietnamesische Militärapparat die Initiative zu übernehmen, während in der Monsunzeit (April–September) die DK-Kräfte das Geschehen diktierten, wobei sie einen typischen „Krieg der Flöhe" führten und den Gegner überall dort zu verunsichern suchten, wo er es gerade nicht erwartete. Vietnam geriet damit in eine paradoxe Situation: War es während der beiden Indochinakriege stets der Gejagte gewesen, so mußte es jetzt erleben, wie der Spieß umgedreht wurde und gegen seine Truppen ausgerechnet jene Taktiken besonders erfolgreich waren, mit denen sie selbst jahrelang gegen andere brilliert hatten. Seit 1982 spielte sich ein zweites Ritual ein, nämlich der alljährliche Teilrückzug vietnamesischer Kampfverbände, der indes nach chinesischer und DK-Propaganda nichts anderes war als eine bloße Truppenrotation. Drittens war das Kampfgeschehen begleitet von politischen Lösungsvorschlägen, die auf der einen Seite von der jährlich zweimal tagenden „Konferenz der indochinesischen Außenminister", auf der anderen Seite aber vom Trio DK, China und ASEAN-Staaten unterbreitet, und die von der Gegenseite jeweils mit Empörung zurückgewiesen wurden. Viertens gaben sich die vietnamesischen Truppen alle Mühe, jede der drei Teilstreitkräfte des DK, nämlich die KPNLF-Truppen, die ANS (Armée Nationale Sihanoukienne) und die „Nationalstreitkräfte" (Rote Khmer) paritätisch zu treffen, während diese umgekehrt darin wetteiferten, ihrerseits gegen die Vietnamesen möglichst viele eigene Punkte zu sammeln.

Vietnam mußte seine Strategie in den zehn Jahren zwischen 1979 und 1989 mehrere Male umstellen. War es anfangs vom Ziel einer schnellen Vernichtung des Gegners ausgegangen, so hatte es spätestens seit 1982 der bitteren Erkenntnis Rechnung tragen müssen, den Widerstand unterschätzt zu haben. Der Akzent wurde nun von der Verfolgung des Gegners auf die Absicherung der eigenen Positionen und von der Offensive mehr auf die Defensive verlagert. Als die Angriffe der DK-Einheiten jedoch immer dreister wurden, selbst Militäreinrichtungen in Phnom Penh und in den Provinzhauptstädten trafen und sich vor allem im Bereich der großen Nachschubwege südlich des Großen Sees immer kostenträchtiger auswirkten, kam Vietnam auf seine Politik der Großoffensiven zurück und zerstörte während der 7. Trockenzeit (1984/85) die Lager aller drei DK-Einheiten entlang der thailändischen Grenze. Damit schnitt sich der vietnamesische Generalstab freilich ins eigene Fleisch; verlegten die Widerstandstruppen doch jetzt endgültig ihre Hauptkampftätigkeit ins Landesinnere Kambodschas. Tag für Tag zerstörten sie dort Transportstrecken und Einrichtungen der vietnamesischen Logistik, verunsicherten und umwarben die VRK-Truppen und versuchten nicht zuletzt auch jede von der Phnom Penher Regierung eingerichtete Gemeindeverwaltung schon in den Ansätzen wieder zu zerschlagen – eine Methode, die so alt ist wie der Guerillakrieg in Indochina. Parallelen zu Afghanistan tauchten auf: Hier wie dort hatte der Krieg 1979 begonnen, hier wie dort war die Sowjetunion entweder direkt oder aber indirekt (d. h. im Bündnis mit Vietnam) verstrickt, hier wie dort hatte sich aus einem anfänglichen Blitzkrieg ein zermürbender Partisanenkrieg entwickelt, hier wie dort boten ehemalige Monarchen ihre Schlichtungsdienste an, und hier wie dort auch stand die Bevölkerung den jeweiligen Widerstandsgruppen mit höchst zwiespältigen Gefühlen gegenüber.

Als die Sowjetunion 1989 ihre Truppen aus Afghanistan zurückzog, waren auch die Tage Vietnams in Kambodscha gezählt – jenes Vietnam, das wegen seiner wirtschaftlichen Misere ganz am logistischen Tropf der UdSSR hing. Teils aus eigenem Antrieb (die Reformer hatten inzwischen das Steuer übernommen), teils aber auch auf Drängen Moskaus beschloß Hanoi Anfang 1989, bis Ende September desselben Jahres seine Truppen aus Kambodscha abzuziehen.

Genauso wie in Afghanistan übernahm freilich von da an auch in Kambodscha die „Firma Bürgerkrieg" das Land.

Einer alten Faustregel zufolge kann eine konventionelle Armee gegen eine Guerilla allenfalls dann erfolgreich sein, wenn sie ihr um das etwa Zehnfache überlegen ist. Zu Beginn der neunziger Jahre aber stehen der Regierung lediglich

50 000 Soldaten zu Gebote, die von rd. 100 000 Mann Miliz flankiert sind, während die Polpotisten, die Sihanoukisten und die Son Sann-Truppen über rd. 40 000 Mann bzw. 10 000 bzw. 15 000 Mann verfügen. Eine zehnfache Überlegenheit ist selbst nach Einführung der allgemeinen Wehrpflicht i. J. 1989 in keinem Fall zu erwarten. Gleichwohl brauchen die Phnom Penh-Truppen die Flinte nicht ins Korn zu werfen, da der Bürgerkrieg letztlich ein Kampf um die Herzen der Bevölkerung ist, der von den Roten Khmer ganz gewiß nicht gewonnen werden kann. Noch vor wenigen Jahren mußte ein Kambodschaner zwischen Krokodil und Tiger, d. h. zwischen Pol Pot und der „Vietnamisierung Kambodschas" wählen. In der Zwischenzeit jedoch hat sich ein dritter Weg aufgetan, nämlich die Möglichkeit, sich für Phnom Penh zu engagieren, das seit dem Rückzug der vietnamesischen Truppen immer selbstbewußter – und merklich selbständiger – geworden ist. Die dortige Regierung mag von den Vietnamesen zwar in den Sattel gehoben worden sein, das Reiten hat sie jedoch inzwischen selbst gelernt.

Ein sich entkolonisierender SK müßte mittelfristig auch von Thailand anerkannt werden. Damit aber entfiele die logistische Unterstützung für die Roten Khmer, die dann ziemlich alleingelassen blieben. Auch China kann auf die Dauer wohl kaum ein Interesse daran haben, den verrufenen Roten Khmer weiter unter die Arme zu greifen, zumal sein Hauptziel, nämlich die Balkanisierung Indochinas, mit wachsender Selbständigkeit des SK ohnehin erreicht wäre.

Worauf also letztlich alles ankommt, ist außenpolitisch eine glaubhafte Lostrennung Phnom Penhs von Vietnam und innenpolitisch die Herausbildung einer neuen Dreierkoalition, der neben den ehemaligen VRK-Kräften auch die Anhänger Sihanouks und Son Sanns angehören müßten.

c) Laos: Der „unlaotische Weg" und „Regieren durch Seminare"

„Vietnamisierung der laotischen Innenpolitik", „Regierung durch Seminare" und „Ausbluten" – dies sind die drei Stichworte, mit denen sich das Geschehen in Laos nach der Machtübernahme der Pathet Lao im Dezember 1975 charakterisieren lassen.

„Vietnamisierung": Die Hoffnung national gesonnener Teile der Bevölkerung, daß mit dem Sieg der Kommunisten ein nun wirklich „laotischer Weg" beschritten werden könne, erwies sich von Anfang an als Täuschung. Allzu lange waren die Sieger in ihren beiden nordöstlichen Provinzen Sam Neua und Phong Saly mit dem Netz des Vietminh verflochten gewesen, und allzu viele Minderheitenvertreter in den Reihen des Pathet Lao widersetzten sich dem „laotischen" Kurs, der ja am Ende doch wieder nur den Tieflandlaoten zugute käme. Außerdem mußte der Pathet Lao erkennen, daß er den Kampf gegen die Minderheiten, vor allem gegen die Hmong, allein nicht gewinnen konnte, sondern auf vietnamesischen Beistand angewiesen war. Buddhismusfeindliche Tendenzen, Sicherheits- und Sozialisierungserwägungen sowie eine in Jahrzehnten zur zweiten Natur gewordene Affinität mit dem Vietminh begünstigten also eine Politik der Anbindung an Vietnam – abgesehen davon, daß Hanoi einen anderen Kurs auch gar nicht zugelassen hätte. Laos wurde, anders als das benachbarte Kambodscha, in aller Stille zum Vasallen Vietnams – ein Tatbestand, den der oben erwähnte Sonderbeziehungsvertrag vom Juli 1977 nur noch unterstrich. Mehrere Tausend vietnamesische „Berater" waren von da an in sämtlichen Schlüsselpositionen tätig. Sie entwarfen die Reden laotischer Führer, kontrollierten Partei- und Regierungsdokumente, zensierten den Propagandaapparat und erließen Richtlinien für die laotischen Schulbücher. Außerdem kamen vietnamesische Siedler sowie rund 50 000 Soldaten ins Land, während die laotische Armee selbst nur rund 40 000 Mann umfaßte, die sich überdies nur bis zur Kommandohöhe eines Bataillons organisieren durften. Was die Außenpolitik anbelangt, so sollte Laos noch nach dem 18-Punkte-Programm von 1974 ein neutrales Land werden – eine Bezeichnung, die freilich schon bei der Gründung der Volksrepublik im Dezember 1975 aus dem Vokabular des Pathet Lao wieder verschwunden war. Die Außenpolitik entwickelte sich nun dreipolig (Sonderbeziehungen zu Vietnam, Abwehrbereitschaft gegenüber China und vorsichtige Annäherung an den Nachbarn Thailand). Der Ausgleich mit den Thais wurde freilich immer wieder durch Zwischenfälle auf dem Mekong gestört, die Bangkok mehrfach nervös durch Schließung der Grenzen beantwortete, obwohl es eigentlich wissen mußte, daß es nicht primär Laoten waren, die hinter solchen Vorkommnissen standen.

Unpopulär war auch das „Regieren durch Seminare", das sich schnell zu einer neu-laotischen Besonderheit entwickelte, und das vor allem die Intelligenz des Landes betraf. Nicht selten hatten Ausländer von nun an Gelegenheit, sich darüber zu beklagen, daß ihre jeweiligen Partner gerade wieder einmal vier Wochen auf einem „Seminar" seien. Glaubte der Pathet Lao allen Ernstes, mit solchen Methoden Patriotismus und Begeisterung für den Sozialismus erwecken zu können?

Kein Wunder, daß das Land schnell ausblutete. Bereits Ende 1980 hatten nicht weniger als ein Zehntel der Bevölkerung die „Flucht über den Mekong" angetreten, unter ihnen nicht nur Minderheiten wie die Hmong, sondern auch mittelständische Unternehmer, Akademiker und die für den Neuaufbau so dringend benötigten Fachleute. Die einen entflohen den militärischen Verfolgungen, die anderen dem Zugriff der Sozialisierung, wieder andere den „Seminaren", oder aber, wie der buddhistische Patriarch und andere Spitzenvertreter des Sangha, religiösen Verfolgungen.

Spät kam die Erkenntnis, daß es so nicht weitergehen konnte. Leider war aber auch der endlich 1979 eingeleitete Reformkurs, der wieder mehr „Laotisierung" gestattete, nichts anderes als ein Echo auf die vietnamesischen Reformen!

2. Reformzeit in Indochina (seit 1979)

a) Rückbesinnung auf das wirtschaftlich Machbare

Das Jahr 1979 sollte zur Peripetie im bisherigen vietnamesischen Drama führen. Dem chinesischen „Erziehungsfeldzug" mit seinen kostspieligen Konsequenzen folgte die wirtschaftliche Hiobsbotschaft, daß statt des Bruttoproduktionswertzuwachses von 15% im laufenden Jahr nur 2,3% erreicht worden seien. Noch weitere negative Rekorde stellten sich ein, nämlich eine abermalige Verstärkung des Flüchtlingsstroms und ein bisheriger Tiefstand bei den Ernten.

In dieser Situation beschloß die Führung, das Steuer herumzureißen. Zwar konnten in der Außenpolitik momentan keine fundamentalen Kursänderungen vollzogen werden; doch würden vielleicht wirtschaftspolitische Reformen am Ende die Talfahrt bremsen. Mit dieser Überlegung trat das IV. ZK im September 1979 zu seinem 6. Plenum zusammen und erließ, nach offensichtlich schweren internen Auseinandersetzungen, die „Resolution Nr. 6", die seitdem zum wirtschaftlichen Kompaß Vietnams geworden ist und die durch den V. Parteitag vom März 1982 nochmals feierlich bestätigt wurde.

Wenige Wochen vorher, nämlich im Juli 1979, hatte Laos seine „ZK-Resolution Nr. 7" herausgegeben, die der später bekanntgegebenen vietnamesischen „Resolution Nr. 6" in allen wesentlichen Punkten glich – wiederum übrigens ein Beweis für die lange Zeit so wohlfunktionierende „Koordination" zwischen beiden Ländern.

Beide Resolutionen diagnostizierten am bisherigen System der Wirtschaftsverwaltung drei Hauptfehler, nämlich Überzentralisierung, Bürokratisierung und Subventionsorientierung. Die Therapien zur Ermöglichung einer neuen Wirtschaftspolitik lauteten deshalb konsequenterweise „wirtschaftliche Effizienz statt Reinheit der Lehre", „Koordination statt Subordination" und „Wirtschaftsvielfalt statt Beschränkung auf den rein sozialistischen Sektor". Der Staat müsse künftig also eine neutralere Rolle spielen.

Das Wort „Effizienz" wurde fortan zu einem Schlüsselbegriff der Reformpolitik. Um sie zu ermöglichen, sollte anstelle direkter bürokratischer Steuerung und enggefaßter betriebswirtschaftlicher Kennziffern künftig nur noch eine Politik der indirekten Leitung durch Vorgabe weitgesteckter volkswirtschaftlicher Rahmendaten zulässig sein. Ferner sollte die Wirtschaft unter Beachtung des Prinzips der Freiwilligkeit von unten nach oben aufgebaut werden – und nicht länger umgekehrt. Zweitens sollten die einzelnen Betriebe fortan nicht mehr passive Befehlsempfänger, sondern aktive Mitgestalter sein. Von oben nach unten, d. h. also in subordinativer Manier dürften nur noch Eckdaten im Planungs-, Preisgestaltungs-, Zins- und Manteltarif-Bereich vorgegeben werden, während alle weiteren Einzelheiten entweder im Alleinermessen des einzelnen Betriebs stünden oder aber im Wege einer koordinativen Vertragsabmachung zwischen Behörde und Betrieb zu regeln seien. Zu den wirtschaftlichen „Grundeinheiten", die auf diese Weise als neue Wirtschaftssubjekte auftreten sollten, gehörten Fabriken, Werkstätten, Bauprojekte, landwirtschaftliche und forstliche Betriebe, Handelsläden und Genossenschaften der verschiedensten Art. Ähnlich wie in der VR China war also nun auch in den drei Indochinaländern das „Vertragssystem" zum A und O des gesamten neuen Wirtschaftens geworden; auch hier sollte es künftig nicht mehr darauf ankommen, ob eine Katze schwarz oder weiß ist, sondern nur noch darauf, ob sie Mäuse fängt – zumindest war dies das Programm der Reformer, das leider in den nachfolgenden Jahren durch bürokratische Interventionen immer wieder durchkreuzt wurde.

Drittens sollte anstelle des mehrere Jahre lang „monokulturell" gehegten Staats- und Kollektiveigentums an Produktionsmitteln künftig wieder die Vielfalt treten. Einerseits wurde damit dem Handwerks- sowie dem Dienstleistungswesen grünes Licht gegeben, andererseits das Privateigentum an Produktionsmitteln wieder entkriminalisiert. Schon kurze Zeit später sollte es sich herausstellen, daß unter allen „fünf Sektoren" (Staats-, Kollektiv-, Familienklein-, Privatgroß- und „staatskapitalistisches" – d. h. Joint Venture-Eigentum) die „Familienwirtschaft" mit ihren (nichtkapitalistischen) Subsistenzbetrieben die stärksten Zuwächse verzeichnete, vor allem beim Gemüseanbau, bei der Viehzucht und beim häuslichen Nebengewerbe.

Die Führung hatte damit der theoretisch schon seit langem bestehenden Einsicht Rechnung betragen, daß „im gegenwärtigen Übergangsstadium", d. h. also im Zeitalter der wirtschaftlichen Engpässe jede „effizienz"-trächtige Betriebsform legitim und daß die dogmatische Beschränkung auf Staats- und Kollektivbetriebe, wirtschaftlich betrachtet, reine Verschwendung sei.

In der Praxis wirkte sich diese Politik während der ersten Jahre fast nur im Landwirtschaftsbereich aus und erwies sich bereits hier, sehr zur Überraschung der Dogmatiker, als wohltuend erfolgreich: Schon Ende 1979 wirkte ganz Vietnam wie ein riesiger Reparaturbetrieb, in dem an allen Ecken und Enden versucht wurde, erlittene Schäden und selbstzugefügte Wunden, soweit es eben ging, wieder zu heilen. Hatte sich Vietnam noch 1979 mit 13,9 Mio. t (statt geplanter 21 Mio.) Getreide (in Reisäquivalenten) zufriedengeben müssen, so waren es 1980 14,4, 1981 15,1, 1982 16,2 und 1983 gar 17 Mio. t. Ein kleines Wirtschaftswunder hatte sich ereignet! Waren 1980 pro Kopf nur 268 kg verfügbar gewesen, so konnte man jetzt mit fast 300 kg rechnen – ein bescheidener Anfang auf dem Wege zur Selbstversorgung.

Das „Wundermittel", mit dem diese Erfolge hauptsächlich erzielt wurden, hieß „Produktvertragssystem". Dieses PVS war in Nordvietnam zwar schon einmal, nämlich 1968/69, durchexerziert, dann aber – unter Leitung des Wortführers der Linken im Politbüro, Truong Chinh – als Auswuchs des schlimmsten „Kapitalismus" verurteilt und sogleich wieder verworfen worden. Das Jahr 1969 war allerdings eine Periode, in dem der Zeitgeist weltweit, und nicht etwa nur im China der Kulturrevolution, auf „Revolution" gestimmt war. Das

PVS wirkte damals wie die Faust aufs Auge. Inzwischen freilich hatte sich das Blatt gewendet und man begann sich in Vietnam zu fragen, ob man es nicht doch noch einmal mit dem damaligen System versuchen sollte, zumal ja auch die chinesischen Reformer inzwischen ähnliche Wege beschritten hatten.

Waren die einzelnen Arbeitsgänge den Mitgliedern der landwirtschaftlichen Produktionsgenossenschaften früher einseitig zudiktiert und war überdies egalitär, d. h. leistungsfeindlich entlohnt worden, so wurden die Arbeiten beim PVS vertraglich, also bilateral zwischen LPG und Haushalt (oder Gruppe) ausgehandelt. Inhaltlich besteht die Vereinbarung darin, daß die LPG dem Vertragspartner bestimmte Parzellen, Geräte und Zugtiere überläßt und eine Reihe von weiteren Leistungen verspricht, während sich dieser im Gegenzug zur Ablieferung bestimmter Produkte (Getreide, Eier, Schlachttiere etc.) in festgelegter Qualität verpflichtet, wobei ein normaler Verlauf der Witterung vorausgesetzt ist. Manchmal wird ein sog. Fünf-Drei-Vertrag geschlossen. Hierbei werden fünf der acht klassischen Arbeitsgänge bei der Reiserzeugung vom Kollektiv erledigt, nämlich die Bodenbearbeitung (Pflügen und Eggen durch Traktoren oder Zugtiere der Genossenschaft), ferner die Bewässerung, die Saatzuteilung, die Düngung und die Versorgung mit Insektiziden, während die weiteren drei Arbeitsgänge der Verantwortung des Vertragspartners obliegen, nämlich das Auspflanzen der jungen Saaten, die laufende Pflege und die Ernte. Sollte das Produktionsergebnis am Ende über der vereinbarten Norm liegen, so kann der Partner die zusätzlichen Früchte seiner Arbeit entweder selbst behalten oder sie zu einem höheren Preis an den Staat veräußern, sie gegen Konsumgüter eintauschen oder vielleicht sogar auf die freien Märkte bringen. Kommt er umgekehrt seinen Mengen- oder Qualitätsverpflichtungen nicht nach, so hat er die Differenz aus den Ernteerträgen der nachfolgenden Saison zu begleichen oder wird vielleicht sogar zur Rückgabe von Boden und Werkzeugen veranlaßt.

Die Parteiführung kann seit 1980 mit Erstaunen feststellen,

daß die Bauern nicht nur jedes Jahr höhere Ernteerträge hervorbringen, sondern daß sie auch auf eigene Kosten Zugtiere anschaffen, daß sie höchst sorgsam mit den Düngemitteln umgehen, daß sie zu jeder (gewinnbringenden) Diversifizierungsmaßnahme bereit sind und nicht zuletzt – ganz im Gegensatz zu den bisherigen Gewohnheiten – bis spät in die Nacht hinein arbeiten.

Mit Sorge wird zwar da und dort vermerkt, daß der Gemeinschaftsgeist unter dem individuellen Erwerbsstreben leiden könne, doch tröstete man sich mit drei Argumenten: Die Wirtschaft komme wieder in Schwung, Staat und Kollektive profitierten von dem Mehrverdienst der Bauern und das PVS sei ein zusätzlicher Anreiz, um die bisher in Südvietnam so schwach kollektivierte Landwirtschaft zu einem rascheren Tempo bei der Vergenossenschaftlichung zu veranlassen; nur im LPG-Verband könne das PVS ja wirklich voll zur Entfaltung kommen: Dies müsse der einzelne doch begreifen!

Mit Hilfe des PVS kam nun plötzlich auch Druck in das Diversifizierungsprogramm der Regierung, das unter den Kürzeln „V. A. C." und „V. R. A. C. T." läuft. „V" ist der Anfangsbuchstabe von Vuon (Gärten), „A" für An ca (Fischweiher) und „C" für Chan nuoi (Viehzucht). Das V. A. C. ist jedoch auf diese drei Sektoren keineswegs beschränkt, sondern wird in den Waldregionen noch durch das R (Ray = Forstwirtschaft) ergänzt – oder aber sogar ersetzt. Als fünftes Element kommt noch das T hinzu, das für Tieu cong nghiep sowie für Thu cong nghiep, also für Kleinindustrie und Handwerk steht. Die einzelnen Bereiche sollten möglichst miteinander verkettet sein: Bei der Viehzucht z. B. fällt Dünger an, der sowohl in den Gärten als auch in den Fischweihern Verwendung findet, Garten- und Weiherprodukte aber können z. T. wieder an das Vieh verfüttert werden – Recycling auf vietnamesisch.

Die PVS-Praxis hatte zwar in der Landwirtschaft wohltuende Auswirkungen, griff jedoch nicht auf die Industriebetriebe über, so daß sowohl Vietnam als auch Laos lange Zeit den Eindruck vermittelten, als gäbe es dort jeweils zwei miteinander nicht kommunizierende Volkswirtschaften. Hie die reformerisch gelenkte Landwirtschaft, dort die nach wie vor stalinistisch bestimmte Industrie mit ihrem Planfetischismus und ihren starren Verteilungspraktiken.

Erst der VI. Parteitag der KPV (Dezember 1986) zeitigte Beschlüsse, die das Reformmodell nun auch auf den städtischen Sektor und die Industrie übertrugen. Möglich geworden war dieser Wandel, weil in der Zwischenzeit nicht nur ein institutioneller (neue Staatsverfassung von 1980!), sondern auch ein personeller Wandel stattgefunden hatte, in dessen Verlauf immer mehr Reformer in Spitzenpositionen der KPV aufgerückt waren, unter ihnen vor allem Nguyen Van Linh und Vo Van Kiet, die sich ihre ersten Sporen als Parteivorsitzende von Ho-Chi-Minh-Stadt, dem industriellen Herzen Vietnams, erworben hatten. Ferner kam es zur Herausbildung einer Achse zwischen den beiden führenden Industrie- und Hafenstädten des Landes, Ho-Chi-Minh-Stadt und Haiphong, deren Entfaltung unter der bisherigen Politik schwer gelitten hatte. Aufgrund der Reformbeschlüsse des VI. Parteitags ergingen im März 1988 in Vietnam drei Autonomieregelungen für Staats-, Kollektiv- und Privatbetriebe. Zwar hatten sich die ersten privaten Restaurants, Caféhäuser, Reparaturwerkstätten und Handwerksläden bereits seit 1984 in aller Stille etabliert, doch waren sie stets im Zwielicht der Illegalität geblieben. Nun endlich war das erlösende Wort gefallen und drei Arten von halbkapitalistischen Unternehmen grünes Licht gegeben worden, nämlich (1) Familienbetrieben, (2) kleinindustriellen Haushaltsbetrieben, die auch Arbeitskräfte von außerhalb der Familie einstellen durften und (3) „Privatunternehmen", die sich dadurch auszeichnen, daß mehrere Einzelpersonen oder Haushalte gemeinsam tätig werden.

Die KP-Führung hatte m. a. W. die Kröte der Einstellung von Fremdarbeitskräften geschluckt, weil Vietnam damals bereits unter Millionen von Arbeitslosen zu leiden hatte, so daß das traditionelle „Ausbeutungs"-Argument an Wirkung einbüßte.

Laos hatte sein Organisationsstatut für Staatsbetriebe bereits Ende 1985 erlassen. Kernpunkt war ein Vier-Zehn-Regelwerk, demzufolge der einzelne Betrieb vier Pflichten (Staatsplandisziplin, Profitorientierung, Sozialpflichtigkeit zugunsten der Angestellten sowie Unterstützung der nationalen Verteidigung) und zehn Rechte hatte, nämlich Autonomiebefugnisse im Hinblick auf (1) Produktionspläne, (2) Anlagevermögen, (3) Arbeitskräfte, (4) Finanzen, (5) Lohnpolitik, (6) Personaleinstellung, (7) Materialbeschaffung, (8) Forschung, (9) Binnenhandel und (10) Außenhandelsgeschäfte.

Im Interesse einer kraftvollen Betriebsautonomisierung, die als Lokomotive der Wirtschaftsreform dienen sollte, wurde auch die Planungs-, Preis- und Handelspolitik umgestaltet, und zwar ebenfalls im Zeitraum 1987/88:

– Planung sollte fortan nur noch indikativ und rahmenhaft, nicht mehr imperativ und detailliert erfolgen, so daß den Betrieben weite Entscheidungsspielräume verblieben.

– Die Preise für Güter und Dienstleistungen sollten sich in Zukunft, wo immer möglich, auf dem Markt herausbilden, während die behördlichen Preisfestsetzungsbefugnisse nur noch auf wenige „strategische" Güter beschränkt bleiben durften, z. B. Elektrizität, Treibstoffe, Maschinen, Fahrzeuge, Transportgebühren u. dgl.

– Beim Handel schließlich sollten die Direktkontakte zwischen Anbietern und Verbrauchern gefördert und alle überflüssigen „Zwischenstationen" abgeschafft oder ausgeschaltet werden; der Handelsbürokrat hatte m. a. W. wieder dem Kaufmann Platz zu machen. Lediglich „strategische Güter" müßten auch fortan unter staatlichem Handelsmonopol verbleiben – ebenso übrigens wie der gesamte Außenhandel. Da sich freilich in allen drei Indochinaländern in der Zwischenzeit ein schwunghafter Grenzhandel entwickelt hat, ist diese Monopolbestimmung reine Theorie, zumal die Regierungen in Hanoi, Vientiane und Phnom Penh im Interesse einer wirtschaftlichen Belebung selbst kaltblütigsten Schmuggelaktionen gegenüber meist die Augen verschließen.

1987/88 wurde auch das Kredit-, Finanz- und Steuerwesen reformerischen Bedürfnissen angepaßt. Die Bankenorganisation in allen drei Ländern ist inzwischen zweispurig ausgebaut worden: Gegründet wurde jeweils eine Staatsbank, der mehrere Geldinstitute mit Geschäftsfunktionen unterstehen, die unter weitgehender Eigenverantwortung die üblichen Kredit- und Bankdienstleistungen abwickeln. Die Gelder sollen künftig nicht mehr nach Subventionsgesichtspunkten, sondern nach Kreditwürdigkeit verteilt werden. Ferner sollen die Betriebe ihre Gewinne nicht mehr abliefern, sondern ihren Beitrag zur Volkswirtschaft dadurch leisten, daß sie Steuern zahlen.

Im Außenwirtschaftsbereich haben alle drei Regierungen in den Jahren 1988 und 1989 Joint Venture-Regelungen erlassen, die attraktive Bedingungen für ausländische Investitionen bieten, ja sogar 100%iges ausländisches Eigentum zulassen. Als potentielle Investoren stehen nicht zuletzt auch Auslandsvietnamesen, -kambodschaner und -laoten im Visier. Nachdem sie vorher vertrieben wurden, soll jetzt wenigstens ihr Kapital zurückkehren – Ironie des Schicksals, Triumph der Einsicht!

Alle drei Staaten müssen sich auch mit der Frage auseinandersetzen, ob und wie sie ihre Flüchtlinge wieder aufnehmen. Im Gegensatz zum Großteil der rd. 14 Millionen Menschen, die in den achtziger Jahren weltweit aus ihrer Heimat flohen, ist die Mehrheit der über 2 Millionen Indochinaflüchtlinge nicht in Ländern der Dritten Welt hängengeblieben, sondern hat in den Industrieländern – 1,6 Millionen! – einen dauernden Aufenthalt gefunden. Gleichwohl gibt es auch zu Beginn der neunziger Jahre immer noch menschliches Treibgut in Form von rd. 300 000 Khmer, die in sog. „Sites" entlang der kambodschanisch-thailändischen Grenze zusammengepfercht sind und dort ein brisantes Gemisch von apathischen Zivilisten, todesmutigen Partisanen und abgebrühten Schmugglern bilden, wie es sich ähnlich in den palästinensischen Lagern beobachten läßt. Jedes der acht „Sites" beherbergt mehr Menschen als die meisten kambodschanischen Städte.

Auch gegenüber ihrer Umwelt mußten die drei Gesellschaften einen neuen Weg finden. Anders als in den Industrieländern treten ökologische Sünden hier weniger in Form der

Luft- oder Wasserverpestung als vielmehr im Gewande eincs gerade während der achtziger Jahre besonders verheerend um sich greifenden Waldsterbens auf.

Holz spielt in allen drei Volkswirtschaften eine zentrale Rolle; wird es doch fast zu jedem Zweck verwendet – vom Hausbau bis zu den (vietnamesischen) Eßstäbchen, vom Hausbrand bis zur Herstellung landwirtschaftlicher Arbeitsgeräte. Um so schlimmer, daß die Waldbestände in jüngster Zeit rapide dahingeschmolzen sind. In Vietnam beispielsweise waren 1943 noch 44% der Gesamtfläche bewaldet, 1985 dagegen nur noch 23%. In Laos waren 1981 noch 47% des Territoriums, d. h. 11 Mio. ha, mit Wäldern überzogen. Dieser Bestand hatte sich bis Anfang 1989 um 2,1 Mio. ha verringert. Was Kambodscha anbelangt, so waren in der dortigen Provinz Kompong Speu in den fünfziger Jahren noch 520 000 ha – etwa zwei Drittel der Gesamtfläche dieses Gebiets – bewaldet, 1989 dagegen nur noch 295 000 ha.

Hielten die derzeitigen Trends an, könnte es schon zu Beginn des 21. Jahrhunderts im Indochina-Bereich überhaupt keine Wälder mehr geben.

Das Waldsterben hat mehrere Ursachen: Lange Zeit waren dafür ausschließlich die „Entlaubungsaktionen" der US-Luftwaffe in den sechziger und siebziger Jahren verantwortlich gemacht worden. Inzwischen freilich beginnt sich herauszustellen, daß noch größere Flächen durch die Brandrodungswirtschaft einiger Minderheiten vernichtet wurden, die mit diesem Schwendbau nicht nur ihre traditionelle Landwirtschaft aufrechterhielten, sondern überdies verstärkt zum rentablen Opiumanbau übergingen. Drittens aber wurde ganz schlicht mehr Holz eingeschlagen als wiederaufgeforstet. In Laos vor allem gehört der Holzexport mit zu den wichtigsten Devisenbringern.

Inzwischen haben die drei Regierungen ihren Willen bekundet, dem Raubbau Einhalt zu gebieten. Laos war zu diesem Schritt schon deshalb gezwungen, weil sein größter und profitabelster Wirtschaftsbetrieb, das E-Werk am Nam Ngum-Staubecken, mangels Wasser nur noch mit halber Kraft arbeitet – eine Folge ungebremsten Waldfrevels. Unter diesen Umständen beschloß die Regierung 1989, den Holzexport einzuschränken und im Wege der Wiederaufforstung neuen Waldbestand von 17 Mio. ha zu schaffen. In allen drei Ländern auch wurde ein „Tag des Baums" ausgerufen und feierlich gelobt, künftig das „Gleichgewicht zwischen Holzausbeutung und Wiederaufforstung" zu wahren.

b) Scheu vor politischen Reformen

Ähnlich wie in der VR China blieben die Reformen in den drei Indochinaländern weitgehend auf den wirtschaftlichen Bereich beschränkt, während die politischen Strukturen im bisherigen Stil weiterwucherten – ungeachtet zahlreicher Lippenbekenntnisse zur „Demokratisierung", zur Verrechtlichung oder zur Verwaltungsvereinfachung. Folge dieses Reformunwillens war die Rückkehr traditioneller Muster. Auf diese Weise kam es etwa in Vietnam zur Wiederbelebung des Metakonfuzianismus, der durch Gemeinschaftsbezogenheiten, Rangbewußtsein, „Gesichts"-orientiertes Verhalten, Personalismus und Bürokratie gekennzeichnet ist, um hier nur einige wichtige Aspekte hervorzuheben.

In allen drei Ländern auch sind die Reformen von oben her anberaumt worden, und zwar in der Absicht, nicht nur dem von der Führung selbst als ineffizient empfundenen Bürokratismus, sondern auch der im Volk verbreiteten Unzufriedenheit entgegenzusteuern.

Wenn es keine Reformbewegung von unten her gegeben hat, so ganz einfach deshalb, weil es dafür an tragfähigen gesellschaftlichen Schichten fehlt und weil außerdem – oder gerade deshalb – die Oppositionskräfte zersplittert sind. Anders als beispielsweise in Polen, wo die Katholische Kirche im Mittelpunkt eines den Kommunisten unheimlichen Magnetfelds steht, gibt es in Vietnam, sieht man einmal von zersplitterten Gruppen wie den Hoa Hao, den Cao Dai oder den Katholiken ab, keine religiöse Sammlungsbewegung, die der Obrigkeit gefährlich werden könnte. Darüber hinaus fehlt es auch an einem homogenen Bürgertum; soweit sich im Zeitalter der Reformen bürgerliche Neuansätze haben herauskristallisieren können, sind sie entweder zu verzettelt, um der Regierung gefährlich werden zu können, oder aber zu korrupt, um als Führungskräfte bei der übrigen Bevölkerung Anklang zu finden.

Was den organisierten Widerstand anbelangt, so kann er nur in Kambodscha zur wirklichen Gefahr werden, kaum dagegen in Vietnam oder Laos, wo es zwar eine Reihe von aufsässigen Minderheiten sowie Gruppierungen gibt, die von Auslandsvietnamesen und -laoten gesteuert werden, wo aber andererseits die zentrale Feuerwehr stark genug ist, um Brände schnell zu löschen.

Daneben haben sich in Vietnam seit Ende der achtziger Jahre im Zwielicht zwischen Illegalität und offizieller Duldung drei Oppositionsansätze herausgebildet, nämlich bei den Studenten, die freilich durch das chinesische Tiananmen-Massaker wieder eingeschüchtert worden sind, ferner bei den alten Vietcong-Mitgliedern, die mittlerweile in Ho-Chi-Minh-Stadt einen „Club der ehemaligen Widerstandskämpfer" gegründet haben, und schließlich bei einer Reihe von widerspenstigen Journalisten und Künstlern, die sich partout keinen Maulkorb umhängen lassen wollen und sich darauf verstehen, mit repressiver Toleranz zu leben.

Es gehört zu den Strukturmerkmalen metakonfuzianischer Systeme, daß das politische Zentrum auf die Dauer keine ernstzunehmende Konkurrenz neben sich duldet, es sei denn, daß sich die Führer solcher Gruppierungen personell in das Zentrum einbinden lassen. Vor allem in Vietnam werden die Reformen deshalb auf absehbare Zeit eine Angelegenheit „derer da oben" bleiben! Substantielle politische Reformen sind deshalb noch in weiter Ferne.

c) Sonderwege in Kambodscha und Laos

Im Zuge der Reformen beginnen die drei Indochinaländer zumeist wieder ihren eigenen Weg zu beschreiten: Über ein Jahrzehnt lang waren sie parallel zueinander – genauer: parallel zum vietnamesischen Modell – marschiert, doch nun versucht es jeder wieder mit seiner eigenen Gangart. Besonders deutlich wurde dies auf einem Gebiet, das für alle drei – immer noch bäuerlich orientierten – Gesellschaften von höchster Bedeutung ist, nämlich beim Bodenrecht. Während Ackergrundstücke in Vietnam weitgehend in Kollektiveigentum verbleiben, hat Laos durch Gesetz vom März 1989 allen Boden ausnahmslos zu Staatseigentum erklärt, gleichzeitig allerdings großzügige Nutzungsüberlassungsregelungen getroffen, um so sicherzustellen, daß Äcker nicht brachliegen, sondern maximal von den Pflügern genutzt werden.

Nur einen Monat später erließ der SK neue Verfassungsbestimmungen, die, ganz anders als in Laos, wieder Privateigentum an Grund und Boden gestatteten. Dieser Regelung, die wie ein Kontrapunkt zur laotischen Tongebung wirkte, lag das Kalkül zugrunde, daß ein Bauer, der eigenen Grund und Boden besitzt, eher die Waffe zur Hand nimmt und sich als Milizionär der Rückkehr Pol Pots entgegenstemmt, als ein „Habenichts", der gegen seinen Willen gezwungen wird, einer kollektiven „Solidaritätsgruppe" (krom samaki) beizutreten.

Auch begannen hinter den revolutionären Fassaden wieder traditionelle Mechanismen hervorzuwuchern, die nach dem verheerenden Aderlaß (über 10% der Bevölkerung waren hie durch die Pol Pot-Verfolgungen, dort durch die „Flucht über den Mekong" verlorengegangen) durchaus nützliche Ersatzlösungen anboten, vor allem in Form der Cliquenpatronage. So kam es beispielsweise in Laos zu einem Schulterschluß zwischen den Reformern sowie den im Land verbliebenen potentiellen „Kapitalisten", die noch über alte Beziehungen zum Ausland verfügten. In drei Formen vor allem spielte sich das Verhältnis zwischen beiden Gruppierungen ein. Da kam es einmal in ganz und gar „altmodischer" Weise zu Heiraten zwischen Angehörigen der beiden Teile. Daneben fand eine Fraternisierung zwischen den Kindern der Parteiführer und dem Nachwuchs der früheren Elitefamilien an den beiden einzigen Höheren Schulen des Landes statt. Eine dritte wichtige Kontaktanbahnungsstelle war die Laotische Frauenvereinigung, in der die Ehefrau des Parteivorsitzenden, Thongvin Phomvihan, eine Schlüsselrolle spielt.

Familien und Funktions-Cliquen entstanden auch in Kambodscha, wobei Politiker wie Son Sann, Sihanouk oder Heng Samrin eine Kristallisationsrolle spielten.

Gerade in den theravadabuddhistischen Wertesystemen der laotischen und kambodschanischen Gesellschaft, wo das „Einzelgängertum" nicht selten desintegrierend wirkt, dienen personelle Cliquen als eine Art Auffangnetz gegen weiteren Zerfall. Wenn schon die KP diesen Cliquenerhalt nicht zu sichern vermochte, so mußte man eben wieder auf altbewährte Traditionsmuster zurückgreifen! Daß solche „Rettungsversuche" nicht gerade die Demokratie fördern, liegt auf der Hand.

Auf alle Fälle aber diente die Renaissance traditioneller Werte den Emanzipationsbestrebungen Kambodschas und Laos'. In beiden Ländern war die Schraube nach 1975 ja in dogmatischster Weise überzogen worden, wofür ein hoher Preis bezahlt werden mußte: eine Million Tote und rd. 300 000 Flüchtlinge in Kambodscha sowie ebenfalls rd. 300 000 Flüchtlinge in Laos – unter ihnen ein Großteil der ehemaligen Unternehmer und Fachleute, deren Fehlen sich heute so schmerzhaft bemerkbar macht. Um dem Flüchtlingsstrom Einhalt zu gebieten, ja um vielleicht sogar einen Teil der Flüchtigen wieder nach Hause zurückzulocken, müssen die Regierungen in Phnom Penh und Vientiane einen Kurs steuern, der die Mitte zwischen „Khmerisierung"/„Laotisierung" einerseits und Beibehaltung der „Sonderbeziehungen" zu Vietnam andererseits hält. Abbau der aus Sicht der Bevölkerung allzu überzogenen Kollektivierungsmaßnahmen und Rückkehr zu vertrauten Politik- und Wirtschaftsmustern erwiesen sich inzwischen als die beiden populärsten Konsequenzen, die aus der so viele Jahre betriebenen „Vietnamisierungs"-Politik gezogen werden konnten.

d) Korrekturen in der Außenpolitik Hanois

Die innenpolitischen Reformen wurden nicht nur in Laos und Kambodscha, sondern auch in Vietnam von der Bevölkerung dankbar begrüßt; außenpolitisch freilich blieb die Politik noch viele Jahre lang auf zwei Grundsäulen ruhen, nämlich der Sowjetbindung und dem „Indochina-Sonderbeziehungs"-Kurs.

Die Sowjetunion, der es vor allem zu Zeiten Breschnews um eine Minimalisierung des chinesischen sowie des amerikanischen Einflusses auf den indochinesischen Bereich und darüber hinaus um die Gewinnung von Marinebasen (Cam Ranh, Da Nang, Kompong Som und Ream) ging, verpflichtete sich seit 1979 gegenüber Vietnam zu Leistungen, die sich auf täglich rd. 6 Mio. US $ beliefen und mit denen nicht nur die vietnamesische Wirtschaft gestützt, sondern die Kriegsführung Hanois in Kambodscha überhaupt erst ermöglicht wurde. Dies wiederum veranlaßte China und die USA, nun ihrerseits den Gegnern Hanois unter die Arme zu greifen und vor allem den Widerstand in Kambodscha auszurüsten.

Höchst unbehaglich muß es den Vietnamesen zumute gewesen sein, als die Sowjetunion eine eigene Laos- und Kambodscha-Politik zu betreiben begann, so daß das Verhältnis Hanoi/Moskau nicht nur von Freundschaft, sondern bald schon auch von Konkurrenz geprägt war, zumal die Regierungen in Laos und Kambodscha nun instand gesetzt wurden, Schaukelpolitik zu betreiben. Der Sturz des beim IV. Parteikongreß zum Generalsekretär der Kambodschanischen KP gewählten Pen Sovan schon wenige Monate nach seinem Amtsantritt i. J. 1981 ließ nicht zu Unrecht die Vermutung aufkommen, daß der Grund dafür letztlich in seiner zu moskaufreundlichen Ausrichtung gelegen habe.

Seine „Sonderbeziehungen" zu Kambodscha und Laos begründete Hanoi viele Jahre hindurch mit der „chinesischen Gefahr"; vor allem die Roten Khmer entpuppten sich bei genauerem Hinsehen als trojanisches Pferd Chinas in Kambodscha. Die zeitweise fast 200000 Bo doi (vietnamesischen Soldaten) in Kambodscha wären dieser Darstellung nach nichts weiter gewesen als ein Abwehrschild gegen chinesische Infiltrationsversuche!

Realistischer urteilte hier wohl eine andere Denkschule, die davon ausging, daß es den Vietnamesen 1979 hauptsächlich wohl darum gegangen sei, die beiden Nachbarländer einem neokolonialen Bündnis einzuverleiben, das nicht nur den strategischen, sondern auch den wirtschaftlichen Interessen Vietnams diente – man denke an das Ernährungspotential Kambodschas, wo in jeder Pfütze Reishalme gedeihen und Fische herumschwimmen. Aus dieser Sicht waren beide Nachbarländer für Hanoi nicht nur strategische Vorfelder entlang der empfindlichen Westflanke, sondern vor allem auch Reis- und Fischvorratskammern, die es ein für allemal unter vietnamesische Kontrolle zu bringen galt.

Durch ihren verwirrenden Doppelkurs, der innenpolitisch auf Reformen, außenpolitisch aber auf Bewahrung des Status quo der späten siebziger Jahre abzielte, geriet die SRV seit Anfang der achtziger Jahre in ein kostenträchtiges Dilemma, zumal die Kriegsführung in Kambodscha immer erfolgloser und gleichzeitig der Isolierungsdruck von seiten Chinas, der ASEAN und der USA immer stärker wurde. Als dann gar noch die Sowjetunion Hand in Hand mit ihrem Truppenrückzug aus Afghanistan Anfang 1989 ihren Verbündeten in Hanoi beschwor, seinerseits dasselbe zu tun, sah die vietnamesische Führung keinen Ausweg mehr und entschloß sich zähneknirschend zum Abzug ihrer Truppen aus Kambodscha. Auch die „Sonderbeziehungs"-Politik dürfte damit langfristig ins Wanken gekommen sein.

3. Die Kambodscha-Frage – das A und O der Indochinakrise und der vietnamesischen Außenpolitik

In dem Krisenbogen, der sich an der Südflanke des eurasiatischen Kontinents von der Türkei bis zu den Philippinen erstreckt, ist Indochina – und hier vor allem wiederum Kambodscha – zu einem besonders heißen Punkt geworden. Hier überschneiden sich innen-, regional- und weltpolitische Probleme, deren wichtigste sich mit den Stichworten Stadt/Dorf-Dualismus, ethnische Differenzen, Grenzauseinandersetzungen, „Sonderbeziehungen" im Indochinabereich „Indochina"-ASEAN-Konflikte, wachsende Präsenz der UdSSR und chinesisch-amerikanische Gegenmaßnahmen andeuten lassen. Seit dem Zweiten Indochinakrieg, dem Wirtschaftsboom der ASEAN und seit Einsetzen der Diskussion um eine „Pazifische Gemeinschaft" hat die Bedeutung der Region Südostasien in der Welt schlagartig zugenommen. Südostasien ist ein Dreh- und Angelpunkt für strategische Planer und zugleich eine Fundgrube für Rohstoffinteressen. Es liegt – ein gewaltiger Landriegel – zwischen dem Indischen und dem Pazifischen Ozean, zwischen Süd- und Ostasien und läßt sich hier nur durch drei Wasserstraßen passieren, die von Indochina aus kontrollierbar sind. Politisch hat es sich in der nachkolonialen Zeit zu einem Schauplatz von Auseinandersetzungen entwickkelt, aus denen die Staaten des Festlands unter marxistischem Vorzeichen, die Inselstaaten dagegen als Bastionen des Antikommunismus hervorgegangen sind.

Der „Entamerikanisierung" von 1973 (Waffenstillstandsvertrag von Paris) und der „Vietnamisierung" seit 1975 (Begründung von „Sonderbeziehungen" mit Laos und Kambodscha) folgte ab 1979 eine Phase der „Re-Internationalisierung" der Indochina-, besser: der Kambodscha-Frage. War der vietnamesisch-kambodschanische Konflikt ursprünglich noch hausgemacht, so hakten sich hier schon bald links und rechts die Großmächte und asiatische Nachbarstaaten ein. Während Vietnam und die Länder des Ostblocks „ihrer" VRK politisch, wirtschaftlich und militärisch unter die Arme griffen, zimmerten auf der Gegenseite China, die ASEAN-Staaten sowie die USA die oben bereits erwähnte DK-Dreierkoalition. Damit aber begann sich der 1979 ausgebrochene regionale Krieg rasch zu internationalisieren.

Konsequenterweise waren es dann auch zwei Internationale Kambodscha-Konferenzen, die Marksteine für die Lösung des Konflikts setzten:

- Die New Yorker Versammlung vom Juli 1981 schlug vier Eckpunkte als Hauptorientierungsmuster vor, nämlich (1) Rückzug aller ausländischen Truppen, (2) Übergangsmaßnahmen, (3) freie Wahlen unter UNO-Aufsicht und (4) Bildung einer neuen Allparteienregierung.
- Die Pariser Konferenz vom Juli 1989, an der die vier Bürgerkriegsparteien als geschlossene Delegation, die sechs ASEAN-Staaten, die fünf Ständigen Mitglieder des UNO-Sicherheitsrats, die zwei Indochinaländer Laos und Vietnam sowie Australien, Indien, Japan, Kanada und ein Vertreter der Blockfreienbewegung teilnahmen, konnte sich auf sieben von insgesamt elf Punkten einigen.

Übereinstimmung herrschte (1) darüber, daß eine „umfassende Lösung" gefunden werden müsse. Freilich gab es um den Begriff „comprehensive" ein Tauziehen: Während der SK und Vietnam unter diesen Ausdruck nur die internationalen Aspekte des Kambodscha-Problems subsumieren, die inneren Probleme dagegen ausschließlich dem Lösungsgeschick der kambodschanischen Parteien überantworten wollten, ging die DK-Seite davon aus, daß sich die innenpolitischen und die internationalen Aspekte nicht auseinanderdividieren ließen; sei doch der Kambodscha-Konflikt seinem Wesen nach weniger ein Bürgerkrieg als vielmehr ein „Widerstandskrieg der kambodschanischen Patrioten gegen den vietnamesischen Aggressor, der seinerseits vom Phnom Penher Lakaienregime unterstützt" werde. (2) Rückzug aller ausländischen Truppen aus Kambodscha bei gleichzeitiger Einstellung ausländischer Militärhilfe. (3) Gründung eines kambodschanischen Staates nach den Prinzipien Unabhängigkeit, Frieden, Neutralität und Nichtanlehnung sowie freundschaftlicher Beziehungen zu allen Ländern. (4) Lösung der inneren Angelegenheiten Kambodschas durch die Bürgerkriegsparteien. (5) Festlegung des politischen Systems und der politischen Machtorgane durch das Volk auf der Basis freier Wahlen unter internationaler Aufsicht. (6) Internationale Garantien für die Unabhängigkeit und Neutralität Kambodschas und (7) internationale Unterstützung beim Wiederaufbau Kambodschas.

Drei der vier Punkte von New York wurden hier also erneut bestätigt! Umstritten blieben dagegen (1) die Modalitäten der Übergangslösung bis zu den freien Wahlen, (2) die Rolle der UNO, die ja nur das DK anerkennt, im internationalen Überwachungsmechanismus, (3) die Präsenz vietnamesischer Siedler in Kambodscha, deren Zahl von der Phnom Penher Regierung auf 24000, von der DK-Seite dagegen auf über eine Million beziffert wird, vor allem aber (4) die künftige Rolle der Roten Khmer. Aus der Sicht Phnom Penhs muß diese „Völkermord-Clique" von jeder Mitbestimmung über die Zukunft Kambodschas „eliminiert" werden. Diskutabel sei lediglich eine Dreierkoalition zwischen der Phnom Penher Regierung sowie den beiden DK-Gruppierungen des KPNLF (d. h. der Bewegung Son Sanns) und der Moulinaka (*Mou*vement pour la *li*bération *n*ationale du *C*ambodge) Prinz Sihanouks.

Sihanouk pochte demgegenüber im Namen des DK auf die Herstellung von Vierer-Koalitionen, nämlich einer Vier-Parteien-Führung, einer Vier-Parteien-Verwaltung und einer Vier-Parteien-Armee.

Vietnam zeigte sich mit dem Ergebnis der Verhandlungen zufrieden, und zwar aus drei Gründen: Erstens habe die Konferenz außerhalb des Rahmenwerks der UNO stattgefunden, die ja das SK leider immer noch nicht anerkenne – und zwar unter dem gemeinsamen Vorsitz von Indonesien und Frankreich. Zweitens sei das Hauptergebnis der beiden vorausgegangenen „Jakarta Informal Meetings" (JIM), nämlich die untrennbare Verknüpfung des Rückzugs der vietnamesischen Truppen mit der Ausschaltung der Pol Pot-Clique, zu einem festen Bestandteil der Gespräche geworden, und drittens habe das Ansehen der SK-Regierung im Verlaufe der Konferenz ein weiteres Mal zugenommen.

Angesichts dieser Lage wolle sich Hanoi an sein seit Monaten angekündigtes Versprechen halten und seine Truppen Ende September 1989 aus Kambodscha abziehen.

Die entscheidenden Gründe für den Rückzug waren in Wirklichkeit ganz anderer Art gewesen: Seit einigen Jahren bereits hatte die vietnamesische Führung ihr Fehlkalkül von

1978/79 einsehen müssen. Damals hatte man in Hanoi noch geglaubt, Kambodscha in wenigen Tagen militärisch niederwalzen und dann systematisch okkupieren zu können. Die Welt würde zwar anfangs vor Empörung aufschreien, dann aber eines Tages die Vietnamisierung als Fait accompli hinnehmen; schon gar nichts hatte man in Hanoi von einem potentiellen kambodschanischen Widerstand gehalten; angesichts des kümmerlichen nationalen Zusammenhalts – soviele Kambodschaner, soviele Kambodschas! – würde ein Guerillawiderstand schnell am Ende sein. All diese Überlegungen hatten sich jedoch als Fehlkalkül erwiesen; war doch die Okkupation Kambodschas nicht nur zum Ausgangspunkt verblüffender kambodschanischer Widerstandsaktionen und chinesischer „Straf- und Erziehungs"-Maßnahmen, sondern auch zum Anlaß für eine außenpolitische Isolierung Vietnams geworden, mit der eine zusätzliche wirtschaftliche Auslaugung einherging. Selbst der treueste Verbündete Hanois, nämlich die Moskauer Regierung, hatte seit dem Machtantritt Gorbatschows auf die Kambodscha-Politik Vietnams Druck auszuüben begonnen. Vor allem aber hatte sich in Hanoi selbst ein grundlegender Gesinnungswandel vollzogen, der mit dem Generationenwechsel in der Führungsspitze einherging. Spätestens seit dem VI. Parteitag (Dezember 1986) war die – in dieser Zuspitzung bis dahin tabuisierte – Frage aufgetaucht, ob Vietnam in Kambodscha bleiben und den Gürtel enger schnallen oder aber aus Kambodscha herausgehen und endlich wirtschaftlich genesen wolle.

Der vietnamesische Truppenabzug vom September 1989 sollte die nach schmerzlichen Einsichten gewonnene Antwort auf all diese Herausforderungen sein.

Weit davon entfernt, hierfür Anerkennung zu zollen, bezeichneten der DK-Widerstand und sein engster Verbündeter China den „Abzug" als Augenwischerei und stellten überdies die Verkleidungs- und die „Vietnamisierungs"-These in den Raum. Die Truppen Hanois hätten sich, wie es nun hieß, keineswegs aus Kambodscha zurückgezogen, sondern sich lediglich kambodschanische Uniformen übergestreift.

Auch die „Vietnamisierung Kambodschas" gehe weiter, und zwar vor allem in drei Bereichen, nämlich innerhalb des Machtapparats, in der Wirtschaft und in der Bevölkerungsentwicklung.

Nicht nur hinter jedem kambodschanischen Spitzenpolitiker, sondern in jedem noch so abgelegenen Dorf gebe es mittlerweile einen vietnamesischen „Berater", der in ein wohlorganisiertes, von Hanoi her aufgespanntes Netz eingeflochten sei. Zusätzlich fänden zweimal jährlich Konferenzen der indochinesischen Außenminister und regelmäßige Tagungen der Kultur-, Außenhandels- und Planungsministerien aller drei Indochinaländer statt.

Die „Vietnamisierung" der Wirtschaft vollziehe sich hauptsächlich in Form von Patenschaften zwischen den einzelnen Provinzen der drei Länder, die „Vietnamisierung" der kambodschanischen Bevölkerung aber durch systematische Ansiedlung Hunderttausender von Vietnamesen, durch Zwangsheiraten und nicht zuletzt auch durch „kulturelle Assimilierung", sei es nun im Schul- oder aber im Theater- und Medienbetrieb.

Antivietnamesische Propaganda dieses Kalibers verschweigt allerdings, daß der SK zu Vietnam zwischenzeitlich durchaus hat auf Distanz gehen können.

Da ist einmal die Tatsache, daß seit Mitte der achtziger Jahre immer mehr „Khmer Rouge-Konvertiten" auf Kosten von Khmer-Vietminh-Kadern Spitzenpositionen in Partei und Schlüsselressorts übernommen haben, vor allem im Innen-, Verteidigungs-, Außen-, Landwirtschafts- und Planungsministerium. Hier zeigt sich ein deutlicher Trend zu mehr Autonomie.

Zweitens sucht sich Phnom Penh auch in der Außenpolitik freizuschwimmen. Einer der Marksteine in diesem Bemühen war die Verkündung der „permanenten Neutralität des SK" am 20. Juli 1989, also eines völkerrechtlichen Zustands, der sich langfristig schlecht mit „Sonderbeziehungen" zu Vietnam verträgt!

Drittens nimmt die SK-Regierung gegenüber einwandernden Vietnamesen seit Ende der achtziger Jahre eine wesentlich strengere Haltung ein, ohne daß es sich Phnom Penh allerdings leisten kann, durch allzu rigides Vorgehen Hanoi vor den Kopf zu stoßen.

Das allmählich wachsende Selbstbewußtsein der SK-Führung, die langsame Konsolidierung der Wirtschaft und der schnelle Ausbau der Armee dürften dafür sorgen, daß der SK gegenüber Vietnam schnell an Eigengewicht gewinnt. Selbst wenn in den Übergangsjahren noch kleinere Kontingente von vietnamesischen Militärberatern in Kambodscha verbleiben sollten, kann von einem ungebrochenen Fortgang des „Vietnamisierungs"-Prozesses doch ganz gewiß keine Rede sein. Propaganda arbeitet für derbe Mägen; dies gilt auch für die „Vietnamisierungs"- und die „Verkleidungs"-These.

Wer behauptet, daß sich an der Kambodscha-Frage auch nach dem Truppenabzug vom September 1989 nichts geändert habe, setzt sich dem Verdacht aus, den Konflikt für eigene Zwecke zu instrumentalisieren: Diesen Vorwurf müssen sich sowohl die USA, die den Vietnamesen ihre eigene schmachvolle Niederlage in Indochina nicht verzeihen wollen, als auch die Chinesen gefallen lassen, die das nach wie vor „pietätlose" Vietnam endlich wieder zum traditionellen Kotau zwingen wollen. Nicht zuletzt die EG ist aufgerufen, hier vermittelnd einzuschreiten und dafür zu sorgen, daß die SRV für ihren Rückzug vom Kambodscha-Abenteuer auch wirklich belohnt wird.

IV
Wirtschaft und Raumbilder

1. Rahmenbedingungen

a) Landschaften, Geofaktoren und Tourismusprofile

Indochina besteht aus drei Ländern, die sich ihrerseits in drei jeweils höchst eigenwüchsige Landschaften aufgliedern, die klimatisch allesamt von zwei Jahreszeiten, nämlich einer niederschlagsträchtigen Monsun- und einer heißen Trockensaison geprägt sind und die ähnliche Anbaustrukturen aufweisen, nämlich Naßreis in den Tiefebenen und andererseits Mais, Süßkartoffeln, Tapioka und Industriefrüchte (Kaffee, Kautschuk, Tabak, Tee und Opiummohn) in den mittleren und höheren Lagen. Von einigen Plantagen abgesehen, verharrt die Landwirtschaft noch weitgehend im Zustand der Subsistenz. Erkennbar sind erste Ansätze zum Übergang von der Agrikultur zur Arborikultur (Bananen, Zitrusfrüchte, Kokos- und Ölpalmen, Mango etc.).

Alle drei Länder gehören zu den rohstoffreichsten, zugleich aber auch einkommensschwächsten (und technisch zurückgebliebensten) Gebieten Asiens – im übrigen auch zu den schwerst bombardierten.

Weitere Gemeinsamkeiten liegen beim Verhältnis von Gebirgslandschaften und Minoritäten: je mehr Berge, desto bunter das Bild der nationalen Minderheiten; je mehr Wasser und Tiefland, desto dominierender das jeweilige „Staatsvolk". Die Extreme liegen hier in Laos, dort in Kambodscha – das letztere (mit nur rund 10% Minoritäten) ist völkisch am homogensten. In Vietnam gibt es dagegen 53 Minoritäten, die zwar nur rund 10% der Bevölkerung ausmachen, aber gleichzeitig nicht weniger als 65% des vietnamesischen Gesamtterritoriums bewohnen – und dies zumeist in strategisch und sicherheitspolitisch kritischen Regionen. Noch krasser ist die Situation in Laos, wo sich die 68 „Minderheiten" und die Lao Loum die Waage halten und wo die ersteren sogar rund 80% des Territoriums besiedeln. Verschieden wie die Völkerschaften sind auch die Produktionsweisen: die Tieflandvölker betreiben Reisanbau auf gefluteten Feldern, die nationalen Minderheiten dagegen begnügen sich in der Regel mit dem Schwend(Brandrodungs)-Feldbau, mit Viehzucht und Jagd.

Schließlich ist allen drei Indochinastaaten auch noch eine fast einhundertjährige Kolonialherrschaft unter französischem Protektorat gemeinsam, deren Spuren sich wie in Siegelwachs abgedrückt haben – man denke an das Reichsstraßenverbundsystem, an die Plantagenvielfalt, an den Städtebaustil, an die Bergwerkserschließungen, an die Durchdringung der subalternen Verwaltungsposten mit Vietnamesen, an das Erziehungssystem, an das Gesundheitswesen, unter dessen Einwirkung sich vor allem die vietnamesische Bevölkerung ruckartig vermehrt hat (vgl. dazu IV 1. b.) und nicht zuletzt daran, daß der so viel gescholtene Kolonialismus die drei Länder gemeinsam aus dem Mittelalter in die Neuzeit hineinkatapultiert und sie damit einem Prozeß überantwortet hat, der von heftigen Geburtswehen begleitet und zusätzlich noch dadurch erschwert wurde, daß er unter der Regie einer ausländischen Macht stand, die in der Regel ihren eigenen Vorteil im Auge hatte. Immerhin – eine französische Pol Pot-Politik hat es nie gegeben!

Tiefgreifender allerdings als all diese *Gemeinsamkeiten* sind die *Unterschiede* der drei Länder.

Vietnam: „Bambusstange mit zwei Reiskörben". Vietnam, das mit seinen 330 000 qkm um etwa ein Viertel größer ist als die Bundesrepublik Deutschland, besitzt eine langgestreckte geographische Gestalt, die üblicherweise mit einer Bambusstange verglichen wird, die an beiden Enden mit wuchtigen Reiskörben belastet ist. Die Bezeichnungen der drei Landesteile haben im Laufe der Zeit gewechselt: Die Nordregion (Bac Bo) hieß zur Zeit der französischen Kolonialherrschaft „Tongking" (frz.: „Tonkin"), die Zentralregion (Trung Bo) „Annam" und die Südregion (Nam Bo) „Cochinchine"; der letztere Name stammt noch von den Portugiesen, die ihr Cochin in Indien von Cochin in „China" unterscheiden wollten.

Bac Bo, das etwa 35% des vietnamesischen Territoriums und 40% der Bevölkerung umfaßt, ist eine Region der Extreme. Das Profil reicht hier von 3000 m hohen Bergen (Phang Si: 3143 m) bis auf Niederungen von 1–3 m ü. d. M. Hier sind die höchsten und die niedrigsten Einwohnerdichten zu verzeichnen (Rote-Fluß-Delta bzw. Nordwestprovinz Lai Chau), hier auch erstrecken sich die üppig-grünsten Täler und die kahlsten Steinwüsten. Bac Bo ist ferner der industriell fortgeschrittenste und landwirtschaftlich kollektivierteste Teil Vietnams; hier lebt die konservativste Bevölkerung, hier gibt es die meisten Minderheiten, und hier ist es auch klimatisch am kühlsten im ganzen Land: Die ersten drei Monate des Jahres liegt feuchtkalter Nebel über Hanoi. Sobald sich die Linienmaschine aus Saigon dem Hanoier Flughafen Noi Bai nähert, beginnen sich die Passagiere Pullover überzustreifen.

Delta-Bac Bo ist ein Landstrich von poetischer Schönheit. Im hügeligen Gelände verstecken sich bambusüberschattete Dörfer, auf den Feldern arbeiten die Bauern wie auf einem alten Holzschnitt und so weit das Auge reicht, erstrecken sich spiegelnde Wasserflächen, die mit Hyazinthen und mit Lotus überwachsen sind. Die Halong-Bucht (bei Haiphong) mit ihren 3000 zarten Felsnadeln und ihren z. T. äußerst schmalen Bootspassagen vermag den Besucher mehr zu beeindrucken als die Kulisse von Hongkong oder Rio. Bezaubernd auch die „alternde Schönheit" Hanoi mit ihrer Mischung von altvietnamesischen Stadtvierteln (vor allem den „36 Quartieren"), eigenwillig bodenständigen Bauten (Ein-Pfeiler-Pagode!), den beiden baumumstandenen Seen und den gelbbraunen Villen aus der französischen Kolonialzeit – nicht zu vergessen auch die nostalgisch-altersschwache Straßenbahn.

Zentralvietnam (Trung Bo), die rund 900 km lange „Tragstange", in deren Bereich sich die Gebirgsstöcke manchmal fast bis ans Meer heranschieben, umfaßt 40% des vietnamesischen Territoriums, aber nur 25% der Bevölkerung, die sich auf dem schmalen Küstenstreifen „drängelt". An der schmalsten Stelle seiner Taille mißt Vietnam nur 42 km! In Trung Bo gibt es keinen Roten Fluß und keinen Mekong, sondern nur wenige kurze, in der Regenzeit aber nicht weniger wild von den Bergen herabschießende Wasserläufe, die sich nur schwer zähmen lassen.

Im schmalen Küstengürtel wird die Landwirtschaft durch sandige Böden, lange Trockenzeiten und durch die (ebenfalls trockenen) „laotischen Winde" beeinträchtigt. Vor allem aber ist hier Taifunland. Im Gegensatz zu Bac Bo gedeiht in Trung Bo bereits der wichtigste Tropenanzeiger, der Kautschukbaum. Während der Kolonialzeit war Zentralvietnam stiefmütterlich behandelt worden; aus ihm sind die meisten Revolutionäre hervorgegangen, nicht zuletzt Ho Chi Minh.

Nur wenige Großstädte befinden sich hier, allen voran die Hafenstädte Danang (früher Tourane 600000 Einwohner), Vinh, Nha Trang und das früher von den USA, heute von der Sowjetunion als Flottenbasis benutzte und nach der gleichnamigen Bucht benannte Cam Ranh. Dies sind zugleich auch die einzigen Industriestädte der Region.

Für den (von Vietnam erhofften) Tourismus interessant sind vor allem drei Bereiche, nämlich die (während des Zweiten Indochinakriegs weitgehend zerstörte, inzwischen zum Teil wiederaufgebaute, in morbidem Charme erstrahlende) Kaiserstadt Hue mit den Palastbauten der Verbotenen Stadt, den Tempeln, Grabanlagen (für insgesamt zwölf Kaiser) und ihrer bezaubernden Lage am Wohlriechenden Fluß, ferner das „Tai Nguyen-Plateau" (Zentrales Hochland) mit seinen Mineralquellen, seinen schon zur französischen Kolonialzeit erbauten Hotels, seinen in die meerzugewandten Steilhänge eingefrästen Straßen und seinem „Wolkenpaß", nicht zuletzt aber die südwestlich von Danang liegenden Ruinenorte der drei sukzessiven Hauptstädte des untergegangenen Cham-Reichs, nämlich Myson, Vijaya und Phanri, die durch eine eigenwillige, im Geiste des Shivaismus und des Mahayana gestaltete

Bild 4: Ansicht der Stadt Hanoi. Die für das Stadtbild Hanois so charakteristische altersschwache Straßenbahn aus der französischen Kolonialzeit. Im Hintergrund einer der zahllosen Banyang-Bäume, die überall in der Stadt Schatten spenden.

Ziegelarchitektur geprägt sind. Einstweilen lassen sich diese halbvergessenen Heiligtümer freilich nur zu Fuß quer durch Dschungel und Reisfelder erreichen.

Was zu guter Letzt Nam Bo anbelangt, so ist es der historisch jüngste, geographisch kleinste (ungefähr 25%), nach Einwohnern zweitgrößte (ungefähr 35%), klimatisch heißeste, kulturell mit Abstand farbigste und vom Charakter her französischste, ja kosmopolitischste Teil Vietnams. Das vor allem während der französischen Kolonialzeit (durch Dutzende von Kanälen, aber auch mit Hilfe der modernen Antimalariamedizin) erschlossene Mekong-Delta ist heute Reiskorb des Landes. Kautschuk- und Kokosplantagen erstrecken sich hier, so weit das Auge reicht. Nam Bo ist die landwirtschaftlich fruchtbarste, an Bodenschätzen aber ärmste Region Vietnams.

Kulturelles, industrielles und kommerzielles Zentrum ist Saigon, das unter den Franzosen von einem Fischerdorf zum „Paris des Fernen Ostens" aufgestiegen ist und das seit 1975 offiziell „Ho-Chi-Minh-Stadt" heißt, von den Einwohnern freilich mit größter Selbstverständlichkeit nach wie vor „Saigon" genannt wird. Die Metropole wirkt trotz ihrer drei Millionen Einwohner wie eine französische Provinzstadt – ohne Hochhäuser und mit alleebestandenen Avenuen. Der Großraum Saigon freilich läßt mehr noch als an Paris an Holland denken: Mit seinen „Grachten", seiner Fahrradkultur und den Nachbarstädten, die überall ineinander vernestelt sind – man denke an die Chinesenstadt Cholon, die 1778 gegründet wurde und lange Zeit neben Rangun und Bangkok der größte Reishafen der Welt war, ferner an Gia Dinh, Thu Duc und Bien Hoa, das zwar rund 30 km nordöstlich von Saigon liegt, aber mit diesem durch eine 80 m breite Rollbahn verbunden ist, die während des Zweiten Indochinakriegs als US-Air Force-Notlandebahn dienen sollte und die heute Dutzende von Orten infrastrukturell miteinander verklammert.

Zum touristischen Zubehör Saigons gehört inzwischen auch das unterirdische Tunnelsystem von Cu Chi, das vom Vietcong während des Zweiten Indochinakriegs am Stadtrand der Metropole angelegt und vom Feind nie entdeckt worden war.

Kambodscha: Die „Reisschüssel". Wird Vietnam mit einer beiderseits schwer belasteten Bambustragstange verglichen, so Kambodscha mit einer Reisschüssel, die im Nordosten durch die Ebenen von Ratanakiri und Mondulkuri, im Norden durch die Dangrek-Bergkette, im Südwesten durch die Zimt- und die Elefantenberge und im Südosten durch das südvietnamesische Mekong-Delta begrenzt wird. Herzstück des Landes sind die Tonle-Ebene mit ihrem violinartigen Umriß und dem nach Osten weisenden Geigenhals sowie die „Ebene der vier Arme", die vom Mekong und seinen beiden Zuflüssen, dem Tonle und dem Bassac, gebildet werden. Genau in der Mitte dieses Spinnennetzes liegt Phnom Penh.

Als der Autor Mitte der sechziger Jahre per Rad die 280 km

lange Strecke von Phnom Penh nach Siam Reap, dem Ausgangsort für den Besuch der Tempelruinen von Angkor, abfuhr, hatte er trotz all der Reisfelder, Kokospalmen und spiegelnden Preks auf weite Strecken hin das Gefühl, er befinde sich in Ungarn – so flach und weit dehnt sich die Landschaft.

Und doch gibt es im Gesamtverlauf des Landes von Nord nach Süd eine sanfte Absenkung, die dreistufig verläuft. An den nördlichen und westlichen Rändern erstrecken sich einige Gebirgszüge, deren höchster Gipfel, der Aural (ca. 100 km westlich von Phnom Penh), immerhin 1813 m mißt. Ihnen folgen im Abstieg einige sandige Hochebenen und dann – immer das Arenagefälle abwärts – die Niedrigebenen, die hochwasserfrei und durch tonige Böden geprägt sind. Als dritte Schicht schließt sich das eigentliche Kambodscha an mit seinen Überschwemmungsgebieten, die tiefer liegen als das normale Hochwasser. Auch die Uferwülste des Mekong, die in der Regel nicht überflutet werden, folgen dem allgemeinen Gefälle zum Meer hin. In Kompong Cham stehen sie noch 16 m ü. d. M., in Phnom Penh 12 m und in Neak Luong gar nur noch 8 m.

Wer zur Monsunzeit (April bis September) nach Kambodscha einfliegt, sieht unter sich eine riesige Wasserfläche, die nur an wenigen Stellen noch verlandet ist. Zwei Arten von „Inseln" sind es, die aus dem „versenkten" Südkambodscha hervorragen, nämlich entweder Hügel oder die bereits erwähnten Uferwülste.

Hügel (phnom) sind in Kambodscha eine Seltenheit und gerade deshalb als Siedlungsplatz so begehrt – ganz im Gegensatz zu Vietnam und Laos, wo Berge die Landschaft verstellen. Häufig ist die „Hügel"-Eigenschaft Bestandteil des Siedlungsnamens, z. B. Phnom Penh, Phnom Koulen usw. Fast immer ist der Hügel von einer Pagode bekrönt – Ausdruck eines numinosen Gefühls, das der Kambodschaner den (vorbuddhistischen) Berggöttern entgegenbrachte und das später vom Buddhismus weitergepflegt wurde. Zu einer echten Hügelsiedlung gehört im übrigen in aller Regel auch ein Steinbruch, der den in der kambodschanischen Kultur so wichtigen Steinmetzen Brot und Arbeit gibt.

Siedlungsgeographisch weit bedeutsamer freilich als die Hügel sind die für Südkambodscha so typischen, oft kilometerbreiten Uferwülste, von denen die Flüsse (stung) eingesäumt werden und auf denen sich die Pfahlbauten der Bauern erheben. Auf der Rückseite dieser Verlandungen schließen sich die bereits erwähnten (I. 1. b.), manchmal bis zu zehntausend Hektar großen Wasser-„Tümpel" (beng) an, die während der Regenzeit über die in aller Regel natürlichen Flußseitenarme (prek) geflutet werden und die dann während der Trockenzeit manchmal ausdunsten. Wenn die Prek nicht tief genug für die Wasserführung sind, werden sie von den Bauern ausgeschachtet. Seit dem Untergang der Wasserbaukultur von Angkor ist dies die in der Regel einzige Irrigationsarbeit des kambodschanischen Bauern geblieben.

Der Tourismus konzentrierte sich bis zum Ende der „glücklichen" Jahre Kambodschas auf zwei Bereiche, nämlich Phnom Penh und das Tempelgebiet von Angkor. Die 19 Provinzstädte blieben, sieht man einmal von Siam Reap ab, „links liegen".

Das alte Phnom Penh war wegen seiner Vielgesichtigkeit (hier französische, dort kambodschanische oder vietnamesische Stadtteile), durch den am Zusammenfluß des Mekong und des Tonle gelegenen Königspalast, durch seine mit mehrstöckigen Häusern bestandenen und alleengesäumten Avenuen und vor allem durch jenes Museum sehenswert, in dem die bedeutendsten Skulpturen der Angkor-Periode dicht beieinander standen – und heute wieder stehen.

Angkor präsentierte sich dem Besucher bis 1970 als ein Ruinenfeld ohnegleichen. Es war seit der Zerstörung des Altreichs (1432) zum größten Teil vom Urwald verschlungen, d. h. von Rankenwerk und riesigen „Käsebäumen" überwuchert und erst seit dem Ende des 19. Jhs. von der französischen „Ecole d'Extrème Orient" teilweise wieder freigelegt worden. Am eindrucksvollsten waren drei Sehenswürdigkeiten: die vom größten kambodschanischen König, Jayavarman VII., erbaute mauerumschlossene Stadt Angkor Thom mit ihren Gesichtertürmen, ihren von Schlangengeländern umgebenen Tempelresten sowie der „Elefantenterrasse" des alten Königspalastes; zweitens das außerhalb der Stadt gelegene Haupheiligtum Angkor Wat mit kilometerlangen Reliefdarstellungen, und schließlich der besonders reizvolle Banteay-Srey-Tempel, der rund 30 km vom Angkor Wat entfernt liegt und sowohl durch sein reiches Skulpturenwerk als auch durch seine Scheinperspektiven berühmt geworden ist: Aus der Ferne nimmt sich die Anlage wie der Angkor Wat aus. Je näher man ihr jedoch kommt, umso mehr schrumpft sie auf Kleinproportionen, bis der Besucher am Schluß entdeckt, daß er mit ausgestreckten Armen das Tempeldach berühren kann.

Zwischen 1970 und 1987 konnte Angkor wegen des dahinglimmenden Kleinkriegs nicht mehr besucht werden; gleichwohl konnte man sich auch in dieser Zeit anhand einer unvergleichlichen Fülle von Literatur und Bildbänden mit seinen Schönheiten leichter vertraut machen als beispielsweise mit den birmanischen Ruinen von Pagan.

Laos: „Schlüssel" oder Sackgasse? Vietnam – die Tragstange, Kambodscha – die Reisschüssel – und Laos: der Schlüssel. Dieses Laos-Bild hatte lange Zeit symbolische Bedeutung, als das damalige Königreich nämlich im Visier der amerikanischen Dominotheorie und im Brennpunkt der Weltpolitik stand. Damals, 1962, als die Genfer Indochina-Konferenz stattfand, schien Laos in der Tat ein Schlüssel, mit dem „der" Kommunismus sich Zugang zum restlichen Südostasien verschaffen würde.

Heutzutage, da Laos politisch wieder auf seine wahren Proportionen zurückgeschrumpft ist, erscheint es eher umgekehrt als Sackgasse Südostasiens mit einigen schmalen Tieflandstreifen im Mekong-Bassin, die von mächtigen Gebirgen und Hochebenen burgartig abgeriegelt sind.

Wie Kambodscha und Vietnam zerfällt das Land, das mit 231 000 qkm fast genauso groß ist wie die Bundesrepublik, in drei Großregionen: Ober-, Mittel- und Unterlaos. Alle drei sind geprägt vom Wechsel zwischen steilen Bergketten (höchster Berg der Phu Bia: 2850 m) und engen, tiefeingekerbten

Tälern; jede besitzt eine Hochebene, von denen die oberlaotische „Ebene der Tonkrüge" (1200 m ü. d. M.) und das südlaotische Bolovens-Plateau (700–1200 m) vor allem während des Zweiten Indochinakriegs mit am stärksten umkämpft – und bombardiert worden sind.

Die wichtigsten Siedlungsgebiete (Vientiane-, Champassak- und Savannakhet-Ebene) liegen im Tiefland entlang dem Mekong, der Laos auf einer Länge von 1500 km durchströmt, der aber wegen der gefährlichen Stromschnellen nur auf der 700 km langen Strecke zwischen Vientiane und Savannakhet schiffbar ist und im übrigen von einem Netzwerk von Nebenflüssen eingefaßt wird.

Infrastrukturell ist Laos kaum erschlossen, sieht man einmal vom Rückgrat des Landes, nämlich der Trans-Laos-Straße (Nr. 13), sowie den nach Vietnam hinüberführenden Routen Nr. 6 (Hanoi), Nr. 7 (Hafen Vinh) und Nr. 9 (Quang Tri) ab. Andererseits ist das infrastrukturell gut ausgebaute Nordostthailand leicht zu erreichen – man bräuchte nur über den Mekong zu fahren.

Für den Tourismus stehen vor allem zwei Namen, nämlich Vientiane und die dem Buddhismus heilige Königsstadt Luang Prabang.

Vientiane hat den idyllischen Charakter einer „hinterindischen" Provinz bewahrt, mit seinen schlichten Bauten, seinen Samlors (Fahrradrikschas) und seinen Märkten. Den Denkmälern Vientianes haftet ein zweifacher „Makel" an: Zum einen sind fast sämtliche Tempel (mit zwei Ausnahmen) 1827 von den Thais zerstört worden, so daß es sich bei den heutigen Bauten nur um Repliken handelt, u. a. auch bei dem von den Franzosen rekonstruierten Nationalheiligtum des That Luang. Zweitens aber befinden sich die wertvollsten Kunstgegenstände nicht in Vientiane, sondern im Musée Guimet in Paris.

Dagegen ist das heilige Luang Prabang, das nahe einem „Fußabdruck des Buddha" gegründet wurde, in seinem ursprünglichen Zustand noch weitgehend erhalten geblieben. Die Königsstadt wird überragt von der auf dem Phusi-Berg gelegenen Chumsi-Pagode, zu der mehrere Hundert Stufen hinaufführen und die zum Wahrzeichen Luang Prabangs geworden ist. Von oben überblickt man die verträumte, vom Mekong umflossene Altstadt mit ihren weißgetünchten und vergoldeten Wats (Klöstern) und ihren reetgedeckten Hütten.

Eine dritte Möglichkeit des Laos-Erlebnisses, nämlich eine viertägige Mekong-Fahrt bei Hochwasser von Luang Prabang nach Vientiane ist angesichts der politisch bedingten Unsicherheitslage z. Zt. nicht möglich.

b) Wirtschaftliche Rahmenbedingungen der drei Indochinaländer

Vietnam: Rohstoffreichtum, Umweltschäden und Bevölkerungsexplosion. Vietnams wirtschaftliches Plus ist durch vier Eckwerte bestimmt: Es besitzt Bodenschätze, Energievorräte, Wälder und vor allem einen Menschentyp, dessen Wertesystem hervorragend ins industrielle Zeitalter paßt; früher wurde der Reichtum Vietnams mit dem Ausdruck „Goldwald und Silbersee" umschrieben – gemeint war damit der Reichtum an Wäldern und an Fischen.

Andererseits leidet die Volkswirtschaft unter einem ungünstigen Einwohner/Boden-Verhältnis, unter den Nachwirkungen der Kriege und (Anfang der neunziger Jahre!) unter weitgehender internationaler Isolation.

Was zunächst den größten Reichtum des Landes, nämlich die Kohle anbelangt, so werden die zumeist im Norden und nahe an der chinesischen Grenze lagernden Vorräte von dem 1976 gegründeten „Institut für Geologie und Mineralogie" mit „mehreren Milliarden Tonnen" angegeben – bei einem durchschnittlichen Abbau von 6–7 Mio. t pro Jahr.

Neben der Kohle besitzt Vietnam zahlreiche Erze, nämlich Chrom, Titan, Mangan und Eisenerz, des weiteren NE-Metalle wie Kupfer, Nickel, Blei, Zink und Bauxit, nicht zu vergessen auch verschiedene Edelmetalle wie Wolfram, Molybdän, Gold, Silber und Antimon. Auch Zinn wird abgebaut. Wichtig für Töpferarbeiten sind Kaolin und Feldspat, für die

Düngerherstellung Apatit und Pyrit. 1984 wurden im südvietnamesischen Offshorebereich zum ersten Mal auch Ölvorräte entdeckt. Bis dahin war Vietnam mit Treibstoffen zu beinahe 100%, mit Düngemitteln zu fast 90% auf die UdSSR angewiesen.

Auch mit Wasserkraftpotential ist das Land vorzüglich versorgt; gibt es doch hier nicht weniger als 2500 Flüsse und Ströme mit einer Gesamtlänge von 52000 km, die von den Randgebirgen zu Tal schießen und zum Bau hydroelektrischer Anlagen einladen. Im Roten sowie im Thai Binh-Flußsystem in Nordvietnam werden jährlich 120 Mrd., im Mekong-System sogar 550 Mrd. m³ Wasser transportiert.

Zwei Probleme allerdings gilt es bei der Nutzung dieses Mammutpotentials zu bewältigen, nämlich erstens die Stauung der Wassermassen, die ja nur in der Monsunzeit reichlich fließen, und zweitens den Transport der Elektrizität über längere Strecken, was erhebliche Investitionen nötig macht. Nicht zuletzt aus diesem Grunde arbeiten die meisten Kraftwerke immer noch auf Kohlebasis. Noch 1983 stammten 41% der elektrischen Energie aus thermo-, nur 39% dagegen aus hydroelektrischen Anlagen. Doch wird sich dies auf längere Sicht ändern. Im März 1984 ging übrigens der erste Kernreaktor (Da Lat im Zentralen Hochland) in Betrieb.

Zwei Vergleichsdaten sollen den Entwicklungsstand Vietnams ins rechte Licht rücken: 1980, als die Elektrizitätserzeugung Vietnams 3,6 Mrd. kWh betrug, lag sie in der Bundesrepublik bei 369 Mrd. kWh – und dies bei etwa gleicher Einwohnerzahl und einem sogar etwas größeren Staatsgebiet. 1983 förderte Vietnam 6,35 Mio. t Kohle, in der Bundesrepublik waren es zur gleichen Zeit 90 Mio. t Stein- und 153 Mio. t Braunkohle. Lebensstandard, Wirtschaftswachstum und Energieverbrauch hängen bekanntlich eng miteinander zusammen.

Holz spielt in der vietnamesischen Volkswirtschaft eine zentrale Rolle; wird es doch fast zu jedem Zweck verwendet – vom Hausbau bis zu den Eßstäbchen, vom Hausbrand bis zur Herstellung landwirtschaftlicher Arbeitsgeräte. Allerdings empfiehlt sich angesichts des Waldsterbens eine behutsame Forstwirtschaft.

Auf der Habenseite steht weiterhin der „Rohstoff" Arbeitskraft, wie ihn die beiden Nachbarländer Kambodscha und Laos bei weitem nicht in gleichem Maße zur Verfügung haben, und zwar weder quantitativ noch qualitativ: Mit letzterem Merkmal sind vor allem die „ökonomischen Tugenden" gemeint, die oben (I. 3. c.) unter den Stichworten Leistung, Sparsamkeit und Korporativität beschrieben wurden.

Auf der Negativseite sind andererseits fünf Punkte zu vermerken:

Ungünstig schlägt hier zunächst das Einwohner/Boden-Verhältnis zu Buche. Offiziellen Angaben zufolge befinden sich gegenwärtig (1985) 5,5 Mio. ha bereits unter dem Pflug, während noch 9,4 Mio. ha landwirtschaftlich erschließbar seien. Solche Angaben sind allerdings mit Vorsicht zu handhaben. Soweit Ländereien im Tiefland gemeint sind, kann es sich angesichts des jahrhundertelangen Ringens des vietnamesischen Bauern um jeden fruchtbaren Quadratmeter nur um saure oder salzige Böden handeln, deren extensive Erschließung am Ende wesentlich teurer ist als eine Intensivierung der vorhandenen Ackerflächen. Landerschließungen im Hochland andererseits bringen ökologische Risiken mit sich, sei es nun, daß Wälder zerstört, daß Erosionen verursacht oder daß die bisher für Viehhaltung benutzte Weidefläche reduziert wird. Zahlreiche Mißerfolge mit den NÖZ (dazu Näheres unten IV. 2. b.) geben Anlaß zu einer skeptischen Beurteilung der Landgewinnungsmöglichkeiten.

Ein zweites Handicap, an dem Vietnam noch lange herumzukurieren haben dürfte, sind die Hinterlassenschaften des Zweiten Indochinakriegs.

Zwar haben die amerikanischen B-52-Flugzeuge Vietnam nicht „zurück in die Steinzeit gebombt", doch waren immerhin 60–70% der Industrie des Nordens zerstört und rund 170 000 ha Land „umgepflügt" worden. Hanoi behauptet außerdem, daß 17 Mio. ha Forst- und Waldland im Süden mit dem dioxinhaltigen „Agent Orange" besprüht worden seien, also jenem Seveso-Gift, das bereits mit einem Millionstel Gramm krebserzeugend wirkt und dessen Folgen manchmal erst nach Jahren zutage treten – hier tickt eine soziale Zeitbombe.

Besonders belastend fällt schließlich die Bevölkerungsexplosion ins Gewicht, die mittlerweile katastrophale Ausmaße erreicht hat. Zur Zeit der ersten Wiedervereinigung durch die Nguyen-Dynastie (1802 ff.) lebten in Vietnam 4,2 Millionen Menschen, bis zum Beginn der Kolonialzeit (1883) waren es 7,1 Millionen und zur Zeit der „Augustrevolution" (1945) bereits 25 Millionen – eine Folge des hocheffizienten Gesundheitswesens der Kolonialzeit. Von nun an schien es kein Halten mehr zu geben. Trotz zweier Indochinakriege verdoppelte sich die Bevölkerungszahl innerhalb von nur 32 Jahren.

Bei der ersten Volkszählung vom Oktober 1979 wurden 52,7 Millionen, bei der zweiten Volkszählung vom 1. April 1989 64,4 Millionen Einwohner ermittelt. In den dazwischenliegenden zehn Jahren war die Bevölkerung also um sage und schreibe 11,7 Millionen Neubürger angewachsen – jedes Jahr also um mehr als eine Million. Zwischen 1975 und 1979 hatte die Nettozuwachsrate bei jährlich 6% gelegen, zwischen 1979 und 1989 bei 2,13%. Langfristiges Regierungsziel ist 1,7%. Im Oktober 1988 erging ein Regierungsbeschluß, der die Zwei-Kind-Familie zur Norm erhob.

Vietnam ist inzwischen in Asien auf die 7. und weltweit auf die 12. Stelle unter den bevölkerungsreichsten Staaten vorgerückt. Gleichzeitig aber ging die Getreideproduktion pro Kopf der Bevölkerung zurück, nämlich von 304 kg i. J. 1985 auf 270 kg i. J. 1987 und 296 kg i. J. 1988.

Die Einwohnerdichte, die zu Beginn der Kolonialzeit noch bei 21 Personen pro Quadratkilometer gelegen hatte, ist inzwischen auf beinahe 200 angewachsen, hat sich also verneunfacht. Da die Bevölkerung überdies extrem ungleichmäßig verteilt ist, verdichtet sich die Ballung im Rote Fluß-Delta auf 1000 und in Ho-Chi-Minh-Stadt sogar auf 1700 Einwohner pro Quadratkilometer.

Allein um die Ernährungsautarkie zu wahren (sie liegt bei

300 kg Getreide pro Kopf p. a.) müßten also jedes Jahr rund 300 000 t mehr geerntet werden, gar nicht zu reden von den Kosten der sozialen Infrastruktur oder aber der Zunahme des Arbeitslosenproblems.

Wichtiger als landwirtschaftliche Intensivierung und Neulandgewinnung wäre nach alledem eine systematische Familienplanung, deren erste Anfänge zwar bereits auf das Jahr 1963 zurückgehen, die aber ohne jene strengen Sanktionen auskommen wollte, wie sie heute z. B. in China üblich sind. Offiziell werden Frauen angehalten, vor ihrem 22. Lebensjahr keine Kinder zu bekommen und sich im übrigen auf zwei Kinder zu beschränken. Stichprobenermittlungen aus dem Jahr 1982 freilich zeigen, daß 70% der Neuvermählten bereits im ersten Jahr nach der Hochzeit Nachwuchs bekamen, und daß manche Frauen bis zu fünfundzwanzigmal geboren haben.

Auch die Koordinierung der Wirtschaften Nord- und Südvietnams war eine Sisyphusaufgabe. Während der Süden weit mehr an Reis, Zuckerrohr, Mais und Ölsaaten produzieren konnte, als seine damals 18 Millionen Einwohner benötigten, blieb der Norden mit seinen 19 Millionen Bewohnern ein landwirtschaftliches Zuschußgebiet, das jedoch seinerseits in der Lage war, dem rohstoffarmen Süden sowohl mit seinen Mineralien als auch mit seinen industriellen Kapazitäten auszuhelfen. Neben dieser Komplementierungsaufgabe galt es, die amerikanischen Kapitalinvestitionen in Südvietnam, die sich bis 1975 auf immerhin 12 Mrd. US $ belaufen hatten, und die hauptsächlich in Exportindustrien gesteckt worden waren, auf die Bedürfnisstruktur des Inlands umzustellen. Zur Lösung all dieser Aufgaben bedurfte es einer ruhig ordnenden Hand und nicht etwa einer Politik des „revolutionären" Dazwischenfahrens. Indem die neuen Herren dieses Caveat nicht beachteten, schnitten sie sich ins eigene Fleisch.

Eine nicht zu unterschätzende weitere Hypothek ist schließlich die internationale Isolierung, in die Vietnam sich seit 1978 hineinmanövriert und durch die es sich vom westlichen Technologietransfer abgekoppelt hat.

Das Paradox Kambodscha: Armut trotz natürlichen Reichtums. Kambodscha kann mit einem fünffachen Pfund wuchern, nämlich Boden, Fischreichtum, Holz, Wasserpotential und Infrastruktur – dies gilt freilich nur theoretisch; denn in der Praxis hat es die Politik seit 1975 fertiggebracht, Gold in Eisen zu verwandeln.

Mit nicht einmal 40 Einwohnern pro qkm hat Kambodscha ein äußerst günstiges Einwohner/Boden-Verhältnis. Nur 11% der gesamten Fläche von 181035 qkm sind bisher unter Pflug, so daß noch ein enormes Bodenpotential erschlossen werden könnte. Freilich sind die Bewässerungsanlagen so unzureichend, daß die Trockenzeiternte zum größten Teil „verschenkt" wird. Außerdem lauert überall auf den Feldern die Tretminengefahr. Wer riskiert schon wegen eines Stückchens Acker den Verlust eines oder beider Beine!

Zweiter wichtiger Ernährungsfaktor ist Fisch, mit dem sowohl die Süßwasserströme und -seen des Inlands als auch die Meeresküstengewässer gesegnet sind. Vor dem Krieg hatten die Kambodschaner jährlich 120000 t Fisch eingebracht, 1980 waren es dagegen nur noch 20000 und 1988 auch erst wieder 82000 t: eine Folge der Politik des Pol Pot-Regimes, das die Fischer vom Großen See und von den Flüssen vertrieben und zu Forst- oder Feldarbeiten gezwungen und das außerdem ihre Fangausrüstungen vernichtet hatte – eine besonders schwer begreifliche Maßnahme! Gerade in der Fischerei liegt also noch ein mächtiges Wachstumspotential.

Holz: Weite Teile Kambodschas sind bewaldet – zum größten Teil mit laubabwerfenden Monsungehölzen, die zumeist exportfähig wären. Allerdings fehlt es an einer systematischen Forstpolitik – von einer auch nur annähernd adäquaten Nutzung gar nicht zu reden.

Hydroenergiepotential: Rund 5% der Gesamtfläche des Landes sind mit Seen, Flüssen oder stehenden Gewässern in Flußseitenarmen bedeckt. Im Rhythmus der Jahreszeiten verändern sich Wassermenge und -geschwindigkeit in rasantem Ausmaß, vor allem wenn nach der Schneeschmelze in Tibet Mekong und Tonle Sap anwachsen (vgl. I. 1. b). Das Hydroenergiepotential ist bisher nur unzureichend genutzt: Am Mekong gibt es zwei Staudämme mit einer Kapazität von mehreren Hunderttausend Kilowatt. Daneben versorgen Kraftwerke an mehreren Wasserfällen aus dem Zimtgebirge (Phnom Kravanh) und den Elefantenbergen die umliegende Gegend mit Strom. Die Möglichkeiten sind aber hier durchwegs nur zu Bruchteilen genutzt.

Verkehrsinfrastruktur: Da Kambodscha in seinen wichtigen Bereichen kaum gebirgig ist, konnte es verkehrsinfrastrukturell weitaus besser als etwa Laos oder der gebirgige Teil Vietnams erschlossen werden. Das Straßennetz beläuft sich auf etwa 6500 km, von denen 3500 km asphaltiert sind. Im Gegensatz zu Laos läßt sich in Kambodscha der Mekong das ganze Jahr über von der vietnamesischen Grenze bis nach Sambor, nördlich von Kratie, mit Frachtkähnen befahren, ebenso der Tonle zwischen Phnom Penh und Tonle Sap. Der Große See selbst und die Mehrzahl der Flüsse allerdings sind nur in der Hochwasserperiode schiffbar. Im Gegensatz zu Laos besitzt Kambodscha auch eine Eisenbahnlinie, die vom Überseehafen Kompong Som, dem alten Sihanoukville, über Phnom Penh und Battambang bis zur thailändischen Grenze führt (660 km). Im Straßenverkehr fehlt es gegenwärtig an Lkws und sonstigen Transportmitteln. Das Maß aller Dinge ist nach wie vor der zweispännige Ochsenkarren.

Diesen Pluspunkten stehen zahlreiche Nachteile gegenüber: Zunächst einmal sind, wie bereits erwähnt, die obigen Potentiale auch nicht annähernd genutzt, da es am dafür nötigen Kapital fehlt; zweitens steckt die Industrie und das (durch die Pol Pot-Verfolgungen zusätzlich geschwächte) Expertentum noch in den Kinderschuhen; drittens ist Kambodscha nicht gerade mit Bodenschätzen gesegnet (es gibt etwas Eisenerz, Phosphat, Bauxit, Zinn, Kupfer und Edelsteine), nicht zuletzt aber dürften Bürgerkrieg und „Vietnamisierungs"-Politik noch auf lange Zeit als Bremsklötze wirken.

Möglichkeiten und Grenzen der laotischen Wirtschaft. Laos ist mit einem jährlichen Pro-Kopf-Einkommen von 90 US $ nach wie vor eines der ärmsten Länder Asiens, doch läßt es sich mit einem zerlumpten Kind vergleichen, das mit großen Augen auf einer Truhe voller Kostbarkeiten kauert, zu denen es – vorerst – noch keinen Schlüssel besitzt. Vier Reichtümer stekken in der Truhe, nämlich Bodenreserven, Hölzer, Rohstoffe und Wasserpotential. Von den 237 000 qkm Boden sind bisher nur 900 000 ha, d. h. also nur 3,8% landwirtschaftlich genutzt. Angesichts dieser „Verschwendung" hat die Regierung am 21. März 1989 den gesamten Boden zu Staatseigentum erklärt, um so eine rationellere Ausnutzung und eine bessere Verteilung unter die Pflüger sicherzustellen. Da es außerdem bis vor kurzem so gut wie keine künstliche Bewässerung – und damit auch kaum Trockenzeiternten – gegeben hat, könnten hier schon mit geringen Mitteln Intensivierungserfolge erzielt werden.

Positiv schlägt auch zu Buch, daß das Land nur dünn bevölkert ist (16 E/qkm).

Laos ist ferner reich bewaldet, leidet in jüngster Zeit allerdings unter Raubbau.

Beachtlich sind auch die Bodenschätze, die bisher nur zum Teil (Zinn und Gips) abgebaut werden, darunter rund 1 Mrd. t hochwertiger Eisenerzsubstanz mit einem Gehalt von 60–70%, Gold, Kupfer, Blei, Mangan, Kohle – und wahrscheinlich sogar Erdöl. Allerdings verlangen Förderung, Aufbereitung und Transport so hohe Investitionen, daß bis auf weiteres keine Rentabilität zu erwarten ist.

Vierter Pluspunkt ist das gewaltige *hydroelektrische Potential,* das auf eine Kapazität von 42 000 MW geschätzt wird. 1950 wurde durch einige im Zuge des Mekong-Projektes errichtete Wasserkraftanlagen, vor allem durch das Nam Ngum-Stauwerk (65 km nördlich von Vientiane) 150 MW Strom produziert, der zum größten Teil devisenbringend nach Thailand ging. Elektrizität ist damit nicht nur zum Devisenbringer Nr. 1, sondern auch zu einem eminent politischen Faktor im laotisch-thailändischen Verhältnis geworden. Trotz dieses Reichtums bestehen aber noch viele Schwächen. Wegen der unzureichenden Hochspannungsvorrichtungen bleibt das Landesinnere vom Elektrizitätssegen abgeschnitten – mit der Folge, daß 90% des heimischen Energiebedarfs nach wie vor mit Holzfeuer gedeckt werden. Der Bau von Großdämmen stößt außerdem auf das Mißtrauen der Bauern. Hinter mehreren inzwischen verursachten Überschwemmungen vermuten die Bauern den Zorn der Naga-Gottheit.

Diesen positiven Faktoren steht eine Reihe von Minuspunkten gegenüber: Laos ist ein vom Meer abgeschlossenes Land, das Schwierigkeiten mit Importen (Düngemittel, Maschinen, Insektizide etc.) und mit Exporten hat; ferner ist seine Infrastruktur, seine Industrie und sein Expertentum hoffnungslos unterentwickelt. Zwar verläuft ein Teil des Asian Highway, der von der Türkei bis Saigon führt, auch durch Laos; doch sind von den inzwischen fertiggestellten 11 000 km nur etwa 2000 km asphaltiert, also auch in der Monsunzeit passierbar. Die Wasserstraßen bieten hierfür keinen ausreichenden Ersatz. Der Mekong addiert sich mit seinen insgesamt 15 Nebenflüssen innerhalb von Laos zwar auf eine Gesamtlänge von 2400 km, doch sind davon nur 875 km (37%) ungefähr sechs Monate lang schiffbar – und auch dann nur mit Flachbooten. Unterentwickelt ist auch der Flugverkehr und das Kommunikationswesen – ganz zu schweigen von einer Eisenbahn, die es, mit Ausnahme einer 5 km langen Stromschnellen-Überbrückungsstrecke – nicht gibt. An Industrieunternehmen existierten 1985 im ganzen Land nur ein paar Dutzend Nahrungsmittel-, Genußmittel- und Holzverarbeitungsbetriebe. Sieht man einmal von der Elektrizitätserzeugung ab, so steckt die „Industrie" noch ganz in den Kinderschuhen. Besonders schlimm ist es um das Expertentum bestellt. Im Edelholzparadies Laos gab es beispielsweise 1983 nur elf Forstwirte.

Angesichts dieser Situation hat die Regierung sechs Entwicklungsprioritäten in folgender Reihe festgelegt: (1) Ernährungsautarkie, (2) Ausbau der Infrastruktur, (3) Industrialisierung und Nutzbarmachung der Rohstoffe, (4) Energieentwicklung, (5) Ausbildung und Erziehung sowie (6) Verbesserung des Gesundheitswesens. Wie es um den letzten Punkt bestellt ist, zeigen einige repräsentative Zahlen aus dem Jahre

1982: Lebenserwartung 46 Jahre, Kindersterblichkeit 200 per Tausend, mangelndes Hygienebewußtsein, weitverbreitete ansteckende Krankheiten wie Malaria, Ruhr, Lepra und Tuberkulose sowie Unterernährungssymptome. Die Verbesserung muß hier bei der Infrastruktur (Trinkwasser) einsetzen und die Vorbeugung (Impfung, Ernährung) in den Mittelpunkt stellen. Damit sind aber bereits wieder die anderen Entwicklungssektoren angesprochen. Man sieht: Die Probleme verzweigen sich hier springbrunnenartig ineinander.

2. Wirtschaftspolitische Grundentscheidungen in den drei Indochinaländern

a) Die zwei Hauptprobleme Vietnams

Die wirtschaftlich mit Abstand gravierendsten Herausforderungen Nordvietnams nach 1945 waren – neben der generellen Unerschlossenheit der natürlichen und menschlichen „Ressourcen" – vor allem die Winzigkeit der bäuerlichen Betriebsflächen und die Ungleichmäßigkeit der Bevölkerungsverteilung. 1940 hatten z. B. 60% der Bauernfamilien in Bac Bo (dem damaligen Tongking) mit weniger als 0,5 ha, in Trung Bo (Annam) 69% mit unter 1 ha auskommen müssen, also einem Minimum, das in der Regel nicht einmal die kümmerlichste Subsistenz zuließ. Darüber hinaus wiesen einige Provinzen des Roten-Fluß-Deltas (1985) Bevölkerungsdichten von 1000 E/qkm auf – in der Flächenprovinz Thai Binh sogar 1050 (Bundesrepublik Deutschland: 247).

Kein Wunder, daß sich die nordvietnamesische Führung von Anfang an auf diese beiden Kopfthemen mit solcher Intensität stürzte, daß alle anderen Fragen daneben in den Schatten gerieten. Dies hatte drei weittragende Folgen: Erstens nämlich wurden die Themen „Großbetriebseinheiten/ Umverteilung des Eigentums" und „Neue Ökonomischen Zonen (NÖZ)/Umverteilung der Bevölkerung" zu Leitmotiven der gesamten Entwicklungspolitik; zweitens entstanden hier

Lösungsschnittmuster, die später mechanisch auf andere Gebiete, vor allem das südliche Vietnam, übertragen wurden, wo sie zu Ungereimtheiten führten, weil dort ganz andere Voraussetzungen vorlagen. Drittens aber stach Hanoi mit der Kompromißlosigkeit seines „politökonomischen" Kurses in ein Wespennest. Wenn das deutsche Sprichwort „Viel Feind, viel Ehr'" zutrifft, so hatten die drei Führungen bald allen Grund, sich sehr geehrt zu fühlen – man denke an die südvietnamesische Bevölkerung, ja sogar an die meisten Mitglieder der früheren NLF, die sich durch den raschen Wiedervereinigungs- und Sozialisierungskurs Hanois überfahren fühlten und z. T. mit den Füßen abzustimmen begannen; man denke ferner an die Auslandschinesen sowie an die verschiedenen religiösen Gruppierungen, nicht zuletzt auch an die Minderheiten im Zentralen Hochland, von China und den meisten ASEAN-Ländern ganz zu schweigen. Kurzum, man hatte nicht nur jedes „kapitalistische Zwischenstadium übersprungen", sondern darüber hinaus auch den klassischen Grundsatz aller „Fronten-Politik" mißachtet, daß nämlich die koalitionsfähigen Kräfte maximal zu vereinen und die Zahl der Gegner auf die wirklichen Hauptfeinde einzuengen sei. Dieser Fehler ist nicht nur den Roten Khmer anzukreiden, die einen regelrechten Krieg gegen die eigene Bevölkerung – und gegen die eigene Vergangenheit – zu führen begannen, sondern auch den Entscheidungsträgern in Hanoi und Vientiane, die erst mit einigen Jahren Verspätung zu besserer Einsicht kamen und Selbstkritik durch Reformen übten. Der Konfliktkurs sollte Vietnam teuer zu stehen kommen (vgl. III).

Die nachfolgende Darstellung läßt sich von drei Gesichtspunkten leiten, nämlich der vietnamesischen Suche nach großbetrieblichen Strukturen, ferner der Umsiedlungsfrage, in deren Rahmenwerk andere sozioökonomische Probleme gleich mitbehandelt werden, und drittens der Industriepolitik, die höchst ungleichgewichtig vonstatten ging.

b) Die dreifache Umverteilung

An politischen Machtbefugnissen wurde verhältnismäßig wenig umverteilt: Sie gingen in allen drei Indochinaländern von den alten Oligarchien direkt auf die neuen über, nämlich die jeweiligen Kommunistischen Parteien (zur Partizipation vgl. unten S. 184 f.). Im übrigen jedoch fanden – unter dem Topos der „Dreifachen Revolution" (Produktionsverhältnisse, Technologie und Kultur) – einschneidende Umschichtungen statt, sei es nun bei der „Umverteilung des Wissens", bei den Gesundheitsdiensten oder, was hier näher zu behandeln ist, bei den Umschmelzungsprozessen im politökonomischen Bereich.

Die Umverteilung des Eigentums bei der Suche nach großbetrieblichen Strukturen: Bodenreform und Kollektivierung. Alle drei Indochinastaaten sind Agrarländer, in denen die Bauern mehr als 70% der Bevölkerung ausmachen. Die Revolutionierung gerade der Bauernschaft mußte daher ein primäres Anliegen der drei siegreichen KPs sein.

Allerdings stellte sich die soziale Lage der Bauern höchst unterschiedlich dar – am schlimmsten in dem seit dem 17. Jh. neukolonisierten Nam Bo, wo die Latifundienwirtschaft weitverbreitet war und wo nicht weniger als 45% der kultivierten Fläche zu Gütern mit über 50 ha Größe gehörten. Die Pachten überschritten dort nicht selten 50% der Ernteerträge. Rund 80% der zehn Millionen Mekongdelta-Bauern waren bis zum Ende der Kolonialherrschaft Pächter. In Bac Bo und Trung Bo dagegen herrschte Kleinbauernwirtschaft vor – ebenso übrigens wie in Kambodscha und Laos. Nach Jean Delvert, dem die Standardmonographie über den „Paysan Cambodgien" zu verdanken ist, teilten sich die 727 000 Bauern Kambodschas 1956 in eine Ackerfläche von 55 Mio. ha; 55% aller Eigentümer besaßen weniger als 1 ha, 25% zwischen 1 und 2 ha, 12% zwischen 2 und 5 ha, 7% zwischen 5 und 10 ha und nur 1% zwischen 10 und 20 ha. Das Grundeigentum war also, wenn man diesen Angaben folgt, im Vergleich zu anderen asiatischen Staaten, ungewöhnlich gleichmäßig verteilt. Die Plantagen ausländischer Einwanderer waren Einrichtungen, mit denen der Durchschnittsbauer nichts zu tun hatte. Einige marxistische Theoretiker, wie die später unter Pol Pot ermordeten Hu Nim und Hou Yuon, sprachen zwar von einer „versteckten" Ausbeutung in Form von Erntebeteiligungsverträgen und von „Schuldknechtschaft", die es in Einzelfällen zur Zeit Sihanouks in der Tat noch gab, doch handelte es sich hierbei auch nach dem von ihnen selbst vorgetragenen Zahlenmaterial um Marginalerscheinungen. Zumindest zur Zeit Sihanouks war Kambodscha ein Land, in dem die Landwirtschaft zwar höchst unterentwickelt war, die Bevölkerung aber keinen Hunger litt. Die „linke" Analyse war im Interesse einer Petitio principii übertrieben worden.

In Vietnam waren schon in vorkommunistischer Zeit drei „Bodenreform"-Versuche gestartet worden, nämlich unter Bao Dai (1948–1955), unter Ngo Dinh Diem (1955–1963) und unter Nguyen Van Thieu (1970 ff.). All diese Ansätze krankten jedoch daran, daß sie lediglich die Bodenpolitik des Vietminh konterkarieren sollten und nicht etwa einem aufrichtigen Eigenanliegen folgen.

Im Norden Vietnams war es unter kommunistischer Führung schon zwischen 1945 und 1956 zu einer „Landreformkampagne" gekommen, die zur Umverteilung des Bodens von den Grundbesitzern auf die sog. „Armen und Unteren Mittelbauern" und zur Aufhebung des traditionellen Gemeindelands geführt hatte. Das Motto lautete damals: „Das Land dem Pflüger". Anschließend folgte eine dreistufige Kollektivierungskampagne, die in den Jahren 1955 bis 1957 ablief und dem chinesischen Drei-Stufen-Schema nachempfunden, ja von chinesischen Beratern mitgesteuert war, und an deren Ende die Pflüger ihren Boden wieder an die neugegründeten LPGs verloren. Ziel der Vergenossenschaftlichung war vor allem die Gründung leistungs- und investitionsfähiger Großeinheiten sowie die Errichtung staatlicher Kontrolle über den Handel mit Landwirtschaftsgütern.

Seit 1976 war die Vergenossenschaftlichung nach dem „nördlichen Schema" auch für Südvietnam beschlossene Sache. Neben den Produktions- erstehen hier auch Vermarktungs- und Kreditgenossenschaften, die eng mit dem staatlichen Handelssektor zusammenarbeiten und an die Stelle der früheren Privathändler und Geldverleiher treten sollen, die aber alle an der Bürokratismus-Krankheit leiden.

Die vier Schlüsselelemente der SGP (Sozialistischen Großproduktions)-Politik sind Planung, Sozialisierung, technische Modernisierung und Ausbau der insgesamt 426 Kreise zu „Kommandohöhen" des Kollektivierungsprozesses.

Die Planung hat klare Ziel-Mittel-Vorgaben zu schaffen.

Die Sozialisierung soll mit der Verzettelung der traditionellen Kleinproduktion aufräumen und nebenbei auch die Autonomie des Dorfes einschränken.

Technische Modernisierung zielt vor allem auf Hochwasserbekämpfung und Bewässerungssicherung, auf Diversifizierung (Viehzucht, Fischerei, Forstwirtschaft, Hausindustrie, Anbau von Industrieernten) und auf eine „biologische Revolution" mit Hilfe von Hochertragssorten, wirksamerer Düngung und mit Schädlingsbekämpfung. Die Mechanisierung folgt erst an vierter Stelle.

Der „Kreis" schließlich soll das organisatorische Modul sein, bei dem sich Planung, Bewässerungskontrolle, Großinvestitionen und Verteidigungsüberlegungen zusammenschalten lassen – das Dorf wäre hierfür zu klein, die Provinz andererseits zu groß gewesen: Dies zumindest ist die „herrschende Lehre" seit dem IV. Parteitag von 1976.

In Laos und seit 1979 auch in der VRK sollte dieses mehrstufige vietnamesische Modell nachvollzogen werden, doch kam man dort selten über Stufe 1 (Gründung von „Gruppen der gegenseitigen Hilfe", Khrom samaki) hinaus.

Einen ungleich radikaleren Weg beschritten die Roten Khmer zwischen 1975 und 1978. Mit der Absicht, innerhalb kurzer Zeit die Versäumnisse von Jahrhunderten nachzuholen und gewaltige Bewässerungsanlagen hochzuziehen, erklärten sie den gesamten Boden Kambodschas zu Volkseigentum, zergliederten ihn in ein Raster von „Einsatzplätzen" und schoben auf jedes dieser organisatorischen Planquadrate Arbeitseinhei-

Bild 5: Genossenschaftlicher Reisladen in Cholon, dem „Chinesenviertel" von Ho Chih Minh-Stadt/Saigon

ten, deren 2000–3000 Mitglieder sich zum größten Teil aus früheren Stadtbewohnern rekrutierten, und die nach militärischem Muster geführt wurden. Das Kommando lag jeweils bei einer sog. „Solidaritätsgruppe", der Agitations- und Politkommissaraufgaben oblagen, und die auch das Exekutionsrecht hatte. Bei den Schanzarbeiten wurden Zehntausende von Städtern „durch Arbeit vernichtet". Trotz solcher Opfer erwiesen sich einige der neuen Dämme am Ende als so schlecht, daß sie den Fluten nicht standhielten und wieder zusammenbrachen.

Als die Roten Khmer Anfang 1979 verjagt wurden, waren die fünf Hauptschwächen der kambodschanischen Landwirtschaft nach wie vor existent, nämlich die mangelnde Sicherung der Landwirtschaftsflächen, der Engpaß beim Arbeitskräftepotential, der durch den Ausblutungsprozeß der vorangegangenen Jahre sogar noch verschärft worden war, ferner die „Bodenverschwendung" sowohl im extensiven als auch im intensiven Sinne, viertens der niedrige Bodenertrag (VRK: 1 t/ha, verglichen mit Thailand: 1,9 t/ha und Indonesien: 3,3 t/ha) und fünftens der Mangel an Zugtieren und an Düngemitteln. Hatte Kambodscha bis zum Sturz Sihanouks noch Reis exportieren können, so litt es jetzt Hunger und war auf die Mildtätigkeit des Auslands angewiesen.

Am „sanftesten" ging Laos vor, dessen städtische Bevölkerung jahrelang von den amerikanischen Verbündeten die höchste Pro-Kopf-Hilfe irgendeines Landes der Dritten Welt erhalten und die deshalb eine Art Rentnermentalität angenommen hatte. Jedermann in der Stadt erhielt hier die Anweisung, ein bestimmtes Gemüsesoll zu produzieren, ob es sich nun um Behördenangestellte, um Schulen oder aber um buddhistische Mönche handelte, die bisher ja nie körperlich gearbeitet hatten. Bis die ersten Sozialisierungsversuche anliefen, mußte viel Zeit vergehen.

Die Umverteilung der Bevölkerung: Sechs Funktionen der Entflechtungs- und NÖZ-Politik. Umsiedlungsmaßnahmen gibt es auch in anderen Ländern – man denke an das Xiafang-Kon-

Bild 6: Nhi Xuan, eine der zahlreichen „Neuen Ökonomischen Zonen",
rund 30 km nordwestlich von Ho Chih Minh-Stadt/Saigon. Die 1979 gegründete Zone umfaßt eine Gesamtfläche von 1600 ha und liegt auf jenem Ring Niemandsland, der während des zweiten Indochinakriegs um
Saigon herum (bis 1973) zur „Free Fire Zone" dekretiert worden war.
Es handelt sich hier um ein Sumpfgebiet mit hohem Säuregehalt, das im
Laufe der nächsten Jahre erst noch entwässert werden muß. Zu diesem
Zweck wurde ein rund drei Kilometer langer Zentralkanal gegraben, der
als Auffangbecken für das übersäuerte Wasser, aber auch als Transport-
straße für Schiffe und Fähren dient. Nhi Xuan ist eine „Staatsfarm" und
untersteht dem „Amt für freiwillige Jugendorganisation von Ho Chih
Minh-Stadt". Im Zuge der Bodenverbesserung werden hier nach und
nach Zuckerrohr und Ölpflanzen angebaut. Für Gemüse und Obst – von
Reis ganz zu schweigen – reichen die Wasser- und Bodenqualitäten noch
nicht aus. Man hofft aber auf eine allmähliche Besserung durch Regen-
wasser. In der NÖZ Nhi Xuan leben 1200 „freiwillige Jugendliche" aus
Saigon.

zept der VR China in den fünfziger und sechziger Jahren, an
das „Transmigrations-Programm" Indonesiens oder an die
Entstädterungspolitik der Roten Khmer. Was Vietnam anbelangt, so hat es einen Großen Umsiedlungsplan entworfen,

der die Versetzung von rund zehn Millionen Personen in dünnbesiedelte Außen- und Bergregionen zum Ziel hat, also ein Sechstel der gegenwärtigen 60 Millionen und ein Achtel der im Jahr 2000 zu erwartenden 75 bis 80 Millionen Vietnamesen. Bereits zwischen 1960 und 1975 waren im damaligen Nordvietnam 937500 Menschen in Erschließungsgebiete umgesiedelt worden. Nach demselben Schema kam es während des 1. Fünfjahresplans 1976–1980 zur Landverschickung weiterer 1,47 Millionen – diesmal in gesamtvietnamesischem Rahmen –, und zwischen 1981 und 1985 folgte eine weitere Million. Ein Drittel des „Zehn-Millionen-Programms" war damit bereits abgewickelt.

Sechs Ziele stehen hinter der NÖZ-Politik, nämlich gleichmäßigere Bevölkerungsverteilung, Neulandgewinnung, Beseitigung der Arbeitslosigkeit in den Städten, Verbesserung der Landesverteidigung, Institutionalisierung einer neuen Arbeitsteilung und Nomadenansiedlung.

Gleichmäßigere Bevölkerungsverteilung: Die Umverteilung erfolgt entweder innerhalb der einzelnen Provinzen, d. h. im allgemeinen von Tal zu Berg, wobei wieder die Kreise als organisatorische Dreh- und Angelpunkte dienen, oder über die Provinzgrenzen hinaus, und zwar von den Gunst- in die Defizitregionen. „Hauptabgabegebiete" sind hierbei die hoffnungslos übersiedelten Provinzen am Roten Fluß, vor allem aber Ho-Chi-Minh-Stadt/Saigon.

Als „Hauptempfangsgebiete" andererseits haben sich in den letzten Jahren die Berggebiete im Norden sowie im Zentralen Hochland und das östliche Nam Bo erwiesen, daneben aber auch Laos und die VR Kampuchea (zum Problem der „Vietnamisierung" vgl. oben S. 100f., 120f.).

Manchmal werden Dorfbevölkerungen in toto „verpflanzt", womit die Behörden einem politkulturellen Grundbedürfnis Rechnung tragen. Die Organisationen, von denen die Umsiedler aufgenommen werden, repräsentieren sich in drei Formen, nämlich entweder als Staatsfarmen, als LPGs oder aber als gemischt staatlich-kollektive Einrichtungen, wobei wiederum die Kreise die Hauptorganisationsarbeit leisten. Die

„Hauptabgabeprovinz" Thai Binh hatte bereits Mitte 1984 in 15 Provinzen 242 „neue Dörfer" aufgebaut und 182 LPGs gegründet.

Neulandgewinnung: 1985 befanden sich in Vietnam 5 557 000 ha bereits unter Pflug, während angeblich noch weitere 9 474 000 ha landwirtschaftlich zusätzlich erschlossen werden können. Bis zum Jahr 2000 sollen nach Regierungsplänen insgesamt 10 Mio. ha bewirtschaftet werden, womit gegenüber 1985 eine Verdoppelung erreicht wäre. 3 Mio. davon sollen im Norden und 7 Mio. im Süden liegen. Mit dieser Bodenerschließung erhofft sich Hanoi nicht nur die Lösung der Ernährungsfrage, sondern auch eine Aufstockung der Industrieernten.

Bekämpfung der Arbeitslosigkeit: In Vietnam gibt es zwar keine Arbeitslosenstatistik, doch hat ein Regierungssprecher im März 1985 bekanntgegeben, daß die vietnamesische Arbeitslosenzahl derjenigen Frankreichs etwa gleichkomme – 2,5 Millionen. Die Zahl der offenen Arbeitslosigkeit liegt also bereits höher als in der Bundesrepublik – ganz zu schweigen von der verdeckten Arbeitslosigkeit, die als Folge der weithin praktizierten Doppel- und Dreifachbesetzung auftritt. Die Regierung sucht diesem Mißstand, der einer sozialistischen Gesellschaft so gar nicht zu Gesicht steht, mit vier Maßnahmen beizukommen, nämlich erstens einer systematischen Förderung arbeitsplatzschaffender Industrien, wobei allerdings der Dienstleistungssektor nach wie vor Stiefkind bleibt, ferner durch die Entsendung von Arbeitskräften in die „Bruderländer" (die bis 1985 insgesamt 800 000 Kräfte helfen zugleich auch das Außenhandelsdefizit Vietnams teilweise abzutragen), drittens durch investitionsfördernde Maßnahmen (das entsprechende Gesetz von 1977 hat allerdings nicht die erwarteten Erfolge gezeigt, so daß 1986 eine günstigere Regelung nachgeschoben werden mußte) und viertens – eben – durch Umsiedlung der Städter in NÖZ.

Das Arbeitslosenproblem hat durch Südvietnam noch eine Verschärfung erfahren: Von den 24 Millionen Einwohnern des früheren Südvietnam lebten zur Zeit der Eroberung Saigons nahezu die Hälfte in Städten. Nur fünf der rund zehn Millionen Einwohner im erwerbsfähigen Alter arbeiteten damals in der Primärproduktion, 20% waren arbeitslos, nicht weniger als 30% im Dienstleistungssektor, im Handel und in der US-Etappe tätig. Saigon verbrauchte am Vorabend des Umsturzes das Vier- bis Fünffache dessen, was es erwirtschaftete. Die hohe Arbeitslosigkeit in den Städten hing mit der katastrophalen Landflucht im Verlauf des Zweiten Indochinakriegs zusammen. Saigon war seit dem Ende der französischen Kolonialzeit von 500 000 auf vier Millionen Menschen angewachsen. Im Vollzug des zum Zwecke der Vietcong-Bekämpfung ausgearbeiteten Stanley-Taylor-Plans von 1961, der die Errichtung sog. „strategischer Dörfer" vorsah, hatten Millionen von Bauern ihre Heimatdörfer verlassen und waren damit entwurzelt worden. Verslumung der Städte, Abhängigkeit der Wirtschaft vom Ausland und Ausblutung des flachen Landes waren – neben dem übermächtig ins Kraut geschossenen Tertiärsektor – die wichtigsten Erscheinungsformen der südvietnamesischen Gesellschaft am Vorabend der Niederlage. Während die Städte von arbeitslosen und „unproduktiven" Elementen überquollen, gab es auf dem Land brachliegende Reserven – nur rund 13% des Kulturbodens waren zu dieser Zeit agrarisch genutzt.

Verbesserung der Landesverteidigung: Seit dem chinesischen Großangriff vom Frühjahr 1979 gilt die Losung, daß der wirtschaftliche Aufbau und die Verteidigung des Landes siamesische Zwillinge sind. Vor allem in den nördlichen Grenzregionen sehen sich die Kreise aufgerufen, Hand in Hand mit neuen Landwirtschafts- und Industrieansiedlungen auch Verteidigungsnetzwerke in Form von Milizen und Betriebskampfgruppen aufzubauen.

Im April 1979 beschloß Hanoi, die China benachbarten Provinzen und Kreise zu wirtschaftlich und strategisch autarken Bastionen auszubauen, die jeweils von Hauptstreitkräften, Regionalverbänden und Volksmilizen unter einheitlichem Oberkommando verteidigt und von zusätzlich bereitstehenden mobilen Armee-Einheiten unterstützt werden sollen. Provinzen und Kreise sollten sich in „agro-industrielle Wirtschaftseinheiten" und in selbstverteidigungsfähige „Festungen" verwandeln. Zweck dieser neuen Politik war es, die Schwachstellen, die bei der Verteidigung gegen die chinesischen Angreifer zutage getreten waren, auszumerzen.

Schaffung einer „Neuen Arbeitsteilung": Hatten die NÖZ unmittelbar nach 1975 noch als eine Art Abschiebebahnhof für politisch unliebsame Bevölkerungsgruppen gedient, wo obendrein der „normale" Umsiedler mit „Umerziehungspflichtigen", ja Kriminellen zusammengewürfelt wurde, so sollen die Neuen Zonen zu authentischen Ansatzpunkten einer diversifizierten Wirtschaft werden. Ohnehin gedeihen in den Hochlandgebieten eher Industrie- als Nahrungspflanzen, vor allem Kautschuk, Kaffee, Zuckerrohr, Tabak und Jute. Diese Früchte anzubauen, sie zu verarbeiten und daneben noch Forstwirtschaft, Fischerei und Handwerk zu betreiben, ist vor allem eine Aufgabe der neuen Staatsfarmen, von denen es in Vietnam 1985 bereits 370 gab. Charakteristisch für die Staatsfarmen ist, daß sie hauptsächlich im Hochland liegen, daß sie überwiegend auf Plantagenwirtschaft sowie auf Viehzucht ausgerichtet sind und daß sie sich intensiv dem Außenhandel widmen. Ihre Produkte machten z. B. 1983 20% des gesamten vietnamesischen Landwirtschaftsexportwerts aus. Staatsfarmen entsprechen auch von ihren Größenordnungen her den Idealvorstellungen der Planer: Sie besitzen zusammen 250 000 ha Ackerland, also 3% der Kulturfläche Vietnams. Wie freilich läßt sich auf ihnen der Arbeitselan erhöhen? Lange Zeit galten sie bei der Bevölkerung als „Arbeitslager ohne Zaun", zumal die Insassen selten freiwillig gekommen waren und überdies unerschlossene Gebiete vorzufinden pflegten.

Am 27. März 1980 hat die Regierung einen Wechsel von der Zwangs- zur Anreizpolitik vollzogen. Umsiedler sollten künftig mehrere Jahre lang keine Steuern zahlen müssen, vom Militärdienst befreit sein und freie medizinische Behandlung erhalten. Außerdem wurden nun jugendliche Stoßbrigaden eingesetzt, die die wichtigsten infrastrukturellen Vorarbeiten zu leisten hatten, ehe die ersten Ansiedler anrückten.

Einbindung der Nomaden: Ein gerade im nördlichen und Zentralen Hochland nicht unwichtiger Teilaspekt der NÖZ-Politik ist die Ansiedlung von Nomaden, die sich ausschließlich aus nationalen Minderheiten rekrutieren. Beklagt wird immer wieder die Zerstörung von Bergwäldern durch den von Wandervölkern betriebenen Schwendbau. Auch aus sicherheitspolitischen Gründen empfiehlt sich die Ansiedlung. Bis 1985 waren von den zweieinhalb Millionen Nomaden bereits 25% an 200 Plätzen „zum Stillstand gebracht und in das ABC des stationären Feldbaus eingewiesen worden".

Die Umverteilung zugunsten der Schwerindustrie: Vom Elend des „bürokratischen Konservativismus". Unmittelbar nach dem Ersten Indochinakrieg und der Genfer Konferenz (1954) hatte Vietnam mit dem systematischen Aufbau seiner modernen Wirtschaft begonnen, der sich in drei Wirtschaftsplänen (Zweijahresplan 1956/57, Dreijahresplan 1958/60 und erster Fünfjahresplan 1961/65) niederschlug. Mit dem Ausbruch des Zweiten Indochinakriegs (1964/73), vor allem mit den zwei so verheerenden Wellen amerikanischer Luftangriffe auf Vietnam (1964/68 und 1972) waren jedoch schmerzliche Zäsuren gesetzt worden: Transportverbindungen wurden zerrissen, Großanlagen mußten aufgelöst und evakuiert und alle Planungen auf die Kriegsführung umgestellt werden. Schnell entwickelte sich eine veritable Kriegswirtschaft, in deren Rahmenwerk sämtliche Rohstoffe hoheitlich zugeteilt, Schwerindustrien bevorzugt, die Preise diktiert, eine egalitaristische Lohnpolitik betrieben, Ingenieure wie Soldaten behandelt und Konsumgüter nur aufgrund von Bezugsscheinen abgegeben wurden.

Dieses System einer rigiden und kaum noch transparenten Plan- und Befehlswirtschaft hätte nun eigentlich spätestens 1976, als der Bürgerkrieg längst zu Ende war und der Zweite Fünfjahresplan (1976/80) anlief, der Vergangenheit angehören müssen. Doch hatte sich der immer noch militärisch denkende Funktionärsapparat mittlerweile so sehr an Befehl und Zuteilung gewöhnt, daß er an dem „Bewährten" festhielt. Der im Norden angesiedelte Schwerindustriesektor bekam die mit Abstand höchsten Investitionen (1976/80: ungefähr 35%), so daß hier ein „Schwertyp, umgeben von einer Fahrradkultur" (R. Machetzki) entstand, während andererseits die im Süden konzentrierte Landwirtschaft fast leer ausging und überdies für ihre Produkte mit einem Almosen abgespeist wurde – ganz im Gegensatz zu den Gütern des Industriesektors, die Höchstpreise erzielten. Diese allen Grundregeln von Angebot und Nachfrage Hohn sprechende Investitions- und Preisscherenpolitik hatte zur Folge, daß die „politwirtschaftlichen" und die „marktwirtschaftlichen" Preise immer weiter auseinanderdrifteten. Für den einzelnen wurde dies besonders bei den Gütern des täglichen Lebens spürbar. Während beispielsweise Regierungsangestellte das Kilogramm Reis zum Preis von 0,4 Dong erhielten, kostete dieselbe Menge auf dem freien („schwarzen") Markt 40–50 Dong – mit der für den Verbraucher mißlichen Folge, daß der Wert des vietnamesischen Dong bereits Ende 1987 auf 0,16% seines Werts von 1976 abgerutscht war. Im gleichen Zeitraum waren die Einzelhandelspreise um das 623fache angestiegen. Im Vergleich zu 1976 hatte sich die Zahl der Banknoten i. J. 1987 um das 548fache vermehrt. Trotz mehrerer Währungsschnitte zwischen 1976 und 1985 belief sich die vietnamesische Inflation daher Anfang 1989 bereits auf rd. 1000% p. a.

Auch das Verhältnis des Dong zum US-Dollar entwickelte sich in katastrophaler Weise. Im November 1988 endlich zog die Staatsbank daraus radikale Konsequenzen und setzte den offiziellen Austauschkurs von 368:1 auf sage und schreibe 2600:1 fest – eine Gesamtabwertung von 86%! Bereits einen Monat später, nämlich am 15. Dezember, erfolgte dann eine erneute Abwertung des Dong, und zwar von 2600:1 auf 2800:1. Damit war die Landeswährung freilich immer noch zu hoch bewertet, da am freien Markt in Hanoi inzwischen 4500:1 gezahlt wurden.

Zur gleichen Zeit brachte die vietnamesische Wirtschaft das Kunststück fertig, Inflation und Deflation in einem zu produzieren. In den meisten „realsozialistischen" Staaten gehören niedrige Preise für Grundgüter, knappes Güterangebot und hoher Geldüberhang bei der Bevölkerung zum „Normalzustand". In Vietnam dagegen waren Ende der achtziger Jahre die Preise für Grundgüter in die Höhe geschnellt, während es gleichzeitig sowohl bei Banken als auch in den Privathaushalten an Geldmitteln fehlte.

Außerdem betrieb der Staat eine noch aus der Kriegswirtschaft herrührende egalitaristische, d. h. leistungsfeindliche Lohnpolitik und schleppte auch unrentable Betriebe sowie unfähiges und überzähliges Personal mit. Ein Übel zog das andere nach sich, bis man am Schluß entdeckte, daß die Ursache für all die Misere bei der „rein administrativen" Wirtschaftsverwaltung sowie bei der „bürokratischen Subventionitis" lag. Nun tendieren „realsozialistische" Gesellschaften in aller Regel dahin, zwei nebeneinander herlaufende Volkswirtschaften hervorzubringen, nämlich eine den Idealen der KP-Bürokratie verpflichtete „Politwirtschaft", und daneben eine ökonomischen Eigengesetzlichkeiten gehorchende sog. „Waren"-Wirtschaft, welch letztere in der Regel die prächtigsten Ergebnisse zeitigt, die nur den einen Nachteil haben, daß sie nicht ins Weltbild eines Großteils der Parteimitglieder passen. Zwei prinzipielle Möglichkeiten gibt es, um den Abgrund zwischen beiden Volkswirtschaften zu überwinden, nämlich entweder die Anpassung der „Waren"-Wirtschaft an die Politwirtschaft, oder umgekehrt.

Die Dogmatiker versuchen es noch allemal mit der ersteren Methode und wählen die bewährte Doppelstrategie der Ausschaltung des Marktes (der „Spekulation", des „Schmuggels" oder wie dergleichen Kampfansagen sonst lauten mögen) und – eben – der Subventionierung, während die Reformer „weniger Bürokratie und mehr Unternehmertum" sowie „weniger Staat und mehr Markt", d. h. also kostengerechtere Preise, Gestaltungs- und Haftungsautonomie der Betriebe, effektivere Bankenkontrolle etc. fordern.

An diesem Kreuzungspunkt war auch Vietnam Anfang der achtziger Jahre angelangt. Allzulange hatte man hier den Kopf in den Sand gesteckt, weil man sich scheute, die wahren

Gründe für das bisherige Versagen aufzudecken; würde man damit nicht die Axt an die Wurzeln des eigenen Systems legen? Zwar waren 1979 erste Reformbeschlüsse gefaßt worden, doch erwies sich der „bürokratische Konservativismus" damals noch als allzu kräftig: Im Landwirtschaftsbereich mochten Neuerungen ja gerade noch angehen – doch bitte nicht bei der Industrie!

Einen entscheidenden Schritt vorwärts brachte hier die Fundamentalkritik des ehemaligen Toppropagandisten Nguyen Khac Vien in Form eines Offenen Briefes an die Mitglieder der Nationalversammlung vom 29. Juni 1981, die in ganz Vietnam Staub aufwirbelte. Vien kreidete der Parteiführung folgende fünf Fehler an:

Eine hastige Sprung-Vorwärts-Mentalität bei der Wirtschaftsplanung: Dem Investbau sei zuviel Geld zugewiesen, die Kollektivierung im Süden zu schnell vorangetrieben, die Kollektivierung im Norden in zu großen Einheiten angeordnet und die „Neuen Ökonomischen Zonen" seien zu unvorbereitet besiedelt worden.

In den Schlüsselpositionen sitze allzuviel Mittelmaß; alte und mediokre Funktionäre würden gefördert, junge und innovationsbeflissene aber gebremst.

Ständig mische sich die KP in die Regierungs- und Managementangelegenheiten ein, was um so schlimmer sei, als die Parteigremien oft keinerlei Fachverstand bewiesen.

Engstirniger Nationalismus habe zu der Annahme geführt, daß Vietnam im außenpolitischen Bereich die einzelnen Mächte gegeneinander ausspielen könne.

Nicht zuletzt aber habe es die Partei bisher versäumt, die für die Wirtschaftskatastrophen der vergangenen Jahre verantwortlichen Personen zur Rechenschaft zu ziehen.

Aus diesem „J'accuse" ist inzwischen eine dreifache Konsequenz gezogen worden, und zwar erstens die Entlassung unfähigen Personals beim V. Parteitag (1982) und bei den Parteibuch-Austauschaktionen von 1983, zweitens die Herstellung einer gewissen „sozialistischen Legalität" durch Erlaß von Vorschriften gegen illegale Geschäfte sowie durch Verkündung des Strafgesetzbuches von 1985, und drittens durch eine Reihe von Reformbeschlüssen: Das 5. Plenum des V. ZK (Dezember 1983) brachte Neuerungen im Distributions- und das 6. Plenum (Oktober 1984) im Betriebsleitersystem. Zentrales Thema des 7. Plenums (Dezember 1984) war die Wirtschaftsplanung, und beim 8. Plenum (Juni 1985) ging es gar an Preise, Löhne und Währung. Die Preise sollten von nun an markt-, die Löhne leistungsgerechter und die Währung inflationsunanfälliger werden.

Dies alles konnte freilich nur gelingen, wenn Staat und Partei sich künftig diszipliniert zumindest aus dem Wirtschaftsgeschehen heraushielten, wenn sie also genau das Gegenteil dessen taten, was sie seit 1954 tagtäglich praktiziert hatten.

V
Kultur und Wertvorstellungen

1. Die Kultur Vietnams: Vierfaches Erbe und Authentizität

Bei der vietnamesischen Kultur hat man es keineswegs, wie immer wieder behauptet wird, mit einem bloßen Ableger des Reichs der Mitte zu tun. Ganz gewiß hat China zwar als Hauptlieferant gedient, doch sind daneben noch drei weitere Quellen hinzugekommen, so daß sich daraus ein höchst verschichtetes Gebilde entwickelt hat.

a) Austropazifische Unterströmung

Da ist zunächst der „austropazifische" oder „indonesische" Kulturkreis, von dem an der Oberfläche zwar nur bescheidene Spuren zurückgeblieben sind, der aber gleichwohl die dunkle Grundströmung der vietnamesischen Tradition ausmacht, und dessen Reste immerhin noch erkennen lassen, daß Vietnam in seiner „vorchinesischen" Zeit an der Schnittlinie gesamtsüdostasiatischer Verbindungen lag.

Austropazifischer Herkunft sind vor allem der vietnamesische Ursprungsmythos, ferner architektonische Grundelemente (z. B. die reichliche Verwendung von Pfeilern bei gleichzeitig sparsamsten Zwischenwänden am Đinh, dem Dorfhaus), des weiteren die (später durch den Konfuzianismus verschüttete) matriarchalische Familienorganisation und nicht zuletzt die Grundmuster der vietnamesischen Sprache.

Die dominierende Stellung der Frau in der altvietnamesischen Gesellschaft hatte ihren Nachklang noch in den antichinesischen Aufständen der Schwestern Trung (40–43 n. Chr.) und der Fürstin Trieu Au (248 n. Chr.). Auch heutzutage haben Frauen in Vietnam im allgemeinen eine stärkere Position als in China.

Was die vietnamesische Sprache anbelangt, so wird sie von Henri Maspero zwar dem Thai und von Souvigné dem Indo-Malaiischen zugeordnet. Die meisten vietnamesischen Philologen jedoch neigen dazu, dem Mischcharakter ihres Idioms Rechnung zu tragen und eine allzu einseitige Zuweisung zu unterlassen. Am besten solle man sich doch mit einer großzügigen Zuordnung zur austropazifischen Familie „einstweilen zufrieden geben".

Die bekanntesten Wahrzeichen für kontinental-insulare Querverbindungen in vorgeschichtlicher Zeit sind jene bis zu 2 m hohen, kunstvoll skulpturierten und über ganz Südostasien verbreiteten Bronzetrommeln, die der – nach ihrem ursprünglichen Fundort in Zentralvietnam benannten – sog. „Dongson-Kultur" zugeordnet werden.

b) Hauptquelle China

Mit seiner Kolonisierung durch das chinesische Han-Reich tritt Vietnam ins Licht der Geschichte. Schon der Name „Vietnam" ist chinesischer Provenienz und bedeutet soviel wie „Land südlich der Yue" – ein weiterer Beweis dafür, daß das „Reich der Viet" (Yue) ursprünglich weitaus nördlicher, nämlich am unteren Yangtse (Changjiang) gelegen hat. Daneben gab es auch noch die chinesischen Bezeichnungen „Annan" („befriedeter Süden") und Jiaozhi (vietn.: Giao-chi), was soviel heißt wie „Gekreuzte Zehen" – wohl die phonetische Umschreibung einer vorgefundenen fremdsprachlichen Ortsbezeichnung.

Aus China kamen ferner auch die Grundelemente der vietnamesischen Gesellschaftsordnung:

Im Familiensystem setzte sich die konfuzianische Wertordnung der Mingfen (wörtlich: „Pflichten entsprechend der Bezeichnung") durch. Der „Vater", der „Zweite Onkel" oder die „Dritte Tochter" hatten demgemäß innerhalb der Familie eine genau definierte Position mit präzise festgelegten Rechten und Pflichten, Titulierungen und Verhaltensregeln. Man erwartete eine exakte Identität von Funktionsbezeichnung und

Bild 7: Kulturelle Tradition: Vietnam ist im wesentlichen ein Land des Konfuzianismus, Kambodscha – ebenso wie Laos – eine theravadabuddhistische Gesellschaft.
Die Konfuziusanlage in Hanoi – älteste Hochschule des Landes mit 900-jähriger Tradition.

Funktionsrealisierung, von Theorie und Praxis. Familienleben war also im Idealfall ein Maskenspiel mit genau festgelegten Rollen und ohne die Möglichkeit zu freier Improvisation. Es herrschten präzise abgestufte Hierarchien in der Reihenfolge Alter vor Jugend, Familie vor Individuum und Mann vor Frau. Das altvietnamesische Matriarchat geriet schnell in Vergessenheit. Zur Familie gehörten auch die Ahnen, und es war ganz und gar unverzichtbar, einen männlichen Nachfolger hervorzubringen, der allein das Ahnen-Zeremoniell wahrnehmen durfte.

Die einzelne Familie war in aller Regel Teil eines Clans (ho oder toc), der wiederum aus mehreren Clanzweigen (chi) bestand. Das Oberhaupt des ältesten Clanzweigs fungierte als

Clanchef. Der Clan verfügte im allgemeinen über einen Ahnentempel, der mit Mitteln eines eigens dem Ahnenkult gewidmeten Sondervermögens unterhalten, und in dem der Stammbaum geführt sowie das kultische Zeremoniell an den Feiertagen abgehalten wurde. Der Ahnenkult leistete den entscheidenden Beitrag für die „Herrschaft der Toten über die Lebenden" und für die Heiligung der Vergangenheit in der Gegenwart, wie ja der Konfuzianismus überhaupt das Augenmerk auf Wertesysteme der Vergangenheit lenkte, also für eine konservative Grundstimmung sorgte und die Zukunft weitgehend ignorierte.

Vietnamesische Dörfer bestanden manchmal aus nur einem, dann aber auch wieder aus mehreren Clans, deren Mitglieder jeweils einen einheitlichen Familiennamen führten – und nicht untereinander heiraten durften. Angesichts der Verklammerung von Familien- und Dorfverband spiegelte sich das Mingfen auch in der Gemeinde wider. Die Rolle des Familienvaters wurde hier vom Ältestenrat, die des Familienschreins vom Dorftempel (Đinh) und die des Familienkults vom Dorfgottkult übernommen.

Das Mingfen bestimmte darüber hinaus – zusammen mit dem „Zhengming" („Richtigstellung der Namen") – auch das gesamte Regierungssystem. Der König war Pater familias des ganzen Volkes, wie umgekehrt der einzelne Vater die Stellung eines „Familienkönigs" hatte. Der Staat wurde als hierarchisch gegliederte Großfamilie begriffen: An der Spitze stand der absolute Monarch, der mit den jenseitigen Mächten Verbindung hielt, permanent die „Himmelsbefehle" übermittelte und durch sein vorbildhaftes Verhalten erzieherisch auf die Untergebenen wirkte. Entsprach sein Verhalten allerdings nicht seiner Position, so verlor er den Titel des „Königs" und war damit ein Niemand, der gestürzt werden konnte – dies ist die Bedeutung des (sogar noch von den Marxisten gerühmten) Zhengming. Der König/Kaiser war also Vermittler des himmlischen Mandats und zugleich Dienstherr einer Beamtenschaft, die – ebenfalls nach chinesischem Muster – in dreistufigen Staatsprüfungen gesiebt und in zwei Klassen (Zivil- und Militärbeamte) eingeteilt wurden. Die Beamtenschaft (si) stand in der Gesellschaftspyramide ganz oben, gefolgt von den Bauern (nong), den Handwerkern (cong) und Kaufleuten (thuong), welch letztere damit gleichsam den Bodensatz der Gesellschaft bildeten – eine typisch konfuzianische Sichtweise.

Das chinesische System des Baus von Königspalästen, der Einhaltung strenger Hofprotokolle, der Rekrutierung ziviler und militärischer Beamter und der Benennung von Herrschern nach bestimmten Regierungslosungen wurde in Vietnam zum ersten Mal mit dem Antritt der Dinh-Dynastie im Jahr 968 praktiziert. Vietnam übernahm im Laufe der Zeit auch die chinesische Zentralverwaltung, u. a. das System der „sechs Ministerien" (Finanzen, Riten, Verteidigung, Justiz, Beamtenwesen und öffentliche Dienstleistungen) sowie das Zensorat, ferner die Lokaladministration (Einteilung in „Provinzen": „lo", Kreise: „phu" und „Unterkreise": „chau"), des weiteren die Königlichen/Kaiserlichen Hochschulen (seit 1076), das Mandarinatssystem (seit 1089), das dreistufige Staatsexamen (seit 1232), die chinesische Strafgesetzgebung, die Armeeordnung und das Münzsystem.

Aus China stammte nicht nur der Konfuzianismus, sondern auch der Daoismus – letzterer allerdings weniger in seinen philosophischen als vielmehr in seinen volkstümlichen Ausformungen. Den Bauern gefiel es, zum Ngoc hoang (Jadekaiser) und zu all seinen (nach Beamtenkategorien eingestuften) Untergebenen zu beten, sei es nun zu den Höllen- oder Wasserkönigen oder aber zum populären Küchengott, der alljährlich am Neujahrstag dem Jadekaiser einen Familienbericht abstattete, und den man deshalb kurz vor seiner „Abreise" bestach, indem man seinen Mund (auf einem Holzschnitt) mit Honig bestrich. Der Daoismus wurde auch zur Quelle von Horoskopen, Handleserei, Geomantik und Gesundbeterei; er beschwingte den Kult der „Geister der drei Welten" (des Himmels, der Erde und des Wassers) und nicht zuletzt die Heldenverehrung, die in Vietnam fast noch buntere Blüten trieb als in China; sahen sich hier doch vor allem die Widerstandskämpfer gegen den chinesischen Kolonialismus jeweils schon bald zu göttlichem Rang erhoben. Mit all diesen göttlichen Wesen konnte der Gläubige auf dem Umweg über ein priesterliches Medium in Kontakt treten.

Aus China stammten des weiteren Schrift und Literatur: von der Geschichtsschreibung bis hin zu den Wasserzeichen der Poesie. Es dauerte mehrere hundert Jahre, ehe an die Seite der chinesischen Originalcharaktere, der sog. „Chu-nho" („Gelehrtenschrift"), eine abgewandelte, demotische Schrift, das „Chu-nom", und anstelle einer rein chinesisch verfaßten Literatur ein eigenes vietnamesisches Schrifttum trat. Das Chu-nom unterschied sich vom Chu-nho dadurch, daß die Deuter (Bedeutungsanzeigeelemente) des betreffenden Zeichens zwar beibehalten, daß aber die Lauter (Lautanzeigeelemente) der vietnamesischen Aussprache angepaßt wurden. Solche Emanzipationsversuche begannen im 13. Jahrhundert, also während der Tran-Dynastie; in Blüte freilich kam die Chu-nom-Literatur (mit ihren Balladen und Erzählungen) erst zwischen dem 16. und dem 19. Jahrhundert.

Besonders stark war der Sinisierungsprozeß im Bereich der Kunst: Bei der Architektur übernahmen die Vietnamesen den chinesischen Brauch, die Lage eines Hauses nach geomantischen Gesichtspunkten festzulegen und religiöse Gebäude nach drei Systemen zu gliedern („chua": buddhistische Tempel, „den": daoistische Tempel und „wan-mieu": Konfuzius-Tempel); sie bedienten sich auch chinesischer Gestaltungselemente (Steinterrassen, geschwungene Dächer in Drachen- oder Phönixform, spezifische Farbgebungen), bauten Stadtmauern und -tore und richteten den Grundriß offizieller Gebäude nach dem Duktus bestimmter chinesischer Schriftzeichen aus, z. B. dem Wort „gong" („Arbeit") 工, oder aber „men" („Tor") 門.

In der Bildhauerkunst übernahmen die Vietnamesen chinesische Symbole wie die Riesenschildkröte (Sinnbild des langen Lebens und der Dauerhaftigkeit), auf deren Rücken Stelen mit Inschriften und Reliefs angebracht wurden, ferner Löwen, die vor Tempeleingängen drohend die Zähne fletschen, Drachen, die sich an Palastbalustraden hochwinden und gleichnishaften Pflanzen wie Bambus, Pflaumenbaum und Chrysantheme.

Bild 8: Alte Kunst in Hanoier Museen.
Klassische Skulptur eines Luohan, also eines buddhistischen Einsiedlers.
Man beachte die realistische Lebendigkeit dieser aus dem 18. Jhdt. stammenden Plastik.

Die Maler rezipierten die Technik der Tuschzeichnung auf Seide oder Reispapier und schränkten ihre Themenwahl auf bestimmte Topoi ein, z.B. die „Vier heiligen Tiere" (tu-linh): Drache, Einhorn, Schildkröte und Phönix, ferner die „Vier Jahreszeiten" (tu-qui), die „Fünf Segnungen" (ngu-phuc), nämlich Reichtum, Ehre, langes Leben, Gesundheit und Frieden sowie die „Drei im Überfluß" (tam-da), nämlich Reichtum, Glück und langes Leben. Auch im Theater und in der Musik setzten sich chinesische Einflüsse durch, obwohl hier auch indische Cham-Traditionen mitprägend wurden.

c) Zugaben Indiens

Wie nun steht es um die indische Hinterlassenschaft? Indien hat die vietnamesische Kultur auf drei Wegen, nämlich direkt, indirekt über China und indirekt schließlich über das Cham-Reich, beeinflußt.

Die direkte Vermittlung erfolgte über buddhistische Mönche, die bereits im dritten nachchristlichen Jahrhundert nach Vietnam gekommen waren. Weitaus wichtiger sollten jedoch die indischen Einflüsse via China und via Champa werden. Chinesische Wandermönche, die sich auf ihrer Reise nach Indien bisweilen auch im nördlichen Vietnam niederließen, prägten durch ihre Lehrtätigkeit nicht nur den Mahayana-Buddhismus, sondern auch die religiöse Sprache Vietnams entscheidend mit. (Zum vietnamesischen Buddhismus vgl. unten V.2.) Was schließlich die Cham anbelangt, die sich zum Buddhismus (und Hinduismus) bekannten, ehe sie dann im 10. und 11. Jh. zum Islam übertraten, so waren schon lange vor der Eroberung Champas durch die Vietnamesen Cham-Mönche nach Nordvietnam gekommen und hatten für die Verbreitung des Mahayana sowie der Cham-Kultur Sorge getragen. Es waren vor allem Ziegeltürme, Tierreliefs, Skulpturen von Cham-Gottheiten und steinerne Andachtspfeiler entlang der Straßen, die in die vietnamesische Kunst Eingang fanden. Auch die Steinelefanten und Adoranten, die vor so manchem Tempel oder Schrein in Reih und Glied aufgestellt sind, gehen offensichtlich auf Cham-Einflüsse zurück. Denselben Weg nahmen Fabeln indischen Ursprungs, musikalische Anregungen sowie eine Reihe von Musikinstrumenten.

d) Die Katholische Mission und das säkulare Vermächtnis Frankreichs

Das vierte Stockwerk des vietnamesischen Kulturgebäudes stammt aus Europa.

Ähnlich wie mit Indien vollzog sich die erste Kontaktnahme zu Europa auf religiösem Gebiet. Die eigentliche (zunächst fast ausschließlich katholische) Missionstätigkeit setzte nach der Eroberung Malakkas durch die Portugiesen (1511) ein. Schon Mitte des 16. Jh. waren portugiesische Dominikaner sowie italienische und französische Jesuiten in allen Ecken Vietnams tätig, unter ihnen (seit 1626) Alexandre de Rhodes, der nicht nur den ersten Katechismus auf Vietnamesisch (1650) sowie ein vietnamesisch-portugiesisch-lateinisches Wörterbuch (1651) verfaßte, sondern überdies ein Episkopat in Vietnam einrichtete und überhaupt zum Apostel Indochinas werden sollte.

Den Missionaren folgten die Vertreter der Ostindischen Kompanien, zuerst die Holländer, dann die Briten und schließlich die Franzosen. Im Gegensatz zu ihren Konkurrenten legten die Franzosen Wert auf eine Verquickung von religiösen, politischen und kommerziellen Aktivitäten.

Vietnam, das zu dieser Zeit von den beiden Clans der Trinh und der Nguyen beherrscht war, reagierte auf das Eindringen der Ausländer zuerst mit Mißtrauen, dann mit konfuzianisch-moralischen Ermahnungen an die Bevölkerung und schließlich, seit 1665, mit systematischen Christenverfolgungen. Gleichwohl ging die Missionsarbeit erfolgreich weiter und erhielt vor allem im Zeichen der 83jährigen französischen Kolonialherrschaft (1862–1945) neuen Auftrieb. 1933 wurde in Vietnam zum ersten Mal ein einheimischer Bischof ernannt.

Das goldene Zeitalter der Katholischen Kirche aber begann 1954, als es den Bewohnern beider Vietnams durch die Genfer Indochinabeschlüsse freigestellt wurde, sich innerhalb einer bestimmten Frist „ihren" Landesteil auszusuchen. Rund 800 000 nordvietnamesische Katholiken stimmten damals mit den Füßen ab und siedelten nach Südvietnam über, wo sie zum größten Teil – Antikommunisten, die sie waren – vom Staats- und Militärapparat des katholischen Präsidenten Ngo Dinh Diem aufgesogen wurden. Obwohl die 1,9 Millionen Katholiken Südvietnams damals nur rund 5% der südvietnamesischen Bevölkerung ausmachten, stellten sie – z. B. im Jahr 1960 – 66% der Senatoren, 30% der Abgeordneten im Parlament, 21% der höheren Offiziere, 15% der Hauptleute, 12% der Leutnants und sämtliche Schlüsselminister im Kabinett. Unter den zehn Divisionen, die nach 1954 zum Kampf gegen Nordvietnam aufgerüstet wurden, befanden sich zwei nahezu vollständig katholische Einheiten, nämlich die vom späteren Präsidenten Nguyen Van Thieu befehligte 7. Division (90%) und die 2. Division (75%). Auch an den Universitäten und bei den Kommunikationsmitteln waren die Katholiken überrepräsentiert. Je mehr der Katholizismus sich zur „Bastion des Antikommunismus" entwickelte, desto mehr Unterstützung erhielt er aus aller Welt, vor allem von Seiten der USA. Die Kirche wurde damals in kürzester Zeit wohlhabend. Sie erwarb Grund- und Plantagenbesitz, Grandhotels (u. a. das Saigoner „Caravelle"), Banken (u. a. die Saigoner Dai Nam) sowie zahlreiche Schul- und Sozialeinrichtungen, durch deren wohltätiges Wirken dem Kommunismus der Wind aus den Segeln genommen werden sollte.

Kein Wunder, daß der Katholizismus von den kommunistischen Siegern nach 1945 mit äußerster Skepsis betrachtet und – allen offiziellen „Autonomie"-Versicherungen zuwider – immer wieder repressiv behandelt wurde. Da die Achillesferse der katholischen Kirche beim Priesternachwuchs liegt, setzte der Staat gerade hier die Sonde an.

Weitaus stärker noch als alles Christentum hat aber das säkulare Frankreich auf Vietnam eingewirkt, sei es nun auf dem Gebiet der staatlichen Organisation, der Naturwissenschaft und Technik oder aber der Sprache und Kultur.

Nachdem 1915 das konfuzianische Prüfungssystem abgeschafft und damit die wichtigste Sperre gegen westliche Einflüsse niedergerissen worden war, standen der französischen Zivilisation Tür und Tor offen – freilich nur in den Städten, nicht auf den Dörfern, wo 90% der Bevölkerung lebten. Jetzt auch fand die lateinische Umschrift des Vietnamesischen, die Quoc-ngu, die erstmals bereits von Alexandre de Rhodes in dem oben erwähnten Wörterbuch verwendet worden war, allgemeine Verbreitung – und konnte damit zum offiziellen Schriftsystem Vietnams werden. Aus dem Französischen kamen die meisten Übersetzungen sowohl naturwissenschaftlichen als auch literarischen und gesellschaftsphilosophischen Inhalts. Frankreich lieferte die Vorbilder für Architektur, Malerei und Musik, aber auch für die Geburt einer (bis dahin unbekannten) öffentlichen Presse – nicht zuletzt auch für die Formulierung emanzipatorischer Ideen. Letzteres geschah seitens Frankreichs höchst unfreiwillig, wurde aber gefördert durch den Versuch, den wohlhabend-gemäßigten Teil der vietnamesischen Bevölkerung in die französische Gemeinschaft zu integrieren, die übrige Bevölkerung aber dem Schicksal des Analphabetismus zu überlassen. Von dieser tiefen Widersprüchlichkeit in der französischen Politik profitierte am Ende auch die vietnamesische Linke, deren Führer, Ho Chi Minh, bei der KPF in die marxistische Schule gegangen war.

Das chinesische Vorbild trat in den Jahren der französischen Kolonialherrschaft fast ganz in den Hintergrund. Erst nach 1945, als sich die Kommunisten im Norden etablieren konnten, wurde China erneut zum Leitstern – zuerst im positiven, und dann (seit 1978) im negativen Sinn.

2. Kambodscha und Laos: Die Allgegenwart des Buddhismus

a) Der Selbsterlösungsbuddhismus in seiner traditionellen Form

Kambodscha und Laos haben mit Vietnam zwar einige austropazifische Urelemente, u.a. die Entstehungsmythen sowie einen dünnen kolonialfranzösischen Firnis gemeinsam, nicht jedoch den chinesischen Einfluß. Vielmehr gehören sie seit dem

13. Jh. (neben Ceylon, Birma und Thailand) zu den klassischen fünf Ländern des Selbsterlösungsbuddhismus (auch Theravada: „Lehre der Alten" oder Hinayana: „Kleines Fahrzeug" genannt), während in Vietnam überwiegend Spielarten des Gnadenbuddhismus (Mahayana: „Großes Fahrzeug") bestimmend waren.

Gesellschaftlich gesehen erfüllte das Theravada eine Doppelfunktion, nämlich Sinngebung für die „Hütten" und Legitimation für die „Paläste".

Sinngebung für die „Hütten". Der zumeist analphabetischen Bevölkerung vermittelte der Erlösungsbuddhismus ein festes Gerüst von Glaubensinhalten und Regeln für die Alltagsheiligung, die das Dorfleben so engmaschig ausfüllten, daß für „säkulare" Freiräume kein Platz blieb. Leben war Religion, und Religion war Leben.

Glaubensinhalt und Ethik waren, verglichen mit dem tibetischen oder dem Mahayana-Buddhismus, von einfachster – und strenger – Beschaffenheit. Dies sind einige seiner Grundlehren:

Dein Leben ist ein langer leidensvoller Weg durch zahllose Existenzen, der Tod dagegen nur eine Episode. – Was Du in diesem Leben säst, erntest Du nach Deiner Wiedergeburt im nächsten. – Jede neue Existenz bringt neues Leid, aber auch eine neue Chance für Dich. – Einziger Lebenszweck muß es sein, Dein Karma (Vergeltungskausalität) zu verbessern. – Höchstes Ziel ist Sterben ohne Reinkarnation: Du erlischst wie eine Kerze und gehst ein ins „Nirwana".

Dein Karma läßt sich verbessern durch Einsicht in die Nichtigkeit und Leiderfülltheit allen Seins, oder aber durch gutes Tun („Verdienste"); der erstere Weg (Studium und Meditation) ist hauptsächlich den Mönchen vorbehalten, der letztere eignet sich auch für Dich, den Laien.

Sammle „Verdienste", indem Du den Mönchen Reis spendest, indem Du eine Buddhastatue mit Blumen umkränzst, sie mit kühlendem Wasser übergießt oder sie mit Blattgold verzierst, indem Du an Wallfahrten teilnimmst oder aber eine fromme Statue, vielleicht sogar einen Tempel stiftest.

Sei tolerant gegenüber Deinem Nächsten, der wie Du seinen einsamen und mühevollen Erlösungsweg geht, hasse ihn nicht und bringe ihm auch keine Neidgefühle entgegen; denn der Reiche war Schmied seines Glücks – im vorigen Leben, der Arme dagegen ist elend in selbstbewirkter Konsequenz. Klassenkampf oder Neid enthalten einen doppelten Denkfehler: Sie sind blind für das unerbittlich wirkende buddhistische Gesetz von Ursache und Wirkung, und sie verringern gleichzeitig Dein Karma.

Sei auch gut zu den Tieren; mißhandle und töte sie nicht, gib ihnen vielmehr die Freiheit zurück; denn im Geiste des Karma sind sie Deinesgleichen und befinden sich lediglich noch auf einer etwas niedrigeren Existenzebene als Du.

Jage nicht hinter irdischen Gütern und Vergnügungen her: Sie gaukeln Dir nur Glücksverheißungen vor, und Du bist am Ende noch „durstiger" und leidverstrickter als vorher.

Versetz Dich in die Nachfolge Buddhas, des Erleuchteten, der Dir einen möglichen Selbsterlösungsweg vorgelebt hat und der nicht ein Gott, sondern ein menschliches Vorbild – für Dich – sein wollte. Schau auf die Tempelmalereien mit den zwölf Stationen seines Lebens und den fünfhundert Stationen seines Vorlebens – und lerne daraus! Achte auf die Erläuterungen der Mönche und vergiß nie: Du bist Dein eigener Schöpfer, Dein Erlöser und Dein Verderber. Es gibt kein Schicksal außer Dir! Es gibt auch (anders als im Christentum oder im Mahayana-Buddhismus) keine Vergebung („Gnade"), sondern nur Vergeltung nach dem Maß Deiner Verdienste oder Deiner Unterlassungen!

Dies sind strenge und melancholisch stimmende Gebote, die den Laien zumeist überfordern. Kein Wunder, daß der Dorfbuddhismus selten von reiner Beschaffenheit blieb, sondern Beimengungen sowohl des Hinduismus als auch des vorbuddhistischen Animismus annahm. Buddha, das personifizierte Selbsterlösungsmodell, wurde für den Durchschnittsbauern zu einem jener bereits in vorbuddhistischer Zeit verehrten unzähligen Magier und „Geister" (in Kambodscha: „Neak ta" genannt), die das Unviersum füllten, und denen man mit Weihrauch und Verbeugungen oder aber mit magischen Beschwörungen begegnete.

Trotz solcher Vermengungen aber brachte der Buddhismus einen Menschentyp hervor, dem Einzelgängertum, Geringschätzung wirtschaftlichen Erfolgstrebens, Toleranz, resignative Milde, Diät im Geistigen und Körperlichen und Egalitarismus zur zweiten Natur geworden sind.

Architekten und Vermittler des buddhistischen Weltbildes waren die Mönche, die im Sangha, also der Mönchsgemeinde, organisatorisch zusammengefaßt waren, und die ihre Repräsentanten nicht nur bei Hofe, sondern auch in jedem einzelnen Dorf hatten, wo sie den Bauern einen frugalen, der Frömmigkeit gewidmeten Alltag vorlebten.

Im traditionellen Kambodscha oder Laos begann der Tag mit dem Hahnenschrei und dem kurz darauf ertönenden Tempelgong, der andeutete, daß es Zeit sei, die Mönche mit dem Morgenmahl zu versorgen, woraufhin die ersten Spender mit ihren Bambusstangen von überall her auf den schmalen Dorfwegen zum Wat (Tempel) eilten. Anschließend wurde (in Laos) der Erdgöttin ein Opfer gebracht, und erst dann ging man ans eigene Frühstück.

Keine Lebensstation ohne die Mönche: Sie gestalteten die Riten bei der Geburt, bei der Hochzeit, bei der Beerdigung, und sie gaben dem Neugeborenen einen Namen. Mit dem Erreichen des 10. Lebensjahres wurden die meisten Jungen zu religiösen Unterweisungen in den Tempel geschickt, wo sie vorübergehend Tonsur und die safrangelbe Robe nahmen. Ob der Novize nun im Sangha verblieb oder aber wieder ins zivile Leben zurückkehrte – Mönche würden in jedem Fall als Ratgeber und Verwalter der Riten auch weiterhin seinen Lebensweg mitbestimmen – ob nun bei den Dorf- oder den Familienfeiern.

Legitimation für die „Paläste". Buddhismus und Sangha dienten aber nicht nur den „Hütten", sondern stützten auch die „Paläste": In Kambodscha und Laos präsentierten sich Könige und

Aristokratie einerseits als Nachkommen der Kulturheroen und Urahnen des Volkes (Abstammungskriterium) und legitimierten ihre Herrschaftsbefugnisse andererseits mit ihren „Verdiensten" in früheren Lebenszyklen (buddhistisches Kriterium). Kein Wunder, daß König und Sangha in einem fast symbiotischen Verhältnis zueinander standen. Zog der König beispielsweise zu Beginn jeder neuen Aussaat die heilige Ackerfurche und veranstaltete er mit seinem Hof Feiern am Anfang der Regenzeit oder aber bei der „Umkehr" des Mekong (dazu oben S. 14), so wurde über das bis in die Dörfer hinein reichende „Propaganda"-Instrument des Sangha auch dem letzten Bauern die Kunde zuteil, daß der König die Jahreszeiten „im Griff" hatte, daß er die Dämonen kontrollierte, und daß er auch mit dem wichtigsten vorbuddhistischen Wassergott, der heiligen Nagaschlange, in bestem Einvernehmen stand. Der königliche Palast, in dem solche Zeremonien stattfanden, wurde damit zum magisch-rituellen Mittelpunkt des Reiches, ja der ganzen Welt. Hier stand die heiligste Statue des Landes (z. B. in Luang Prabang der Prabang-Buddha), und hier fanden die Reichsfeiern statt, die vorbuddhistische Traditionen und buddhistische Dreiheit (Lehre, Buddha, Sangha) miteinander versöhnten, bei denen überdies die Dämonen gebannt und die Naturgewalten günstig beeinflußt wurden.

b) Buddhismus und Marxismus

War der Buddhismus Bremse oder Motor für die marxistischen Bewegungen in den drei Ländern Indochinas? Diese häufig gestellte Frage läßt sich mit einem „Sowohl – als auch" beantworten.

Da lassen sich zunächst einmal zahlreiche Gemeinsamkeiten entdecken: Beide sind – zumindest ihrer theoretischen Grundhaltung nach – universalistisch, egalitär, individuumsverneinend und auf Klassenlosigkeit hin orientiert. Überdies scheint der Marxismus auf den ersten Blick auch mußefördernd zu sein; enthebt er doch, wie häufig angenommen wurde, durch seine wirtschaftlichen Förderungsmechanismen den Gläubigen

173

der täglichen Plackerei und gibt ihm Zeit zum Wesentlichen, nämlich zur Meditation und zum Karma-Sammeln. Damit aber scheint er den Forderungen des frommen altindischen Kaisers Ashoka entgegenzukommen, daß es nämlich vornehmste Aufgabe des Staates sei, durch Bereitstellung materieller Güter günstige Ausgangsbedingungen für die Selbsterlösung zu schaffen.

Andererseits freilich ist der Marxismus nicht nur eine Philosphie der Befreiung, sondern auch der Unzufriedenheit und der Empörung, der Intoleranz, des Materialismus und des Determinismus, welch letzterer so ganz im Widerspruch zur Karmalehre steht.

Solche Bedenken waren aber für viele Mönche kein Hindernis, vor allem mit dem Pathet Lao zu sympathisieren, der nicht nur mit spitzem Finger auf das Krebsgeschwür der „Amerikanisierung" Vientianes hingewiesen, sondern auch nie die „heilige" Stadt Luang Prabang angegriffen hatte.

Daß zahlreiche „politische" Mönche schon frühzeitig dem Sozialismus das Wort redeten, hatte dem Sangha geschadet, dem Pathet Lao aber ungemein genützt; denn wer schon konnte die neue Lehre auf den Dörfern besser „verkaufen" als der vom bäuerlichen Vertrauen getragene Mönch? Hinzu kam, daß der Pathet Lao sozialistische Verhaltensmaximen geschickt in altbuddhistische Begriffe zu verpacken wußte: Der traditionelle Begriff des „Kaona", der früher soviel wie geistige Erbauung bedeutete, wurde nun für die „Verinnerlichung von Parteiparolen" verwendet. „Sati", früher gleichbedeutend mit Meditation, wurde von den Kommunisten in „revolutionäre Wachsamkeit" umgemünzt. Der traditionelle Glaube an den künftigen Buddha Maitreya wurde dergestalt uminterpretiert, daß der buddhistische Messianismus identisch zu sein scheint mit dem „Kommunismus" und seiner Verheißung der Klassenlosigkeit. Nicht zuletzt erhielt aber auch die Lehre vom Karma eine Neueinfärbung. Die Mönche sollten nämlich künftig weniger durch das Ora als vielmehr durch das Labora Verdienste sammeln, also m. a. W. als Lehrer, Krankenpfleger sowie als Wegweiser auf dem Pfad zwischen dem Gerechten und dem Ungerechten, zwischen Freunden und Feinden tätig werden. Verfolgten KP und Sangha denn nicht die gleichen Ziele?

In Vietnam sah die Lage etwas anders aus: Hier hatte der Buddhismus – und zwar in seiner Mahayana-Form – zwar vom 11.–15. Jh. eine hervorragende Rolle gespielt, war dann aber vom Konfuzianismus so sehr marginalisiert worden, daß er zu Beginn des zwanzigsten Jahrhunderts auf der Aussterbeliste zu stehen schien.

Doch dann setzte um 1920 eine vitale Erneuerungsbewegung ein, die sich am französischen „Kulturimperialismus", am Katholizismus und nicht zuletzt auch an den erstarrten chinesischen Traditionen entzündete, die ja schon in China von der „4. Mai-Bewegung" (1919) angegriffen worden waren. Es kam zur Gründung buddhistischer Krankenanstalten und Waisenhäuser, Druckereien, Schulen und Tempel. Der frische Wind erreichte Sturmstärke, als der Katholik Jean-Baptiste Ngo Dinh Diem die Präsidentschaft in Südvietnam übernahm (1954–63) und zur Verfolgung des Buddhismus ansetzte. Seit 1963 gehörten Selbstverbrennungen von Mönchen zu jenen Fanalen, die weltweit Eindruck machten, und die von der kommunistischen Propaganda aufs geschickteste ausgenutzt wurden. Der Grabenkrieg zwischen Katholiken und Buddhisten, zwischen Militärregierung und demokratischen Kräften sowie zwischen Regierung und Vietcong führte am Ende zur Selbstzerfleischung Südvietnams. Im nachhinein erwies sich die buddhistische Renaissance als Scheinblüte. Immerhin aber hat sie einen nicht unwesentlichen Beitrag zur Wende von 1975 geleistet.

In allen drei Indochinaländern waren die Erwartungen der Buddhisten gegenüber den Revolutionsbewegungen zunächst hochgespannt. Umso tiefer die Ernüchterung, die der „reale Sozialismus" dann mit sich brachte. Noch im Jahre des Sieges, 1975, wurden die buddhistischen Bewegungen in allen drei Ländern gleichgeschaltet, d. h. das Sektenwesen innerhalb des Sangha beseitigt und der nunmehr auf Einheit genormte Orden zur nationalen Massenorganisation, d. h. zum „Transmissionsriemen" der jeweiligen KP gegenüber der Bevölkerung umgebildet.

Während sich die laotischen und vietnamesischen Führungen

freilich darauf beschränkten, die Tempel verfallen zu lassen, den Mönchsnachwuchs zu minimieren, die Sangha-Angehörigen aufs Feld zu schicken, sie für die Verkündung des neuen Wertesystems „einzuspannen" und den traditionellen Beschützer des Sangha, nämlich den (laotischen) König in ein Straflager zu schicken (wo er verstarb), ging das Kambodscha Pol Pots zu einer systematischen Vernichtungspolitik gegen die Religion über. Mühelos hatte der Buddhismus 80 Jahre französischer Kolonialherrschaft und auch fünf Jahre Khmer-Republik (1970–75) überstanden. Doch nun genügten dreieinhalb Jahre Khmer Rouge-Herrschaft, um das gesamte religiöse Gebäude, das in 600 Jahren aufgetürmt worden war, zum Einsturz zu bringen. Wahrscheinlich sind damals an die 3000 Pagoden zerstört und an die 80 000 Bonzen ermordet worden – so daß am Schluß nur etwa 500 die Verfolgungen überlebten. Auch in Laos verschwanden viele Mönche in „Seminaren"; die schöne alte Sitte, beim Gruß die Hände betend zur Stirn zu führen und sich lächelnd zu verbeugen, wurde verboten, die Pagoden verfielen und Mönchsanwärter wurden von den Dorfvorstehern davon abgehalten, dem Sangha beizutreten. Zahlreiche Bonzen flohen in dieser Zeit nach Thailand, unter ihnen der laotische Patriarch.

Erst mit dem Sturz der Roten Khmer in Kambodscha und mit dem Beginn der Reformen in Vietnam und Laos sind für den Buddhismus wieder freundlichere Zeiten angebrochen. Allerdings hat der Sangha als selbständige politische Kraft ausgespielt und steht mit dem Rücken zur Wand. Auf den Dörfern treten Pagode und Genossenschaft miteinander in Konkurrenz. Welcher Heranwachsende möchte noch Mönch werden und unter dem Tutorat eines Bonzen stehen wollen, wenn dadurch seine „Karriere" in der Genossenschaft gefährdet wird? An zwei zentralen Nervenknoten vor allem läßt sich das künftige Schicksal des Sangha beeinflussen, nämlich beim Mönchsnachwuchs und bei der Ausbildung der Bevölkerung in den dörflichen Pali-Schulen. Sollten die Schrauben hier allzu stark angezogen werden, so könnte es wohl sein, daß die Pagode schnell von Zentrum an den Rand des Dorfes rückt.

Generell obliegt dem Sangha heutzutage (in Laos) eine fünffache offizielle Aufgabe, nämlich Glaubensverkündigung
(wobei „nützliche" von schädlichen Elementen – u. a. von Ein-
flüssen des „Aberglaubens" – zu trennen sind), Volkserzie-
hung, Gesundheitsdienst (Neubelebung der traditionellen
Kräutermedizin), Aufrechterhaltung der Tempelanlagen (die ja
auch als Mittelpunkte kommunalen Lebens nützlich sind) und
Teilnahme an der internationalen Friedensbewegung.

VI
Rückblick und Ausblick

1. Wie sieht die Bilanz der drei Indochinaländer seit 1975 aus?

Drei Meßlatten seien hier angelegt, nämlich der Vergleich mit anderen asiatischen Ländern, sodann endogene Kriterien, wie sie aus der so ganz besonderen Geschichte der drei Indochinaländer herausgewachsen sind, nicht zuletzt aber auch exogene Entwicklungsmaßstäbe, wie sie generell auf jedes Land der Dritten Welt passen.

a) Panasiatischer Leistungsvergleich

Fügt man die verschiedenen Volkswirtschaften anhand des Kriteriums „BSP pro Kopf" in eine Gefällepyramide ein, so ergibt sich – nach dem Stand von 1989 – folgendes Bild (in US$):
- Gruppe 1 (über 8000): Brunei und Japan
- Gruppe 2 (zwischen 7000 und 2000): Hongkong, Singapur, Taiwan, Macau und Südkorea
- Gruppe 3 (zwischen 2000 und 1000): Malaysia und Nordkorea
- Gruppe 4 (unter 1000) (a) zwischen 1000 und 500: Mongolische VR, Thailand, Indonesien und Philippinen, (b) zwischen 500 und 400: Malediven, (c) zwischen 400 und 300: Pakistan und Sri Lanka, (d) zwischen 300 und 200: Indien und China, (e) zwischen 200 und 100: Vietnam, Nepal, Laos, Birma, Bhutan, Bangladesch und Kambodscha.

Die drei Indochinaländer gehören wirtschaftlich also zu den Schlußlichtern Asiens.

Sieht man vom Sonderfall des Rohöllandes Brunei ab, so

wird die wohlhabende Spitzengruppe durchwegs von Staaten dominiert, in denen der Metakonfuzianismus den Ton angibt. Wenn die VR China und vor allem Vietnam, die dieses Wertesystem teilen, gegenüber den anderen so deprimierend weit zurückgeblieben sind, so liegt dies offensichtlich an ihrer im Zeichen des „Realsozialismus" geführten Wirtschaftspolitik.

Damit das hier wiedergegebene Bild nicht zur bloßen Augenblicksaufnahme gerät, sondern zusätzliche Entwicklungskonturen gewinnt, sei es durch zusätzliche dynamische Parameter ergänzt, nämlich das BSP-Wachstum zwischen 1983 und 1987 sowie die in den kommenden Jahren zu erwartende Bevölkerungsentwicklung:

– Beim BSP-Wachstum ergab sich im vorausgegangenen Jahrfünft folgende „nationale" Reihenfolge: VR China (10,8%), Taiwan (10,2%), Südkorea (9,5%), Hongkong (8,1%), Singapur (8%), Bhutan (6,3%), Pakistan (6,2%), Thailand (5,9%), Nepal (5,3%), Birma (4,7%), Indien (4,5%), Sri Lanka (4,1%), Japan (4%), Bangladesch (3,9%), Malaysia (3,9%), Indonesien (3,4%). Ein Minuswachstum hatten.nur das superreiche Brunei sowie die Philippinen zu verzeichnen.

Im Vergleich mit diesen Ländern nimmt sich das Wachstum der drei Indochinaländer abermals bescheiden aus. Es lag im benannten Zeitraum bei allen drei Ländern lediglich um die 2%. Anders als in der VR China hatten sich hier also die Reformen noch kaum ausgewirkt.

– Ein weiterer für die künftige Wirtschaftsentwicklung signifikanter Prüfstein ist das Bevölkerungswachstum, das in den meisten Staaten Asiens zwischen 1945 und 1985 zur Verdoppelung geführt hat. Nachfolgend seien nun diejenigen Zeiträume angeführt, in denen eine erneute Verdoppelung zu erwarten ist, falls die bisherigen Trends anhalten. Den absoluten Rekord hält hier die Inselrepublik Malediven, die dazu nur 19 Jahre (gerechnet ab 1989) braucht. Es folgen Pakistan (24), Philippinen (25), Brunei, Bangladesch und Mongolei (je 26), Vietnam (27), Nepal, Laos, Nordkorea und Malaysia (je 28), Kambodscha (31), Thailand und Birma (je 33), Indien (35), Sri Lanka (38), Indonesien (40), VR China (49), Südkorea (52), Taiwan (63), Singapur (71), Hongkong (83) und Japan (133). Hier zeigt sich erneut die bekannte Korrelation zwischen Wohlhabenheit und Familienplanung. Die fortgeschrittenste Nation Asiens, Japan, hat den mit Abstand geringsten Bevölkerungszuwachs; es folgen erwartungsgemäß die „vier kleinen Drachen " – und dann allerdings auch schon China, das seit 1980 eine energische Bevölkerungspolitik („Eine Familie = ein Kind") betreibt. Alarmierend dagegen der Zuwachs in den anderen ohnehin übervölkerten Ländern Asiens, vor allem in Indien, Indonesien und Vietnam. Laos und Kambodscha können den Schub nur deshalb gut verkraften, weil bei ihnen noch auf lange Zeit ein günstiges Boden-pro Kopf-Verhältnis zu erwarten ist und weil bei Kambodscha zusätzlich eine „Völkermordlücke" besteht.

Welche „sozialen Spannungen" stehen ferner den drei Indochinaländern ins Haus? Um hier Anhaltspunkte in Form eines Vergleichs mit anderen asiatischen Staaten zu gewinnen, seien die drei Indikatoren Einkommensasymmetrie, Sektoralgefälle und „Akzeptanz" (also eine subjektive Komponente) herangezogen:

Nach dem Stand von 1989 sind es die Philippinen, die das schärfste Einkommensgefälle aller asiatischen Staaten aufweisen. Die obersten 10% der Haushalte vereinnahmen dort 37% des gesamten volkswirtschaftlichen Privateinkommens, die untersten 40% der Haushalte dagegen nur 14% – dies ergibt einen klaffenden Abstand von 23 (37–14). Die philippinischen Werte lauten also 37 – 14 – 23. Es folgen Malaysia mit 36 – 15 – 21 und Indonesien mit 38 – 18 – 20. Am anderen Ende der Skala glänzen Südkorea mit Werten von 25 – 21 – 4 und Taiwan mit 25 – 23 – 2. Für die drei „realsozialistischen" Staaten Vietnam, Kambodscha und Laos gibt es hier zwar kein verwertbares Zahlenmaterial, doch dürften die Verhältnisse hier ausnahmsweise einmal günstiger liegen als in den meisten anderen asiatischen Staaten und ähnlich ausgewogen sein wie in Südkorea. Allerdings entwickelt sich hier neuerdings ein regionales „Saigon-Syndrom", das an philippinische Verhältnisse denken läßt.

Als zweites wichtiges Kriterium für das gesellschaftliche Klima dürfen Ungleichgewichte zwischen den Sektoren Landwirtschaft, Industrie und Dienstleistungswesen gelten. Es verwundert nicht weiter, wenn man Ende der achtziger Jahre Kambodscha, Laos und Vietnam (mit 80 bzw. 75 bzw. 73% aller Beschäftigten im Landwirtschaftssektor) als „ländlichste" Volkswirtschaften Asiens entdeckt, während Singapur mit nur 0,8% Bauern das andere Extrem bildet. Hinter Vietnam folgen Birma (64), China (62), Thailand (61) u. a. Länder. Japan andererseits gehört neben Singapur, Hongkong und Brunei mit zu den „unbäuerlichsten" Regionen, gefolgt von Taiwan (17) und Südkorea.

Was den Anteil der Beschäftigten im Manufaktur- und Industriebereich anbelangt, so stehen Hongkong und Taiwan (mit je 34%) an der Spitze, gefolgt von Japan (25), Singapur und Südkorea (je 24). Vietnam (23), Laos (20) und Kambodscha liegen hier eher im Mittelfeld.

Im Tertiärbereich dagegen, der von Singapur und Japan (65% bzw. 54% der hier Beschäftigten) einsam angeführt wird, bilden die drei Indochinaländer neben Bhutan und Nepal erneut die Nachhut.

Da sich freilich die Zahl der im öffentlichen Dienst Beschäftigten nicht genau ermitteln läßt, könnte sich der „Tertiärsektor" bei den drei Indochinaländern auf Kosten des Manufaktursektors noch etwas erhöhen.

Alle drei Indochinaländer sind also durch Unausgewogenheit zwischen den verschiedenen Sektoren gekennzeichnet.

Mit an Sicherheit grenzender Wahrscheinlichkeit sind daher in den kommenden Jahren noch Umbrüche und Verschiebungen zu erwarten. Für Menschen in einer theravadabuddhistischen Welt sind die aus der gegenwärtigen und der künftigen Lage entstehenden Heimsuchungen karmisch bedingt, also leichter zu ertragen als für Angehörige einer metakonfuzianischen Gesellschaft (zu diesem Begriff vgl. Oskar Weggel, „China" BsR, Nr. 807, S. 290 ff.). Laos und Kambodscha dürf-

ten also mit weiteren Veränderungen reibungsloser zurecht-
kommen als Vietnam (zur karmischen Verursachung vgl. oben
V.2.a).

b) Leistungsbewertung nach endogenen Maßstäben

Zweitens müssen sich die drei Regierungen an den Antworten
messen lassen, die sie seit 1975 auf sozioökonomische Herausforderungen gegeben haben, wie sie z. T. noch auf die Monarchie zurückgehen (Monokultur in der Landwirtschaft, Groß-
grund- und Kleinstbesitz, Bürokratismus, Minderheitenfra-
gen, Nord-Süd-Spannungen), wie sie darüber hinaus von der
französischen Kolonialherrschaft hinterlassen wurden (Stadt-
Land-Dualismus, sektorale Ungleichgewichte, Klassenwidersprüche, Bevölkerungsexplosion, nationale Abhängigkeit) und
wie sie nicht zuletzt auch aus der Zeit nach 1945 stammen –
man denke an die permanente Friedlosigkeit.

Die Ergebnisse sehen mager aus; wurden doch in allen drei
Ländern eigentlich nur die Asymmetrien beim Grundbesitz
entschärft, während die übrigen zehn Probleme ungelöst wei-
terbestehen. Allerdings gibt es neuerdings einige Hoffnungen:
So können Laos und Kambodscha demnächst ihre nationale
Unabhängigkeit wiedergewinnen, und vielleicht endet früher
oder später auch der nach dem Abzug Vietnams fortdauernde
Bürgerkrieg in Kambodscha.

Im übrigen allerdings gibt es noch enorme Defizite: Para-
doxerweise hat nicht einmal die so ungemein radikale und
kostspielige Städteentvölkerungspolitik der Roten Khmer etwas am Stadt/Land-Dualismus ändern können, da die Städter, die das Experiment überlebt haben, inzwischen wieder in
ihre urbanen Zentren zurückgekehrt sind. In keinem der drei
Länder sind ferner die Klassenwidersprüche ganz aufgehoben
worden, da inzwischen überall eine Nomenklatura herrscht,
die zumindest im politischen Bereich die Rolle der alten Feu-
dalschichten übernommen hat.

Auch die wirtschaftliche Diversifizierung und die Herausbildung großbetrieblicher Strukturen lassen vermutlich noch

lange auf sich warten, ganz zu schweigen von einer gleichmäßigeren geographischen Streuung der Bevölkerung, der die vietnamesische Führung zweithöchste Priorität eingeräumt hat.

c) *Leistungsbewertung mit Hilfe exogener Maßstäbe*

Als typische Drittweltländer lassen sich die drei Indochinastaaten schließlich auch auf Krisensymptome durchleuchten, wie sie für Länder dieser Kategorie vor allem in sechs Bereichen typisch zu sein pflegen, nämlich bei der Legitimation, der Produktion, der Distribution, der Integration, der Partizipation und der Identität.

Legitimation hat sich in höchst eindrucksvoller Weise zwar Hanoi mit seinen strahlenden Siegen über die Truppen der USA und der Republik (Süd-)Vietnam verschaffen können. Im Gegensatz dazu müssen die Führungen in Laos und in (SK-)Kambodscha auch Ende der achtziger Jahre noch um Glaubwürdigkeit ringen, nachdem sie sich 1977 bzw. 1979 einem „Sonderverhältnis" zu Vietnam unterworfen haben. Symptomatisch für die verfahrene Situation ist die paradoxe Tatsache, daß ausgerechnet das Demokratische Kampuchea von der UNO als einzige legitime Vertretung Kambodschas anerkannt wird.

Schwierigkeiten haben alle drei Volkswirtschaften mit der Güterproduktion. Mit Müh' und Not konnten sie inzwischen wenigstens die Ernährungsautarkie sicherstellen. Besonders paradox ist die Situation Kambodschas, das bis 1970 vom Reisexport lebte, das seither allerdings ohne internationale Mildtätigkeit kaum hätte überleben können.

Bei der Distribution liegen Licht und Schatten gleichermaßen verteilt. Wenn die Drei ihrem Anspruch, sozialistisch – d. h. partizipatorisch – zu sein, irgendwo nachgekommen sind, dann im Bereich des Erziehungs- und Gesundheitswesens. Die Zahl der Analphabeten, die 1945 noch bei je rd. 90% lag, ist seit Einführung der allgemeinen Volksschule beträchtlich gesenkt worden – in Vietnam z. B. auf 23%, in Kambodscha auf schätzungsweise 30%. Gleichzeitig hat die „neue Intelligenz" mit Hochschul- oder mit Höherem Mittelschulabschluß beträchtlich zugenommen. Sogar in Laos gibt es mittlerweile Hochschulen.

Düster ist es andererseits um die Verteilung materieller Güter bestellt, weil es erstens an Verteilungsmasse fehlt und weil zweitens die „soziale Gerechtigkeit" Fragen aufwirft: Lassen sich z. B. weitverbreitete Kaderkorruption, Mißgriffe bei der Sozialisierung und mehrere Millionen Arbeitslose mit sozialistischen Vorstellungen vereinbaren? In Kambodscha und Laos kann nur deswegen nicht von einer Verteilungskrise gesprochen werden, weil dort noch weitgehend Subsistenzwirtschaft herrscht.

Integration: Kopfzerbrechen bereitet in Vietnam nach wie vor die zwar administrativ gelöste, psychologisch aber noch lange nicht bewältigte Wiedervereinigungsfrage, in Laos die Dauerspannung zwischen Lao Loum und Montagnards und in Kambodscha der Dualismus zwischen Herzland und Randgebieten, der heutzutage auch Einfluß auf die Zusammensetzung der gegnerischen Streitkräfte hat.

Auch die Vergangenheit ist noch keineswegs bewältigt: Zwar sind die ursprünglich mit (ehemals südvietnamesischen) „Kriegsverbrechern" überfüllten Umerziehungslager bis auf wenige Reste aufgelöst worden, und überdies haben sich die USA bereit erklärt, ehemalige südvietnamesische Verbündete bei sich aufzunehmen; doch wer kann schon eineinhalb Jahrzehnte Arbeitslager so ohne weiteres wegstecken!? Nicht nur die südvietnamesischen „Parias", sondern sogar Mitglieder des früheren Vietcong fühlen sich übrigens von Nordvietnam überfahren und haben sich eine Igelhaltung zu eigen gemacht.

Kambodscha andererseits leidet noch unter dem Trauma der Khmer Rouge-Vergangenheit und Laos unter seinem Minderheitenproblem. Von „Integration" kann hier noch lange nicht die Rede sein.

Partizipation: Alle drei Indochinastaaten bekennen sich in der Theorie zwar zum „Sozialismus", doch kann in ihrer täglichen Praxis von einem Absterben des Staates nirgends die

Rede sein, von wirklicher Partizipation der Bevölkerung ganz zu schweigen. Die einzelnen Führungen wollen dem „Sozialismus" statt dessen nach wie vor mit einer Etatisierung der Revolution, teilweise sogar noch mit der Verstaatlichung und Kollektivierung der Produktionsmittel, mit Einschränkungen des Privathandels und ähnlichen bei der Bevölkerung höchst unbeliebten „realsozialistischen" Maßnahmen auf die Sprünge verhelfen. In Vietnam kommen partizipatorisch-demokratische Ansätze lediglich innerhalb der einzelnen Dörfer und Gruppen, jedoch kaum jenseits dieser Zellen zum Tragen; dort herrscht wie eh und je die Bürokratie. In Laos ist der bürokratische Zugriff noch viel unmittelbarer, da es hier nach wie vor keine zelluläre „Autonomie" à la Vietnam gibt; tröstlich für die Bauernbevölkerung, daß die Parteibürokratie wenigstens nicht besonders effizient ist. In Kambodscha schließlich, wo der Staat nach dem Orwellschen Zwischenspiel der Angka einstweilen Abstinenz übt und eine Atempause gewährt, sind die Bürger noch am ehesten in der Lage, sich demokratisch zu organisieren. Angesichts des notorischen Einzelgängertums der Khmer gerät Demokratie hier jedoch schnell in die Nähe der Anarchie.

Identität: Zwar haben in Vietnam und Laos jahrelange Kämpfe gegen die Feinde von außen und gegen die „Amerikanisierung" von innen dafür gesorgt, daß der Durchschnittsbürger für die Werte der eigenen Gesellschaft ein empfindliches Gespür entwickelt, und daß sich beispielsweise in Laos die theravadabuddhistische Lebensordnung mit ihrer Sinnstiftung – und ihrer Liebenswürdigkeit – erhalten hat. In Kambodscha jedoch führten die 3½ Pol Pot-Jahre dazu, daß der Buddhismus beinahe auf das Sterbebett geriet und die Bevölkerung im eigentlichen wie im übertragenen Sinn heimatlos wurde.

Fügt man all die oben zusammengetragenen Mosaikteile zu einem Gesamtbild zusammen, so ergibt sich eine düstere Bilanz: Beim Vergleich mit den anderen Staaten Asiens erweisen sich die drei Indochinaländer als traurige Schlußlichter. Bei der Bewertung ihrer Leistungen nach endogenen Maßstäben stellt sich heraus, daß sie weit davon entfernt sind, ihre historischen Hausaufgaben gelöst zu haben: Im Falle Vietnams warten beispielsweise zehn von elf überkommenen Fragestellungen nach wie vor auf eine Antwort. Bei Heranziehung „exogener Kriterien" schließlich kann es lediglich in puncto Legitimität und Identität bessere Noten geben, allerdings nur für die SRV, nicht dagegen für Laos und den SK.

Vor allem der kambodschanischen Bevölkerung müssen die Zeiten Sihanouks heutzutage wie Jahre des Lichts erscheinen, und es gibt wohl nur wenige, die sich mit den Segnungen des „Sozialismus" je haben anfreunden können; man vergesse nicht, daß ja auch Pol Pot im Namen des Sozialismus gehandelt und ein blühendes Land an den Rand des Abgrunds geführt hat.

d) Ursachen der verfahrenen Situation

In Kambodscha sind die meisten Probleme hausgemacht, sei es nun als Folge der törichten Kriegsintervention Lon Nols in den Jahren nach 1970, sei es durch die verbrecherische Liquidationspolitik der Roten Khmer (1975–79), nicht zuletzt aber auch durch die Selbstauslieferung der nachmaligen VRK-Führung an die Vietnamesen (seit 1979).

Was Vietnam anbelangt, so ist seine düstere Bilanz z. T. auf menschliches Versagen (grassierender Bürokratismus, „militärischer Arbeitsstil" im Wirtschaftsgebaren und permanente Kampfoption), z. T. aber auch auf objektive Ursachen zurückzuführen, nämlich 30 Jahre Krieg, notorische Naturkatastrophen, nicht zuletzt aber auch auf das Altwerden und Absterben der einst so quicklebendigen Revolution:

Hatten sich die Jahre zwischen 1945 und 1978 zu einer einzigen Erfolgsgeschichte entwickelt, in deren Verlauf es traumwandlerisch-sicher fast nur noch bergauf zu gehen schien, so ging der Drall mit einem Mal verloren. Ganz unerwartet begann das Land nun wie ein Stein nach unten zu stürzen und befindet sich auch Anfang der neunziger Jahre noch mitten im freien Fall. Es war das Schicksalsjahr 1979, das den Erfolg so kraß vom nachfolgenden Übel trennte. Alles, aber auch wirklich alles schien von nun an schiefzulaufen: Hunderttausende verließen als Flüchtlinge die SRV oder gingen in die innere Emigration, das Land wurde von einem chinesischen „Erziehungsfeldzug" heimgesucht und überall flammte jetzt auch der Widerstand in Form von Kleinkriegen auf, sei es nun in Kambodscha oder Laos, ja sogar im eigenen zentralen Hochland. Bei der Landwirtschaft kam es zu Einbruchserscheinungen und im Währungsbereich zu immer neuen Inflationsschüben, die 1988 eine Entwertung von bis zu 1000% herbeiführten. Im gleichen Jahr auch hatte die Arbeitslosigkeit vermutlich sechs Millionen Personen erfaßt; gleichzeitig ging es mit der „sozialen Moral" nicht nur der Bevölkerung, sondern auch der Kader steil bergab. Das Krebsübel des „Negativismus" griff um sich und überall bildeten sich Seilschaften (sog. „Schirme"), deren einzelne Mitglieder sich gegenseitig deckten und protegierten. Hand in Hand damit wuchs die außenpolitische Isolierung.

Was waren die Ursachen dieses verblüffenden Rückschlags? Offensichtlich wirkten hier Kräfte, die weit über das Unikat Vietnam hinausreichen und die für sämtliche nachrevolutionären Gesellschaften typisch sind. Stichwortartig lassen sich diese „postrevolutionären" (oder „posttotalitären") Phänomene mit vier Begriffen umschreiben: Entradikalisierung, Entideologisierung, Entpersonalisierung und Entinternationalisierung.
– Entradikalisierung: Nach drei Jahrzehnten Krieg hatte sich die Vietminh-Bewegung „zu Tode gesiegt". Die alte Parole, auf die jeder Vietnamese bis dahin spontan anzuspringen pflegte, nämlich das Konzept „Dich wa ta" (Der Feind und wir) begann plötzlich seinen Dienst zu versagen, da die raison d'être jahrzehntelanger Abwehrkämpfe und solidarischen Zusammenstehens inzwischen abhanden gekommen war – nicht zuletzt im Zeichen der als dubios empfundenen Okkupation Kambodschas. Hand in Hand mit der Auflösung klarer Feindbilder ging auch der Wille verloren, die individuellen Interessen weiterhin der gemeinsamen Sache nachzuordnen. Ein Signal dafür war der ZK-Beschluß vom

12. 9. 1987, der vom „Nachlassen des Kampfgeistes, von ab-
nehmendem Verantwortungsbewußtsein, Konservativismus,
Korruption, Bestechung, Spekulation und Schmuggel,
Selbstbedienung unter Ausnutzung von Privilegien, Bürokratismus, Arroganz und Hochmut gegenüber den Massen"
sprach. Der gemeinsame Schwung aus der Revolutionszeit
hatte dem alten Egoismus wieder Platz gemacht.

– Entideologisierung: Hand in Hand damit ließ der klassen-
kämpferische Schwung nach. Die alten Formeln hatten aus-
gedient und überall wurden Forderungen nach „Erneue-
rung des Denkens", nach einer Perestroika (doi moi) à la
Vietnam und nach einer „Weiterentwicklung" des Marxismus laut. Klassenkampf lasse sich nicht essen; sollte man an
seiner Stelle nicht besser von den so erfolgreichen kapitali-
stischen Gesellschaften lernen, ohne freilich gleich wieder
zur „Anbetung des Kapitalismus" überzugehen!? Da der
Marxismus dem Durchschnittsvietnamesen inzwischen offensichtlich nur noch wenig zu bieten vermochte, tauchten
an allen Ecken und Enden längst verschollen gewähnte Formen des „Aberglaubens" wieder auf, die begleitet waren
von einer Renaissance des religiösen Lebens.

– Beim V. Parteitag (1982), vor allem aber beim VI. Parteikongreß (1986) fand ferner eine personelle Wachablösung
statt, in deren Zeichen die Bannerträger der Ho Chi Minh-
Generation durch Funktionäre abgelöst wurden, die eine
ganz andere Politik zu steuern wünschten und zu diesem
Zweck auf Reformkurs geschaltet hatten.

– Nicht zuletzt aber ging der internationale Bezug verloren.
Seit Gründung der Indochinesischen KP (1930) hatten die
vietnamesischen Revolutionäre stets auf internationale Unterstützung zurückgreifen können – zuerst auf die der
Komintern und später, während des Ersten Indochinakriegs, auf chinesische, während des Zweiten Indochinakriegs zusätzlich noch auf sowjetische Hilfe. Anfang der
sechziger Jahre kämpften z. B. nicht weniger als
320 000 Chinesen auf vietnamesischem Boden gegen den
„US-Imperialismus".

Seit der zügigen Angliederung Südvietnams durch Hanoi jedoch begann Peking, das sich an seiner Südflanke eine Balkanisierungslösung erhofft hatte, auf Distanz zu gehen und seine brüderliche Hilfe einzustellen, so daß am Ende nur noch die Sowjetunion als Gewährsmacht übrigblieb, deren provietnamesisches Engagement freilich seit dem Machtantritt Gorbatschows und Hand in Hand mit der sowjetisch-amerikanischen Aussöhnung ebenfalls abzukühlen begann. 1988 kam es in einigen Regionen Vietnams zu Hungersnöten, also zu Engpässen, wie sie dem vietnamesischen Volk selbst auf dem Höhepunkt des Zweiten Indochinakriegs erspart geblieben waren.

Nicht das Kambodscha-Abenteuer allein hat Vietnam also so sehr zur Ader gelassen. Weitaus verheerender wirkte sich vielmehr die „Lebenslüge" aus, von der sich die Hanoier Führung jahrelang leiten ließ. Während die KPV so tat, als befänden sich die Entwicklungen noch mitten im revolutionären Umbruch, hatte sich die Gesellschaft längst im nachrevolutionären Zeitalter eingerichtet und wartete auf neue situationsgerechte Impulse, die indessen nicht nur ausblieben, sondern sogar systematisch hintertrieben wurden.

Nicht ganz so katastrophal, aber immer noch abträglich genug wirkte sich diese Diskrepanz auch auf Kambodscha und Laos aus.

2. Ausblick: Reformen als Stein des Weisen

Wenn also die heroischen Zeiten des Kampfes vorbei und die Jahre des Aufbaus gekommen sind, so gilt es, positiv ausgedrückt, die produktiven Energien im Sinne der neuen Sachzwänge freizusetzen und gleichzeitig, negativ formuliert, die dem Aufbaukurs entgegenstehenden Hürden (dazu oben VI.1.b.) niederzureißen. Die Stichworte für einen optimalen Kurs ergeben sich damit gleichsam von selbst; sie lauten für Vietnam:

Außenpolitik: Rückzug aus Kambodscha und „Rückkehr

nach Südostasien". Im September 1989 sind dazu die entscheidenden Schritte unternommen worden, ohne daß Hanoi es allerdings verstanden hätte, den Rückzug seiner Soldaten auch wirklich glaubhaft darzustellen; kein Wunder, daß sich die „Verkleidungstheorie" verbreiten konnte.

Ferner müßte Vietnam gegenüber dem mächtigen Nachbarn China zu einer ähnlichen Haltung finden können wie das historisch parallel gelagerte (Nord-)Korea. Beijing pflegt seinen unmittelbaren Nachbarn gegenüber ja nicht eine expansionistische, sondern eine impansionistische Politik zu verfolgen, d. h. es will nicht Territorien, sondern Gehirne besetzen. Dagegen aber kann man sich nicht mit Waffen, sondern nur mit einer Politik zur Wehr setzen, die „außen rund und innen eckig" ist. 1000 Jahre war Vietnam mit diesem Kurs nicht allzu schlecht gefahren! Seit 1975 freilich hatte es, statt vor dem „Pater familias" der ostasiatischen Völkerfamilie die herkömmliche rituelle Verbeugung zu vollziehen, diesen mehrere Male „vor das Schienbein getreten". Diese „Pietätlosigkeit" – und nicht etwa irgendein anderes, für den westlichen Beobachter leichter nachvollziehbares Fehlverhalten – vor allem war es, die China zur Weißglut gereizt hat.

Auf wirtschaftlichem Gebiet lauten die therapeutischen Stichworte: weniger Staat, mehr Markt und mehr betriebliche Eigeninitiative; Fortsetzung des Aufbaus von größeren Betriebseinheiten mit marktkonformen Mitteln; Beseitigung sektoraler Ungleichgewichte durch Erhöhung der „Konsumrate" sowie durch Förderung des Dienstleistungswesens; Abbau von Subventionen und Übergang zu Leistungsanreizen in Form von Prämien (an die arbeitende Bevölkerung) und von Vorzugskrediten (an die Betriebe); Ersetzung von „politischen" Zwangspreisen (hohe Industrie-, niedrige Agrarpreise) durch Markpreise und Ablösung der enggefaßten imperativen Pläne durch rahmenhafte Indikativpläne; landwirtschaftliche Diversifizierung statt Reismonokultur; Fortsetzung der NÖZ-Politik, d. h. der Entzerrung regionaler Ungleichgewichte durch erhöhte materielle Anreize.

Der VI. Parteitag (Dezember 1986) hat reformerischen Imperativen dieses Kalibers teilweise Rechnung getragen, indem er eine neue Prioritätenliste festlegte. An erster Stelle stand von jetzt an die Landwirtschaft, gefolgt vom Leichtindustrie- und vom Exportsektor. Erst an vierter Stelle folgte die ehemals so gehätschelte Schwerindustrie. Leider hatten drei Jahrzehnte vergehen müssen, ehe dieser den vietnamesischen Verhältnissen wirklich angemessene Kurs zur Entfaltung kommen konnte!

Im sozialen Bereich lauten die reformerischen Forderungen: „Leistung statt Klassenkampf" und Mobilisierung des Willens zur Mitarbeit durch leistungsgerechte materielle Anreize – vor allem bei der südvietnamesischen Bevölkerung; Fortsetzung der Familienplanung.

All dies ergäbe zwar keinen sozialistischen Kurs; aber „sozialistisch" war Vietnam ohnehin noch nie – und wird es wohl auch nie werden: wer glaubt dort schon an Partizipation, Absterben des Staates und der Ware/Geld-Beziehungen!?

Und Kambodscha? Was dieses leidgeprüfte Land fast noch mehr braucht als den – immer noch nicht ganz ausreichenden – täglichen Reis wäre eine Beendigung des Bürgerkriegs. Doch welch ein Dilemma tut sich hier auf: Mit einer Viererkoalition ließe sich zwar die Fortsetzung des Bürgerkriegs, wohl kaum aber die Machtergreifung der Roten Khmer verhindern, mit einer Dreierkoalition dagegen zwar die Machtergreifung der Roten Khmer vereiteln, nicht aber der Bürgerkrieg beenden. Das Land ist um eine Entscheidung wahrlich nicht zu beneiden!

Auf wirtschaftlichem Gebiet muß sich Kambodscha vor allem um die Beseitigung der sektoralen Ungleichgewichte durch Entflechtung der Reis- und Fischmonokultur sowie um mehr Privatinitiative bemühen.

Außenpolitisch gibt es, wie die „glücklichen" Sihanouk-Jahre gezeigt haben, keine Alternative zur Option des Neutralismus und der „Nicht-Allianz". Schon aus diesem Grund muß das Land jede Form von Bevormundung abschütteln: Weder Vietnamisierung noch Sinisierung, lautet die Devise.

Neutralismus und Freiheit von Bevormundung wären auch

die Idealziele der Laotischen Volksrepublik, die, ebenso wie Kambodscha, darauf zu achten hat, daß sie nach allen Seiten hin, sei es nun gegenüber Vietnam oder aber gegenüber Thailand und China, möglichst selbständig bleibt, ohne jedoch durch überzogene Abwehrmaßnahmen gleich wieder Einmischungsversuche zu provozieren.

Wirtschaftlich müßte auch Laos auf „Eigeninitiative statt Bürokratie" setzen und künftig wieder mehr materielle Anreize zulassen. Die laotische Wirtschaft weist vier Stärken (Bodenüberschuß, Hölzer, Mineralien und hydroelektrisches Potential) auf und leidet unter zwei Schwächen, nämlich seiner geographischen Abgeschlossenheit und den schlechten Straßen. Konsequenterweise müßte sich die Entwicklungspolitik auf optimale Nutzung des Potentials und auf Entschärfung der beiden Schwächemomente konzentrieren, wobei die Selbstversorgung mit Reis auf lokaler Ebene und die Verbesserung des Verkehrsnetzes innerhalb von Laos sowie die „paritätische" Verkehrsanbindung nach Vietnam und Thailand im Vordergrund zu stehen hätte. Der 1988 beschlossene Bau einer Brücke über den Mekong nach Thailand ist eine jener symmetriebewußten Maßnahmen, wie sie Laos im prekären Verhältnis zu seinen beiden Nachbarn immer wieder anstreben muß.

Angesichts der wirtschaftlichen Misere, in der sich die drei Länder auch Ende der achtziger Jahre noch befinden, gibt es zu Reformen keine Alternative. Sie gedeihen in Kambodscha und Laos am besten in einem neutralistisch abgesicherten Klima, hängen in Vietnam aber von drei Voraussetzungen ab, die sich mit den Stichworten „Abzug aus Kambodscha und Laos", „Äquidistanz zwischen Sowjetunion und China" sowie „Rückkehr nach Südostasien" umschreiben lassen.

Vier Zukunftsoptionen bieten sich für Vietnam, Kambodscha und Laos an:

Da ist erstens die subregionale Lösung: „Indochina" bräuchte ja trotz allem keine Utopie zu bleiben, doch müßte es unter dem Motto stehen „Kooperation ja, Hegemonie nein".

Zweitens gibt es seit 1988 das „Suwanaphum" („Goldenes Halbinselland")-Konzept des thailändischen Premierministers Chatichai, das von der Vision einer gemeinsamen Sphäre des Wohlstands zwischen den fünf Ländern des festländischen Südostasien ausgeht. Im Mittelpunkt dieser glücksverheißenden Fünfergemeinschaft solle das wirtschaftlich am höchsten entwickelte Thailand stehen, dessen Sendung es sei, dafür zu sorgen, daß die drei Indochinaländer und Birma sich aus Kriegsschauplätzen in Marktplätze verwandeln. Im schönen Sanskritbegriff „Suwanaphum" leuchtet das Bild einer helleren Zukunft auf.

Eind dritte Perspektive schließlich wäre der Beitritt der drei Indochinaländer zum ASEAN-Bündnis, das bisher von den sechs Ländern Brunei, Indonesien, Malaysia, Philippinen, Singapur und Thailand getragen wird. Vor allem Vietnam zeigt dafür schon heute reges Interesse. Allerdings dürfte noch geraume Zeit vergehen, ehe sich die im Geiste des Antikommunismus assoziierten sechs Mitglieder der ASEAN mit den drei immer noch marxistisch orientierten Ländern der Indochinaregion wirklich anfreunden können.

Eine vierte Leitvorstellung schließlich ist das 1971 von den ASEAN-Staaten vorgeschlagene ZOPFAN-Bündnis (Zone of Peace, Freedom und Neutrality), das in drei Stufen zu verwirklichen wäre: Die zehn Staaten Südostasiens, also die sechs ASEAN-Länder, die drei Indochinastaaten und Birma, finden sich zu einem Interessenbündnis zusammen, proklamieren sodann gemeinsam eine Politik der Neutralität und werden schließlich von allen Großmächten als neutrale Staaten anerkannt. Bei der ZOPFAN-Idee geht es nicht *gegen* etwas, sondern um eine Allianz *für* etwas, nämlich für Unabhängigkeit, Neutralität, Zusammenarbeit, regionale Autarkie und Süd-Süd-Kooperation – also durchwegs um Zielvorstellungen, wie sie bei Abwägung aller Umstände im unmittelbaren Interesse sämtlicher südostasiatischer Staaten lägen.

Ist erst einmal die Kambodscha-Frage endgültig gelöst, so gibt es nach alledem durchaus wieder Licht am Horizont!

VII
Anhang

1. Kommentiertes Literaturverzeichnis

In das nachfolgende Verzeichnis sind ausschließlich deutschsprachige Publikationen aufgenommen worden. Die wesentlich umfangreichere Literatur zu Indochina in englischer und französischer Sprache kann erschlossen werden durch den Auskunftsdienst der „Übersee-Dokumentation, Sektion Asien und Südpazifik", Neuer Jungfernstieg 21, 2000 Hamburg 36.

a) Zeitschriften

Hier sind zunächst vereinzelte asienbezogene Zeitschriften zu nennen, so zum Beispiel „Asien" (vierteljährlich herausgegeben von der Deutschen Gesellschaft für Asienkunde, Hamburg), „Internationales Asienforum" (vierteljährlich), „Außenpolitik" (vierteljährlich) und „Europa-Archiv" (halbmonatlich). Periodische wirtschaftliche Überblicke veröffentlicht auch der Ostasiatische Verein Hamburg.

Am umfassendsten über Indochina berichtet die Zweimonatszeitschrift „SÜDOSTASIEN aktuell", herausgegeben vom Institut für Asienkunde, Hamburg (seit 1982). Flächendeckende Berichterstattung („Übersichten") und systematische Analysen („Themen") sowie Dokumente.

Periodische Indochina-Berichte erscheinen auch in dem alle zwei Jahre von der Deutschen Gesellschaft für Auswärtige Politik vorgelegten Band „Die internationale Politik" (München, Wien).

b) Bibliographien

„Indochina" Teil I und II, hrsg. von Klaus-A. Pretzell und Jutta Bode, Dokumentationsleitstelle des Instituts für Asienkunde, Band 14, Hamburg 1980.

c) Sachbücher

Alsheimer, Georg W., „Eine Reise nach Vietnam", Frankfurt a. M. 1979, 223 S. Der Verfasser des autobiographischen Berichts „Vietnamesische Lehrjahre" (Frankfurt 1968), der 1961 bis 1967 als Arzt in Südvietnam gelebt hatte, kehrt zehn Jahre später in seine „Wahlheimat" zurück und erlebt anhand des „realen Sozialismus" zahlreiche Enttäuschungen, die er allerdings zu rationalisieren und zu entschuldigen versucht. Einmal befürchtet er sogar, ermordet zu werden. Reflexionen eines Betroffenen der „68er Generation".

Aschmoneit, Walter u. Werning, Rainer (Hrsg.), „Kampuchea. Lesebuch zur Geschichte, Gesellschaft, Politik.", Münster 1981, 498 S. Reiche Materialiensammlung – von den Anfängen bis 1980. Leider sehr schlechter Druck.

Bechert, Heinz, „Buddhismus, Staat und Gesellschaft in den Ländern des Theravada-Buddhismus", Band 2 u. a. Kambodscha und Laos. Bd. 17 Nr. 2 der Schriften des Instituts für Asienkunde, Hamburg, Wiesbaden 1967.

Berresheim, Volker, „Fünfunddreißig Jahre Indochina-Politik der Bundesrepublik Deutschland", Bd. 148 der Mitteilungen des Instituts für Asienkunde, Hamburg 1986, 235 S.

Bianco, Lucien, Das moderne Asien, Fischer Weltgeschichte Bd. 33, Frankfurt a. M. 6. Auflage 1982, 357 S. Enthält die Geschichte Südostasiens vom Beginn des 20. Jahrhunderts und Japans vom Ersten Weltkrieg bis ca. 1968.

Brötel, Dieter, „Französischer Imperialismus in Vietnam". Die koloniale Expansion und Errichtung des Protektorats Annam-Tongking 1880–1885, Freiburg 1971, 323 S.

Buro, Andreas u. Grobe, Karl, „Vietnam! Vietnam?", Frankfurt a. M. 1984, 243 S. Kurze Geschichte der Indochina-Kriege, ökonomische Entwicklung und politische Strukturen vor allem seit 1975.

Buttinger, Joseph, „Der kampfbereite Drache. Vietnam nach Dien Bien Phu", Wien u. a. 1968, 364 S.

Chesneaux, Jean, „Geschichte Vietnams", Berlin 1963, 392 S. Sozioökonomisch orientierte Darstellung.

ders.: „Ost- und Südostasien im 19. und 20. Jahrhundert. Wirtschaft – Gesellschaft – Ideologien – Politik", Rheinfelden 2. Auflage 1981, 431 S. Darstellung der historischen, politischen und wirtschaftlichen Entwicklung aus der Sicht eines französischen Marxisten.

Cuong Ngo-Anh, „Die Vietcong. Anatomie einer Streitmacht im Guerilla-Krieg", München 1981, 293 S. Gründung, politische sowie militärische Organisation und Kriegsführung der Vietcong.

Doan Van Toai, „Der vietnamesische GULAG", Köln 1980, 269 S. Der Autor schildert seine Erlebnisse in einem vietnamesischen Arbeitslager. Vietnam sei seit 1975 „ein einziges großes Gefängnis".

195

Devillers, Philippe: „Vietnams Außenpolitik – Bedingungen, Ansprüche und Möglichkeiten." Reihe Analysen aus der Abteilung Entwicklungsländerforschung des Forschungsinstituts der Friedrich-Ebert-Stiftung Nr. 91, Mai 1981, 65 S. Provietnamesische Darstellung.

Draguhn, Werner u. Schier, Peter (Hrsg.), „Indochina: Der permanente Konflikt?", Band 117 der Mitteilungen des Instituts für Asienkunde, Hamburg 1981, 299 S. Neun Autoren behandeln die Geschichte Indochinas, die dortigen kommunistischen Bewegungen, die Konflikte im Regionalbereich, den Einfluß der Großmächte und die Möglichkeiten einer Lösung des Indochinakonflikts. Ein ausführlicher chronologischer Überblick und ein Glossar sowie zahlreiche Karten runden die Darstellung ab.

Draguhn, Werner (Hrsg.), „Umstrittene Seegebiete in Ost- und Südostasien. Das Internationale Seerecht und seine regionale Bedeutung", Bd. 145 der Mitteilungen des Instituts für Asienkunde, Hamburg 1985, 343 S. mit zahlreichen Land- und Seekarten. Zehn Autoren schildern die Seerechtsansprüche verschiedener Anliegerstaaten, vor allem im Bereich des Westpazifik – und hier wiederum ganz besonders im Südchinesischen Meer sowie im Golf von Tongking. Streitparteien sind u. a. Vietnam und Kambodscha.

Draguhn, Werner u. a. (Hrsg.), „Politisches Lexikon Asien, Australien, Pazifik", München 2. Auflage 1989, BsR Nr. 827, 365 S. Die Länder Asiens, unter ihnen die drei Indochinastaaten, werden nach dem Schema „Grunddaten, historischer Überblick, politisches System, Sozialstruktur, binnen- und außenwirtschaftliche Gegebenheiten und Entwicklungsziele sowie zusammenfassende Charakterisierung" dargestellt.

Eckardt, André und Huu, Nguyen Tien, „Vietnam – Geschichte und Kultur", Darmstadt 1968.

Fallaci, Oriana, „Achtzig Tage in der Hölle. Als Reporterin im Vietnamkrieg", München 1984, dtv 10259, 337 S. Drastischer, streckenweise hysterischer Bericht der bekannten italienischen Journalistin.

Forschungsinstitut der Friedrich-Ebert-Stiftung (Hrsg.), „Der Indochina-Konflikt – Eine Krise frißt sich fest." Kurzfassung der wesentlichen Ergebnisse eines Expertengesprächs in Bonn am 16. und 17. November 1981. Reihe: Internationale Politik, Bonn 1981, 46 S.

Frédéric, Loüis, „Südostasien. Tempel und Skulpturen", Essen 1968, 439 S. Mit 453 Bildtafeln.

Fulbright, J. William, „Die Arroganz der Macht", Reinbek 1982, 236 S. Engagierte Auseinandersetzung des amerikanischen Senators mit der Vietnampolitik und der „Asiendoktrin" der amerikanischen Regierung. Das Buch erschien bereits zwei Jahre nach Ausbruch des Zweiten Indochinakriegs i. J. 1966 und zeichnete schon damals das bittere Ende der Indochina-Politik Washingtons vor.

Giap, Vo Nguyen, „Volkskrieg, Volksarmee", München 1968, 175 S.

Hauptschriften des Gründers und langjährigen Oberbefehlshabers der Vietnamesischen Volksarmee.

Giesenfeld, Günter, „Land der Reisfelder. Vietnam, Laos, Kampuchea. Geschichte u. Gegenwart", Köln 1981, 220 S. Ein Plädoyer für Vietnam.

Gizycki, Renate von, „Begegnung mit Vietnam. Geschichte einer Reise", Frankfurt a. M. 1987, 187 S. Eine Autorin, für die Vietnam in den sechziger Jahren noch ein „Symbol der Suche nach einer gerechteren Welt" gewesen war, begegnet dem wirklichen Vietnam.

Groslier, Bernard Philippe, „Hinterindien. Kunst im Schmelztiegel der Rassen", Baden Baden 1974, 280 S. Kunst und Kultur in Kambodscha, Vietnam und Laos.

Hejzlar, Josef, „Vietnamesische Kunst", Prag 1973, 292 S., 245 Phototafeln.

Hilgemann, Werner, Kettermann, Günter u. Hergt, Manfred, dtv-Perthes-Weltatlas. Großräume in Vergangenheit und Gegenwart, Bd. 10: Südostasien, München 1977. Darstellung wirtschaftlicher, geographischer und politischer Probleme anhand von erläuterten Karten.

Ho Chi Minh, „Ausgewählte Reden u. Aufsätze", Berlin 1961

ders.: „Revolution u. nationaler Befreiungskampf. Reden und Schriften 1920–1968", Frankfurt a. M. 1968, 400 S.

Höfer, Andras u. a., Die Religionen Südostasiens, aus der Reihe „Die Religionen der Menschheit", Band 23, Stuttgart 1975, 578 S.

Horlemann, Jürgen u. Gäng, Peter, „Vietnam. Genesis eines Konflikts", Frankfurt a. M. 1966. Der frühere KPD-Vorsitzende Horlemann analysiert die Vorgänge in Vietnam aus Parteiperspektive.

Illner, Hans, „Reiseland Vietnam", Moers 1989, 440 S. Praktisches Reisehandbuch

Kissinger, Henry A.,
- Bd. 1 „Memoiren 1968–1973", München 1979, 1632 S. Vor allem Kapitel 8, 12, 23, 25, 27, 33, 34. Der frühere amerikanische Außenminister liefert Einblicke in das Innenleben des amerikanischen Entscheidungsprozesses während des Zweiten Indochinakrieges.
- Bd. 2 „Memoiren 1973–1974", München 1982, 1503 S. (insbes. Kapitel 2, 4, 8 + Anhang „Die Bombenangriffe 1973 in Kambodscha")

Kreis, Karl Markus, „Großbritannien und Vietnam – Die britische Vermittlung auf der Genfer Indochinakonferenz 1954". Mitteilungen des Instituts für Asienkunde Nr. 51, Hamburg 1973, 268 S.

„Kurze Geschichte der Partei der Werktätigen Vietnams", Berlin 1972, 116 S. Die offizielle Geschichte der KPV, die Aufschluß über das Selbstverständnis des vietnamesischen Kommunismus gibt.

Lacouture, Jean, „Ho Tschi Minh", Frankfurt a. M. 1968, 314 S. Biographie.

Le Duan, „Ausgewählte Reden und Schriften", Frankfurt a. M. 1977, 366 S. Zwölf Reden und Abhandlungen des KPV-Generalsekretärs aus den Jahren zwischen 1973 und 1977.

Le Than Khoi, „Dreitausend Jahre Vietnam". München 1969, 579 S. Von der „mythischen Zeit" bis zum Tode Ho Chi Minhs.

Legler, Anton u. Hübinck, Kurt, „Der Krieg in Vietnam, Bericht und Bibliographie" Band I–III, Frankfurt a. M. 1973. Im Stil eines Kriegstagebuchs werden die Ereignisse präzise und detailliert wiedergegeben. Fundgrube.

Luther, Hans Ulrich, „Der Vietnamkonflikt. Darstellung und Dokumentation", Berlin 1969, 158 S. Guter Überblick.

Möller, Kay, „China und das wiedervereinte Vietnam – Pax Sinica contra Regionalhegemonie", Reihe: Chinathemen Bd. 14, Bochum 1984.

Neudeck, Rupert (Hrsg.), „Wie helfen wir Asien?" oder „Ein Schiff für Vietnam", Reinbek 1980, 205 S. Neudecks leidenschaftliches Plädoyer für die „Boat-people". Disput: Die Linke und Vietnam.

Nohlen, Dieter u. Nuscheler, Franz (Hrsg.), „Handbuch der Dritten Welt", Bd. VII („Südasien und Südostasien"), Hamburg 1983, 527 S. Die drei Indochina-Staaten werden unter den Gesichtspunkten der Struktur- und Entwicklungsprobleme (von verschiedenen Autoren) vorgestellt (Autoren: Kreile, Luther, Weggel).

Opitz, Peter J. (Hrsg.), „Das Weltflüchtlingsproblem. Ursachen und Folgen", München 1988 (BsR Nr. 367), 238 S. Mit einem Kapitel über Flüchtlinge aus Vietnam, Laos und Kambodscha.

Pavie, Auguste, „Eine friedliche Eroberung. Indochina 1888", Gütersloh, Wien, o. J., 448 S. Pavie, der Schrittmacher des französischen Kolonialismus in Laos rühmt sich in seinem autobiographischen Bericht („A la conquête des Coeurs"), er habe das Königreich von Laos ohne Gewalt für Frankreich gewonnen.

Roell, Peter, „Brennpunkt Indochina – Die chinesisch-vietnamesischen Beziehungen von 1975 bis 1980 als Strukturkomponente der internationalen Politik im ostasiatisch-pazifischen Raum", München 1984, Teil I: 469 S., Teil 2 („Materialien"), 382 S.

Roy, Jules, „Der Fall von Dien Bien Phu", München, Esslingen 1964, 375 S.

Scharlau, Winfried, „Vier Drachen am Mekong. Asien im Umbruch", Stuttgart 1989, 384 S. Atmosphärisch dichte und sorgfältig recherchierte Darstellung des ARD-Fernsehkorrespondenten über die Umbrüche in Kambodscha, Laos, Thailand und Vietnam während eines Vierteljahrhunderts.

Scholl-Latour, Peter, „Der Tod im Reisfeld – Dreißig Jahre Krieg in Indochina", Stuttgart 1979, 348 S. Augenzeugenbericht des ehemaligen Fernsehkorrespondenten. Sehr persönlich gehalten.

Sembdner, Friedrich, „Das kommunistische Regierungssystem in Vietnam", Köln 1978, 292 S. Formal-juristische Darstellung des Regierungssystems anhand der vietnamesischen Verfassungen von 1946 und 1960.

Sheehy, Gail, „Mom. Heimkehr in ein fremdes Land", München 1987,

349 S. Die US-amerikanische Journalistin zeichnet das Schicksal eines kambodschanischen Mädchens nach, das zwischen seinem 6. und seinem 10. Lebensjahr die Schreckensherrschaft der Pol Pot-Ära erlebt – und überlebt.

Sihanouk (Norodom Sihanouk), „Kambodscha. Chronik des Krieges und der Hoffnung", Frankfurt a. M., Berlin 1980, 231 S. Sihanouk „verarbeitet" hier die Jahre nach seinem Sturz (März 1970) und die „nationale Katastrophe" der Khmer Rouge-Herrschaft. In Ich-Form geschrieben.

Somers-Heidhues, Mary F., „Politik in Südostasien. Grundlagen und Perspektiven", Bd. 136 der Mitteilungen des Instituts für Asienkunde, Hamburg 1983, 260 S. Überblick über neuere politische Entwicklungen und ihre Hintergründe mit länderübergreifenden Analysen.

Shawcross, William, „Schattenkrieg. Kissinger, Nixon und die Zerstörung Kambodschas", Berlin, Frankfurt a. M., Berlin 1980, 480 S. Vom früheren Korrespondenten der Londoner Sunday Times geschriebenes lebendiges Kambodscha-Buch, das den Amerikanern die Hauptschuld an der kambodschanischen Katastrophe anlastet.

Sheehan, Neil (Hrsg.), „Die PENTAGON-Papiere. Die geheime Geschichte des Vietnamkriegs", München, Zürich 1971, 684 S. Die 1971 von der New York Times abgedruckten Geheimdokumente des Pentagon zeigen, wie sich die USA über zwei Jahrzehnte hin immer tiefer in den Indochina-Krieg verstrickt haben.

Terzani, Tiziano u. Barth, Ariane, „Holocaust in Kambodscha", Reinbek 1980, 228 S. Journalistisch – drastisch.

Tien Huu, „Vom Reich der Sinne. Speisen aus Vietnam für Kopf und Bauch", München 1983, 205 S. Hauptthese der amüsanten Darstellung: Kultur und Essen liegen eng zusammen.

To Huu, „Vietnam, mein Land. Ausgewählte Gedichte 1939–1974", München 1975, 124 S. Ein Ausnahmefall gelungener politischer Lyrik. Der Autor war eine Zeitlang Mitglied des Politbüros der KPV.

Uhlig, Harald (Hrsg.), „Südostasien", Fischer-Länderkunde Bd. 3, Frankfurt a. M. 3. Auflage 1988, 719 S. Vorgestellt werden zunächst der „Kulturerdteil Südostasien", sodann die einzelnen Staaten Südostasiens. Geographisch akzentuiert.

Viet Tran, „Vietnam – heute. Berichte eines Augenzeugen", Frankfurt a. M. 1979, 126 S. Kritischer Augenzeugenbericht über die inneren Verhältnisse Südvietnams nach dem Fall Saigons.

Villiers, John (Hrsg.), „Südostasien vor der Kolonialzeit", Fischer Weltgeschichte Bd. 20, Frankfurt a. M. 1968, 348 S. Schwer lesbare, aber gründliche Darstellung.

Vu, The Quyen, „Die vietnamesische Gesellschaft im Wandel. Kolonialismus und gesellschaftliche Entwicklungen in Vietnam", Wiesbaden 1978, 404 S. Exzellente Analyse vor allem des traditionellen Vietnam.

Weggel, Oskar, „Gesamtbericht Vietnam, Kambodscha, Laos": Alle zwei

Monate in CHINA aktuell (bis 1982) und seit September 1982 in SÜDOSTASIEN aktuell (jeweils 30–40 S.)

ders.: „Die chinesisch-vietnamesischen Auseinandersetzungen um das Südchinesische Meer und um den Golf von Tongking."

– „Die maritimen Grenzen zwischen Vietnam und Kambodscha: Gemeinsame exklusive Wirtschaftszonen?"

– „Konfliktpotential und Zukunftsperspektiven im Westpazifik": Alle drei Teile erschienen in Draguhn, Werner (Hrsg.), „Umstrittene Seegebiete in Ost- und Südostasien, Bd. 145 der Mitteilungen des Instituts für Asienkunde, Hamburg 1985, 343 S.; das neben der Kambodscha-Frage zukunftsträchtigste Konfliktfeld Indochinas.

ders.: „Kambodscha 1975/76", Bd. 87 der Mitteilungen des Instituts für Asienkunde, Hamburg 1977, 61 S. Darstellung nach Quellen des Demokratischen Kampuchea. Verfassung von 1976.

Weidemann, Diethelm, Wünsche, Renate u. Seifrin, Max, „Vietnam 1945–1970. Der nationale und soziale Befreiungskampf des vietn. Volkes", Berlin 1971, 339 S. DDR-Sicht.

Wildgruber, Thomas, „Der Traditionsbezug in der vietnamesischen Revolution", Bd. 101 der Mitteilungen des Instituts für Asienkunde. Hamburg 1979. 128 S. Wie die Traditionen des Dorfes, des Freiheitskampfes usw. das moderne Denken bestimmen.

Will, Gerhard, „Vietnam 1975–1979: Von Krieg zu Krieg", Bd. 156 der Mitteilungen des Instituts für Asienkunde, Hamburg 1987, 259 S. Der Vietnamreferent am Kölner Bundesinstitut für ostwissenschaftliche und internationale Studien liefert unter Überschriften wie „Die historischen Erfahrungen der vietnamesischen Kommunisten", „Die Ideale der Vergangenheit und die Herausforderungen der Gegenwart", „Der Weg in die Krise" sowie „Ausweg in die Sackgasse" eine gründliche Schilderung der Ereignisse zwischen dem Sieg Hanois von 1975 und dem Einmarsch seiner Truppen nach Kambodscha i. J. 1979.

d) Literarische Darstellungen

Greene, Graham, „Der stille Amerikaner", Hamburg 1984, 170 S. Persönliche Konflikte zwischen mehreren Ausländern vor dem Hintergrund des Ersten Indochina-Krieges. Atmosphärisch dicht.

Pham Duy Khiem, „Vietnamesische Märchen", Frankfurt a. M. 1975, 117 S.

Sacher, Ruth, „Märchen der Khmer", Leipzig 1979, 438 S.

To Huu, „Vietnam, mein Land, Ausgewählte Gedichte 1938–1974", siehe dazu unter c.

Velder, Christian (Hrsg.), „Liebesgeschichten aus Kambodscha", Zürich 1971, 366 S.

„Vietnamesische Erzähler. Der Uhrmacher von Dien Bien Phu", Berlin

1977, 294 S. 17 Erzählungen moderner vietnamesischer Autoren. Illustrative Einblicke in den Kriegsalltag.

West, Morris, „Der Botschafter", München, Zürich 1979, 223 S. West schildert in spannender Form und mit Einfühlungsvermögen die Auseinandersetzungen zwischen dem früheren US-Botschafter C. Lodge und Staatspräsident Diem. Psychologische und interkulturelle Mißverständnisse zwischen Ost und West werden mit bezwingender Einsichtigkeit beschrieben. Ein Glücksfall.

2. Geschichte im Überblick

Vietnam

a) Vorgeschichte
Früheste Spuren der Yue (Viets) finden sich in Südchina (am unteren Yangzi) und im Rote-Fluß-Delta (Reich von Van-lang), wo Yue und austropazifische Völker („Indonesier") friedlich miteinander leben. Beim Angriff der Han-Dynastie (111 v. Chr.) wandern letztere in die umliegende Bergwelt sowie nach Kalimantan und Sumatra aus.

Zwei Betrachtungsweisen sind zu unterscheiden

* Die traditionelle v. Geschichtsschreibung verfolgt eine eher *mythische* Sicht. Um dem Chinesischen Reich etwas historisch „Gleichwertiges" entgegensetzen zu können, werden 3 langlebige Reiche fingiert, nämlich
Van-lang (unter den Hung-Königen) (2879–258 v. Chr.!)
Au-lac (unter den Thuc-Königen) (257–208 v. Chr.) und
Nam-Viet (unter den Trieu-Königen) (208–111 v. Chr.)

Erst mit der Kolonisierung durch China (111 v. Chr.) tritt Vietnam ins Licht der Geschichte. Aus der vorangegangenen schriftlosen Zeit sind nur Mythen überliefert. Danach waren die Viets „Nachfahren des Drachens und der Fee", also von Wasser- und Berggeistern (Doppelerbe von Naßreis- und Bergbauern-Kultur? Reminiszenzen an die austropazifische Seefahrer-Tradition?)

* Aus moderner wissenschaftlicher Sicht sind folgende Perioden zu unterscheiden:

Paläolithikum (bis 300 000 v. Chr.): Früheste Funde in Nui Do (Provinz Thanh Hoa). Verwandtschaft mit dem Java-Menschen (Pithecanthropus) und dem Peking-Menschen (Sinanthropus). Werkzeuge aus Basalt; Verwendung von Bambus und Muschelschalen statt der sonst üblichen Steinausformungen. Felsbehausungen im Kalksteingebirge.

Mesolithikum (bis 10 000 v. Chr.): Sogenannte „Hoa Binh-Kultur", benannt nach dem Fundort in Nordvietnam. Sie erstreckte sich von Südchina bis Sumatra. Höhlenbewohner; charakteristisches Instrument: ein

Steinwerkzeug zum Zerstampfen von Nahrungsfrüchten, Hundehaltung.

Neolithikum (bis 3000 v. Chr.): Sogenannte „Bac-Son-Kultur" (in den Bergen der nördlichen Provinz Hoa Binh) und „Quynh-Van-Kultur" (an der Küste der Nghe-An-Provinz). Typisch die Bac Son-Axt – ein Handbeil mit polierten Schneideflächen. Mit der Quynh-Van-Kultur begann die Besiedlung der Tiefebene. Charakteristisch die sogenannten „Muschelhügel", in denen zahlreiche Topfscherben, Knochen- und Kohlereste gefunden wurden (deshalb auch „Küchenkehrichthaufen" genannt).

Die Bronzezeit (700–300 v. Chr.) ist vertreten durch die „Dong-Son-Kultur" – benannt nach dem Dorf Dong Son in der zentralvietnamesischen Thanh-Hoa-Provinz. Hauptcharakteristikum sind reich dekorierte Bronzetrommeln, die bei Begräbnisritualen benutzt wurden und die von Südchina bis hinunter nach Bali verbreitet waren. Daneben bronzene Speerspitzen, Armreifen, Messer, aber auch Steinwerkzeuge, Jadegegenstände und Töpfereien. Träger dieser Kultur waren Bauern, deren Häuser auf Pfeilern ruhten. Sie hielten Hunde, Schweine und Büffel und bauten (wahrscheinlich) Reis an.

b) Altertum: chinesisches Protektorat (111 v. Chr.–939 n. Chr.)

Mit der Gründung des Königreichs Nam-Viet (vgl. oben) erscheint Vietnam („Nanyue") in der (chinesischen) Geschichtsschreibung. Hauptstadt: Phien-Ngu, das heutige Guangzhou (Canton). Nam-Viet erkennt 196 v. Chr. die chinesische Tributherrschaft an, zieht diese Anerkennung aber 112 v. Chr. wieder zurück. Die Folge: Invasion und Besetzung durch die Han-Dynastie.

Über 1000 Jahre lang untersteht Vietnam nunmehr (zuerst als Provinz Giao-chi, später als Provinz „Annan"=„befriedeter Süden") der chinesischen Oberherrschaft. Sinisierung und Verdrängung des überkommenen matriliniaren durch das (konfuzianische) patriliniare Familiensystem.

Manchmal wird die Periode in 3 Phasen unterteilt: 111 v. Chr.–39 n. Chr. mit anschließender Trung-Dynastie (40–43 n. Chr.); zweite chinesische Periode (44–544) mit anschließender „Früher Ly-Dynastie" (544–602); dritte chinesische Periode: 603–939 mit anschließender „Ngo-Dynastie" (939–965). Es gab also mehrere Zwischenphasen der „Unabhängigkeit".

939: Schlacht am Bach Dang – dem vietnamesischen Schicksalsfluß, an dem die Chinesen (erstmals 938 und zum zweitenmal 1288) entscheidend besiegt wurden. Beide Male gerieten die chinesischen Truppen in eine „Speer-Falle", als sie nämlich den Bach Dang bei Flut hochfuhren, bei Ebbe in den von vietnamesischen Truppen auf dem Flußgrund angebrachten Speer-Fallen hängenblieben und so den plötzlich auftauchenden Angreifern wehrlos ausgeliefert waren. „Bach Dang" ist ein Schlüsselbegriff für jedes Schulkind. Der Sieger von 938, Ngo Quyen, gründete 939 den unabhängigen Staat „Dai Viet" (Großvietnam), der 900 Jahre später, nämlich 1804, in „Vietnam" umbenannt wurde.

c) Mittelalter (939–1533)

Das Mittelalter wird hier verstanden als Zäsur zwischen den zwei bedeutendsten Ereignissen der vietnamesischen Geschichte, nämlich dem Ende der direkten chinesischen Herrschaft einerseits und dem Beginn des Bürgerkriegs sowie des Großen Marsches nach Süden andererseits.

Dynastie-Geschichte: Ngo (939–965), Dinh (968–980), „Frühe Le" (980–1009), Ly (1010–1225), Tran (1225–1400), Ho (1400–1407), „Spätere Tran" (1407–1413), chinesisches Interregnum der Ming-Dynastie (1414–1427), „Späte Le" (1428–1527).

Die Ly-Dynastie (1010–1225) verwirklicht den zentralen Einheitsstaat. 1010 wird Hanoi (damals „Thang-long") Hauptstadt; Zentralismus nach chinesischem Vorbild, seit 1075 Staatsprüfungen für Beamte, starke Armee, Straßen- und Posteinrichtungen.

Während der Tran-Dynastie greift die (mongolische) Yuan-Dynastie Chinas an, wird aber abgewehrt. Neues Selbstbewußtsein; Entstehen autochthoner Kulturformen.

1413–1428: Einfall der chinesischen Ming-Gruppen, die allerdings unter dem Partisanen-Führer Le Loi wieder vertrieben werden. Le-loi gründet die langlebigste Dynastie (1428–1788) und führt Reformen im Boden-, Verwaltungs- und Schulwesen durch.

d) Neuzeit

Die Neuzeit beginnt mit dem 254 Jahre währenden Bürgerkrieg (1533–1778), mit der Teilung Vietnams (1620–1802) sowie mit dem „Großen Marsch nach Süden".

Für kurze Zeit hatte der Mac-Clan die Herrscher der Le-Dynastie gestürzt und eine Mac-Dynastie (1527–1592) ausgerufen. Die Lehnsherren der Le, nämlich der Nguyen- und der Trinh-Clan nahmen daraufhin den Kampf gegen die Mac-Usurpatoren auf und stellten die (machtlos bleibende) Le-Dynastie wieder her, gerieten sich aber nun ihrerseits in die Haare. Im Verlauf des nun folgenden zweieinhalb Jahrhunderte dauernden Bürgerkriegs festigten die Trinh ihre Macht im nördlichen Teil (1539–1787), während die Nguyen nach Süden auswichen und im Laufe der kommenden Jahrhunderte zu den Kolonisatoren Südvietnams sowie zu den Bezwingern der Cham- und Khmer-Königreiche wurden.

Unterbrochen wurde die Herrschaft der beiden Clans durch die Tay-Son-Rebellion (1771–1788), doch gelang es einem Angehörigen des Nguyen-Clans, Nguyen Anh, im Jahre 1802 die Tay Son-Rebellen zu stürzen und sich im Jahre 1802 unter der Losung Gia Long zum Kaiser Gesamtvietnams auszurufen. Die ersten vier Kaiser Gia Long (1802–1820), Minh Mang (1820–1840), Thieu Tri (1841–1847) und Tu Duc (1848–1883) waren fähige Herrscher konfuzianischer Gesinnung.

1615 Beginn der katholischen Mission, 1630 erstes Verbot, seit 1825 Christenverfolgungen. Auf diese Weise bekamen zuerst die Spanier und dann die Franzosen einen Vorwand, sich in Vietnam einzumischen und – in der Absicht sich über Vietnam einen Zugang nach Südchina zu verschaffen – das Land nach und nach zu kolonisieren. Letzter Nguyen-Herrscher war Bao Dai (1925–1945) – ein „Kaiser" zuerst von Frankreichs, dann von Japans und schließlich wieder von Frankreichs sowie von Washingtons Gnade (endgültig abgelöst 1955).

e) Kolonialzeit (1862–1954)

1862: Frankreich in Cochinchina; Eröffnung von 3 Häfen und Wiederzulassung der katholischen Mission

1867: Cochinchina wird französische „Kolonie".

1873: Einnahme Hanois und (1874) Vertrag von Hanoi: Öffnung des Roten Flußes.

1887: Zusammenlegung der „Kolonie" Cochinchina sowie der 4 „Protektorate" Annam, Tongking, Kambodscha und Laos zur „Föderation Indochina".

Mehrere antifranzösische Aufstände; 1930 Gründung der KP Indochina, 1941 des Vietminh (Front für den Kampf um die Unabhängigkeit) durch Ho Chi Minh.

1941–45: Japanische Besetzung.

Fortsetzung: vgl. Text S. 58 ff.

Kambodscha

Im Gebiet des heutigen Kambodscha gab es Reisanbau bereits seit dem Neolithikum (Sichelfunde von Melau Prei). Berichte aus chinesischer Feder setzen mit dem ersten nachchristlichen Jahrhundert ein. Zu dieser Zeit leben am unteren Mekong drei politisch voneinander unabhängige Völker, die Funanesen, die Khmer und die Cham, deren Geschichte fast ganz im Dunkeln liegt; mit Ausnahme einiger Steininschriften gibt es keinerlei historisch verbürgte Überlieferungen. Alle drei Völker gerieten unter den Einfluß der indischen Kultur.

Fünf Perioden sind zu unterscheiden:

a) Funan-Periode (1.–6. Jahrhundert)

Von den drei genannten Völkern gewann zunächst Funan (unter der sogenannten „Mond-Dynastie" die Oberhand). Schnelle Indisierung.

b) Chenla-Periode (535–802)

Die Chenla-Periode unter der sogenannten „Sonnen-Dynastie" begann, als es den Hauptvasallen von Funan, nämlich den Khmer von Chenla (am Mittleren Mekong) gelang, ihre Fesseln abzuschütteln und nun ihrerseits die Funanesen zu unterwerfen. Eroberung fast der gesamten indochinesischen Halbinsel. Chenla war 250 Jahre lang die Vormacht in „Indochina". Seine Herrscher fügten ihren Namen das Sanskrit – suffix-„varman" (Panzer, Rüstung, Schutz, auch: Beschützer) hinzu: Jayavarman, Suryavarman etc.

Gegen Ende des 8. Jahrhunderts zerfiel Chenla infolge zahlreicher Bürgerkriege in einen südlichen („Wasser-Chenla" im Mekong-Becken) und einen nördlichen Teil („Hochland-Chenla", das sich bis nach Südlaos hinein erstreckte). Der südliche Teil wurde alsbald vom damaligen malaiischen Großreich Srivijaya unterworfen.

c) Angkor-Periode (802–1432)

802 erklärte sich Kambodscha gegenüber Srivijaya unabhängig, fügte die zwei Landesteile wieder zum Einheitsreich zusammen und leitete damit die machtvollste Epoche der kambodschanischen Geschichte ein. Obwohl der neue Staat mit seiner Hauptstadt Angkor den früheren malaiischen Oberherren gegenüber politisch die Unabhängigkeit gewonnen hatte, blieb er noch lange Zeit kulturell unter seinem Einfluß. Die Ähnlichkeiten zwischen den Bauten von Angkor und denen von Java (Prambanantempel bei Jogjakarta!) sind daher nicht zufällig. In seiner Blütezeit (10.–12. Jahrhundert) umfaßte das Reich von Angkor neben dem heutigen Kambodscha noch Cochinchina und Annam, größere Teile von Laos und Thailand sowie Landstriche von Birma und Malaia. In dieser Epoche lebten auch die zwei größten Herrscher der Khmer, nämlich Suryavarman II, der Erbauer von Angkor Wat (1113–1145) und Jayavarman VII (1181–1201), der Erbauer der Stadt Angkor Thom sowie zahlreicher Sozialeinrichtungen, wie Krankenhäuser, Rasthäuser für Pilger, Reislager, Bibliotheken und Schulen.

Die Zeit historischer Größe und kulturellen Glanzes war jedoch gleichzeitig auch eine Periode der Kriege gegen die damaligen zwei Todfeinde der Khmer, nämlich die Thai und die Cham. Bereits 1177 hatte eine Kriegsflotte der Cham, die den Mekong und den Großen See hinaufgesegelt waren, die Stadt Angkor verwüstet. Die Thai eroberten Angkor 1353 und erneut 1430. Die Stadt wurde niedergebrannt und Tausende von Künstlern und Gelehrten als Sklaven nach Thailand verschleppt, womit die Kambodschanisierung der thailändischen Kultur einsetzte. 1432 mußte das zerstörte und fieberverseuchte Angkor aufgegeben werden. Das Volk war ausgelaugt von den ständigen Kriegen und von den gewaltigen Anstrengungen, die ihm durch die Bauwut seiner Könige zugemutet wurden.

d) Kambodscha des Übergangs (1432–1864)

In ihrer neuen Hauptstadt Lovek spielten die Khmer, einst Vormacht im festländischen Südostasien, nur noch eine Nebenrolle. Von zwei Seiten, nämlich den Thai und den Annamiten bedrängt, drohte der Khmer-Staat – ähnlich wie derjenige der Cham – Mitte des 19. Jahrhunderts von der Landkarte zu verschwinden. In dieser Situation entschied sich der König nolens volens für das ihm von Frankreich angebotene „Protektorat".

e) Kolonialzeit

Damit begann die Kolonialzeit, die bis 1954 (Genfer Verträge) dauerte. Fortsetzung vgl. Text S. 66 ff.

Laos

a) Frühgeschichte

Die Laoten lebten, ähnlich wie die Thai, ursprünglich als eines von mehreren Dai-Völkern in Südchina. Ihre früheste Staatenbildung war, ebenso wie diejenige der Thai, das Reich von Nan Chao im heutigen chinesischen Yunnan (7. Jahrhundert⁻n. Chr.). Zuerst schleppende Abwanderung und später Vertreibung durch die Mongolen (1253) in mehrere Richtungen, und zwar in das heutige Laos, nach Nordthailand, nach Assam, auf die Insel Hainan, nach Birma („Shan") und nach Nordvietnam, wo man auch heute noch die „Schwarzen Dai" (Tai Dam) und die „Roten Dai" (Tai Dang) – nach der Farbe der Trachten – unterscheidet. Die Laoten überlagerten in ihren neuen Siedlungsgebieten zahlreiche andere Völker, unter anderem auch die Mon, von denen sie den Theravada-Buddhismus sowie indische Kultur (Schrift, Recht, Kunstformen, Legenden, Kosmologie, brahmanisches Hofzeremoniell etc.) übernahmen. Auch die Khmer dienten den Laoten als Übermittler indischen Kulturguts.

Von den zahlreichen damals entstandenen neuen Lao-Staaten (nach der Legende waren es 7, die der halbgöttliche Stammvater Khoun Borom an seine sieben Söhne verteilte), entwickelte sich dasjenige von Muong Swa zur Keimzelle des späteren Königreichs der „Ein Millionen Elefanten" (Lan Xang).

b) Königsgeschichte

Mit König Fa Ngum und der Gründung von Lan Xang (1353) kommt Laos ins Licht der Geschichte. Fa Ngum hatte eine Zeitlang am Hofe von Angkor gelebt, eine kombodschanische Infantin geehelicht und mit kambodschanischer Hilfe das Königreich von Muong Swa zurückerobern können. Mit seiner Thronbesteigung auch begann die Geschichte des Theravada-Buddhismus in Laos; u. a. ließ er die heilige Prabang-Buddha-Statue ins Land bringen, nach der Muong Swa später in „Luang Prabang" umgetauft wurde. Das Volk hielt an der Verehrung der alten Geister (phi) fest.

Unter König Setthathirath (1547 ff.) wurde die Hauptstadt von Muong Swa (das nun, wie erwähnt, den Namen „Luang Prabang" erhielt) nach Vientianne verlegt, und zwar mit dem Ziel, das Zentrum Lan Xang's mehr an das verbündete Thailand heranzuführen und so vor den feindlichen Birmanen (Einfälle: 1571 ff.) Schutz zu suchen.

Um 1800 spaltete sich das immer schon zerbrechliche „Einheitsreich" von Lan Xang in drei jeweils von rivalisierenden Prinzen geführten Königreiche (Vientianne, Luang Prabang und Champassak), die ihrerseits sogleich wieder unter fremde Oberherrschaft gerieten: Vientiane unter teils vietnamesische (Hue), teils siamesische, Luang Prabang unter chinesische und Champassak unter siamesische Tributhoheit.

Nach heutiger laotischer Darstellung hat Laos mehrere große Einfälle erlitten:
Im 16. Jahrhundert die erwähnten 20 Jahre der „Kolonisierung" durch die „birmanischen Feudalisten";
1778 durch die „siamesischen Feudalisten", gegen die 1827 eine Erhebung stattfand, woraufhin Vientiane (1828) durch die Siamesen zerstört wurde; 1893 durch die „französischen Kolonialisten" und 1945 durch die „japanischen Faschisten". Von Übergriffen Vietnams ist dagegen nicht die Rede.

c) Kolonialgeschichte (1893–1945)
Frankreich versuchte seit 1858, von Cochinchina aus via Mekong, nach Südchina vorzudringen und mußte sich zu diesem Zweck auch einen Weg durch Laos bahnen, das zu dieser Zeit unter der Souveränität Siams stand. Der koloniale Schrittmacher Frankreichs in Laos, Vizekonsul Auguste Pavie, versuchte den Hof von Luang Prabang für ein laotisch-französisches Schutzbündnis gegen Siam zu gewinnen, hatte damit aber erst Erfolg, als französische Kriegsschiffe i. J. 1893 drohend vor Bangkok aufgezogen waren.
Nachdem sich freilich der Mekong als ungeeignet für den Zugang nach Südchina erwiesen hatte, regierte Frankreich nur noch mit lockerer Hand. 1899 französischer Résident Supérieur in Vientiane; Zusammenlegung der drei Teilkönigreiche zu einem Gesamtgebiet, das den Namen „Laos" erhält. Indirekte Herrschaft Frankreichs, d.h. lokale Eliten- und Stammesfürsten üben unmittelbare Herrschaft aus. Bescheidene Modernisierung des Verwaltungs-, Erziehungs- und Steuerwesens. Beschäftigung von Annamiten im kolonialen Dienst trotz des Mißtrauens der Einheimischen gegen die „Leute von jenseits der Berge". 1904: Sisavang Vong wird nach Abschluß seiner Studien in Frankreich zum König eingesetzt.
1940/45: Besetzung Indochinas durch japanische Truppen; Einmarsch in Laos allerdings erst im April 1945. Nach der japanischen Kapitulation erklärte Prinz Phetsarath Laos am 18. August 1945 für unabhängig und gründete gleichzeitig die „Lao Issara"-Front als Sammelbecken für die laotischen Patrioten.
April 1946: Wiedereinmarsch der französischen Truppen; Flucht der meisten Lao Issara-Mitglieder nach Thailand. (Näheres hierzu Text S. 62 ff.)

3. Datenkranz (s. S. 210 f.)

Nirgends in Asien werden Zahlen so „geheim gehalten" oder verschleiert wie in den drei Indochinaländern. Vietnam vor allem gibt seit 1978/79 keine umfassenden Statistiken mehr heraus, sondern läßt nur sporadisch einige Zuwachszahlen (in Prozent) sowie, in äußersten Ausnahmefällen, auch einmal eine konkrete Zahl durchsickern. Auch die üblichen westlichen Referenzbücher über Asien bleiben deshalb lückenhaft; und während die einschlägigen Spalten bei anderen asiatischen Volkswirtschaften von Zahlenmaterial nur so überquellen, heißt es in den einzelnen für Vietnam, Kambodscha und Laos bestimmten Rubriken immer nur „n. a." (not available, d. h. also „nicht verfügbar").

Viele der nachfolgend angeführten Zahlen beruhen deshalb notwendigerweise auf Schätzungen, die anhand früherer Daten hochgerechnet oder aufgrund „benachbarter" Zahlenreihen erstellt wurden.

Auf diese Weise wird zwar nicht das Filigran, wohl aber der grobe Umriß des Datenkranzes deutlich. Man mag sich fragen, ob es besonders sinnvoll ist, bei landwirtschaftlich ausgerichteten Ländern wie den drei Indochinastaaten nach dem Bruttosozialprodukt (BSP) zu fragen, da in diesem Begriff ja Parameter enthalten sind, die für das Leben eines Reisbauern nichts bedeuten, wie z. B. „Nettoauslandsinvestitionen", „private Nettoinlandsinvestitionen", Abschreibungen, Dienstleistungen und dergleichen – zumal die dann extrapolierten Werte auch noch in US-Dollar umgerechnet werden müssen, wenn sie international vergleichbare Wertangaben liefern sollen.

Wenn man aber überhaupt zu einem Vergleich der Leistungsfähigkeit von Volkswirtschaften kommen will, bleibt vor allem das BSP/pro Kopf wohl unentbehrlich. Dies wird besonders deutlich, wenn man z. B. zwei Länder einander gegenüberstellt, die von der Einwohnerzahl her fast gleich groß sind, wie die DRV und die Bundesrepublik Deutschland. 1985 lag das deutsche BSP-Pro-Kopf bei 10.805 US$, das vietnamesische dagegen bei rd. 170 US$; weitere Vergleiche: VR China 186 US$, Königreich Thailand 804 US$.

4. Bild- und Kartennachweis

Sämtliche 8 Bilder sind vom Autor photographiert worden. Karten: Institut für Asienkunde.

Vietnam, Kambodscha und Laos im Vergleich
(Erläuterungen s. S. 207 f.)

Zahlen 1989	SR Vietnam
Landfläche	329 566 m^2
Einwohner	66 Mio.
Bevölkerungsdichte	200 E/m^2
Bevölkerungswachstum (1980/87)	2,6%
In wievielen Jahren verdoppelt sich die Bevölkerung?	27
Anteil der städtischen Bevölkerung (in %)	19
Lebenserwartung (Jahre)	63
Arbeitende Bevölkerung	34 Mio.
Verhältnis Landwirtschaft: Industrie: Dienstleistungen (% der Beschäftigten)	73:17:10
BSP (Bruttosozialprodukt)	11,2 Mrd.US$
BSP pro Einwohner (jhrl.)	170 US$
Entstehung des BSP Anteil der Landwirtschaft	45%
Anteil der Industrie	26%
Landwirtschaft Reis (Äquivalente)	20 Mio.t (= 303 kg pro Kopf)

Zusätzliche Daten für Vietnam (1989)

Landwirtschaft		Industrie	
Reis (Äquivalente)	20 Mio.t	Elektrizität	8 Mrd.kWh
Zuckerrohr	5,2 Mio.t	Kohle	3,8 Mio.t
Gemüse	3,1 Mio.t	Stahl und Eisen	75 000 t
Erdnüsse	204 000 t	Kunstdünger	373 000 t
Jute	50 000 t	Ziegel	1,9 Mrd. Stüc
Kautschuk	50 000 t	Fahrräder	3,9 Mio. Stüc
Kaffee	40 000 t	Fischsoßen	185 Mio.l
Tee	32 000 t		
Tabak	24 000 t	Staatliche Investitionen	
Rinder	3,1 Mio. Stück	(Zahlen von 1988,	
Büffel	2,8 Mio.	Anteile in Prozent)	
Schweine	12,2 Mio.		

Staat Kambodscha (früher „Volksrepublik Kampuchea")	DRV Laos
181 053 m²	236 800 m²
7 Mio.	3,85 Mio.
38,6 E/m²	16 E/m²
2,3%	2,5%
31	28
11	16
48	50
2,74 Mio.	1,85 Mio.
80:15:5	72:20:5
ca. 770 Mio.US$	ca. 570 Mio.US$
ca. 110 US$	ca. 150 US$
?	62%
?	6%
2,8 Mio.t (= 400 kg pro Kopf)	1,6 Mio.t (= 421 kg pro Kopf)

Insgesamt	100%	
Produktive Bereiche	85,6%	
davon Industrie	45,4%	
Landwirtschaft	19,2%	
Transportsektor u. a.	12,7	
Nichtproduktive Bereiche	14,4%	
davon Wohnungsbau	5,7%	
Ausbildung	2,8%	
Gesundheitswesen	2,0%	
Wissenschaft	1,2%	

Entstehung des Bruttosozialprodukts (Zahlen von 1988)

a) Entstehung nach Sektoren

Insgesamt	100%
Industrie	45%
Landwirtschaft	34%
Handel	9,8%
Bauwirtschaft	4,6%
Transportwesen	1,3%
Sonstige	-5,3%

b) Entstehung des BSP nach Eigentumssektoren

Insgesamt	100%
staatlicher Sektor	31,1%
kollektiver Sektor	45,7%
Privatsektor	23,2%

Karte 1: Übersichtskarte Vietnam, Kambodscha, Laos

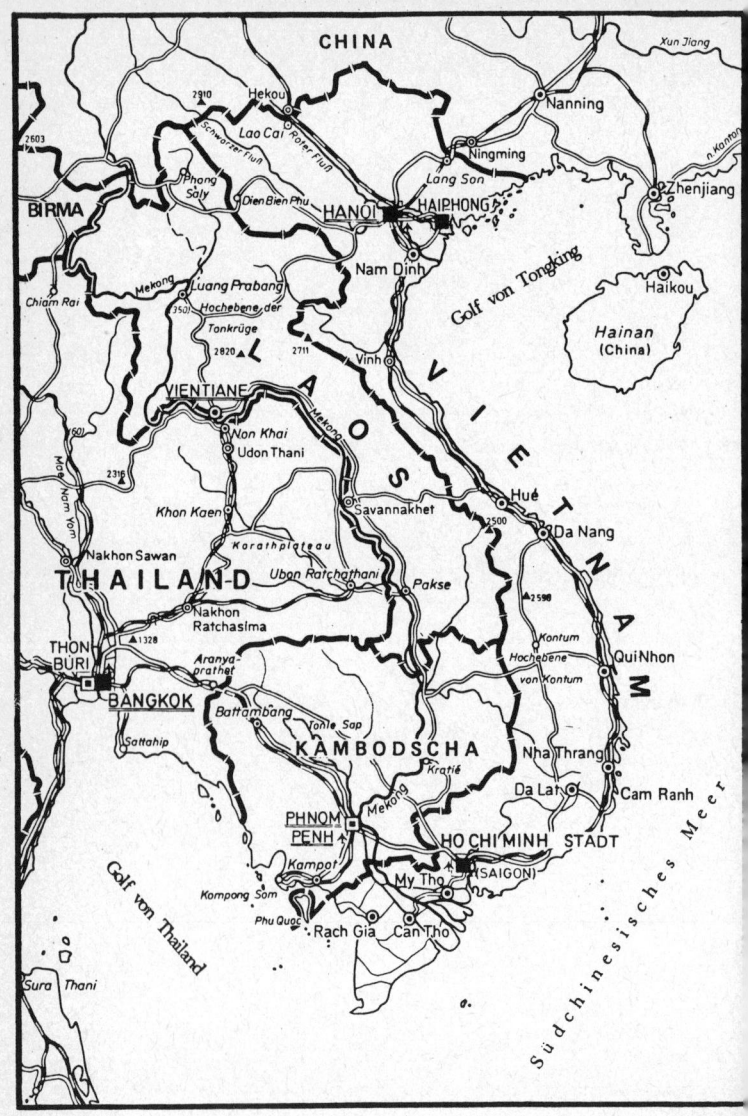

Karte 2: Die vietnamesischen Provinzen

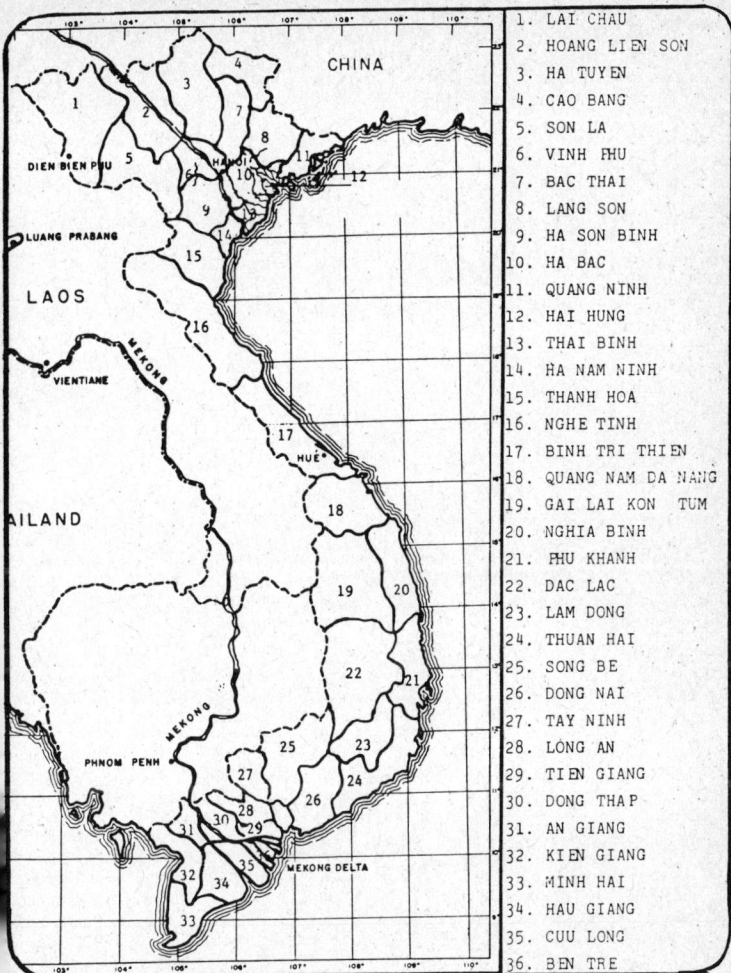

1. LAI CHAU
2. HOANG LIEN SON
3. HA TUYEN
4. CAO BANG
5. SON LA
6. VINH PHU
7. BAC THAI
8. LANG SON
9. HA SON BINH
10. HA BAC
11. QUANG NINH
12. HAI HUNG
13. THAI BINH
14. HA NAM NINH
15. THANH HOA
16. NGHE TINH
17. BINH TRI THIEN
18. QUANG NAM DA NANG
19. GAI LAI KON TUM
20. NGHIA BINH
21. PHU KHANH
22. DAC LAC
23. LAM DONG
24. THUAN HAI
25. SONG BE
26. DONG NAI
27. TAY NINH
28. LONG AN
29. TIEN GIANG
30. DONG THAP
31. AN GIANG
32. KIEN GIANG
33. MINH HAI
34. HAU GIANG
35. CUU LONG
36. BEN TRE

Mit Wirkung vom 30. 6. 1989 wurden die Provinzen Zentralvietnams neu geordnet. An die Stelle von Nghia Binh (Nr. 20) traten zwei neue Provinzen, nämlich Quang Ngai und Binh Dinh. Phu Khanh (Nr. 21) wurde ebenfalls durch zwei Provinzen, nämlich Phu Yen und Khanh Hoa, ersetzt. An die Stelle der Provinz Bin Tri Thien (Nr. 17) traten drei neue Provinzen, Quang Binh, Quang Tri und Thua Thien-Hue.

Karte 3: Die Provinzen Vietnams, Kambodschas, Laos' und Thailands

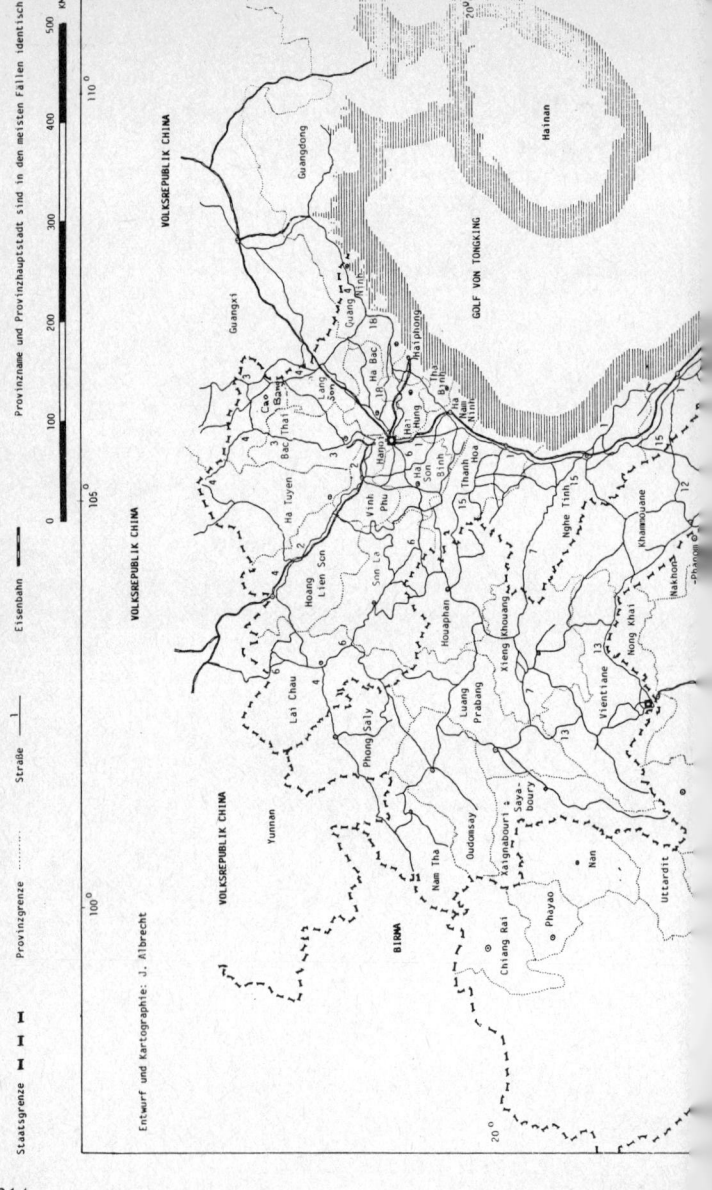

Entwurf und Kartographie: J. Albrecht

Staatsgrenze ▪ ▪ ▪   Provinzgrenze ·········   Straße ──   Eisenbahn ▬▬   Provinzname und Provinzhauptstadt sind in den meisten Fällen identisch.

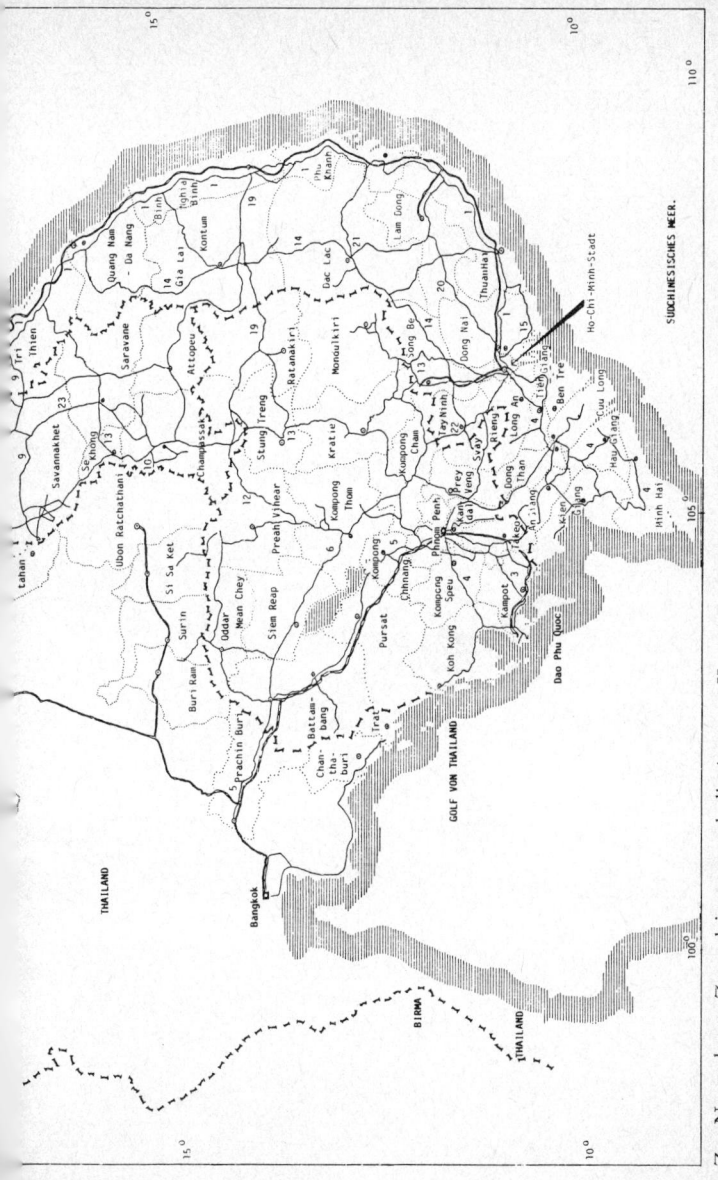

Zur Neuordnung Zentralvietnams vgl. die Anm. zu Karte 2.

Karte 4: Die Topographie der drei Indochinaländer

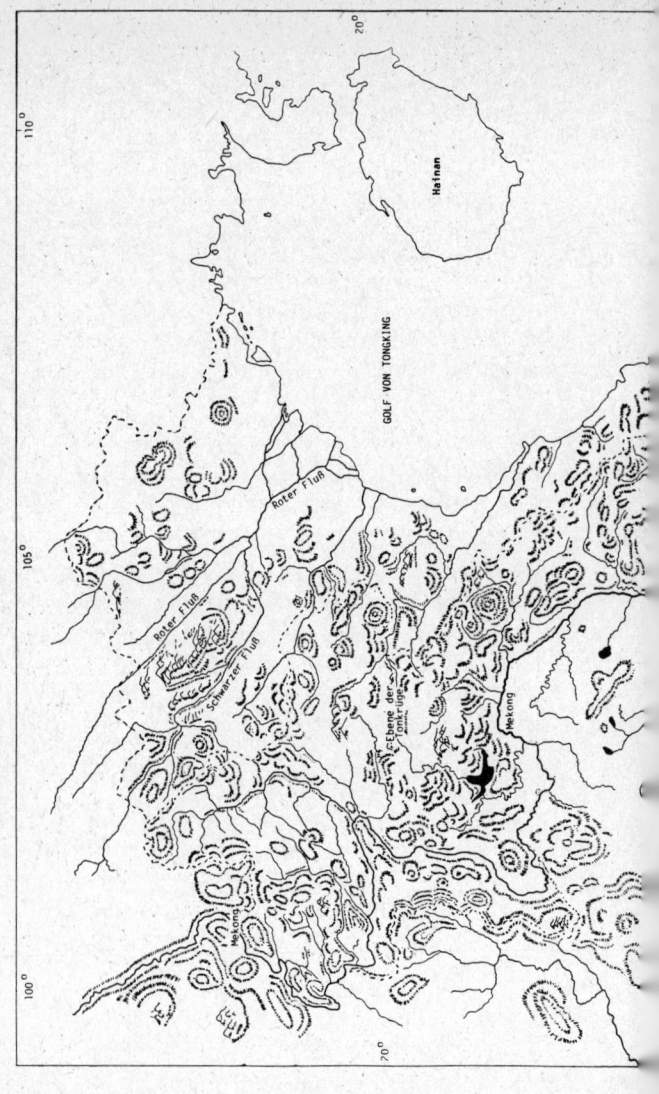

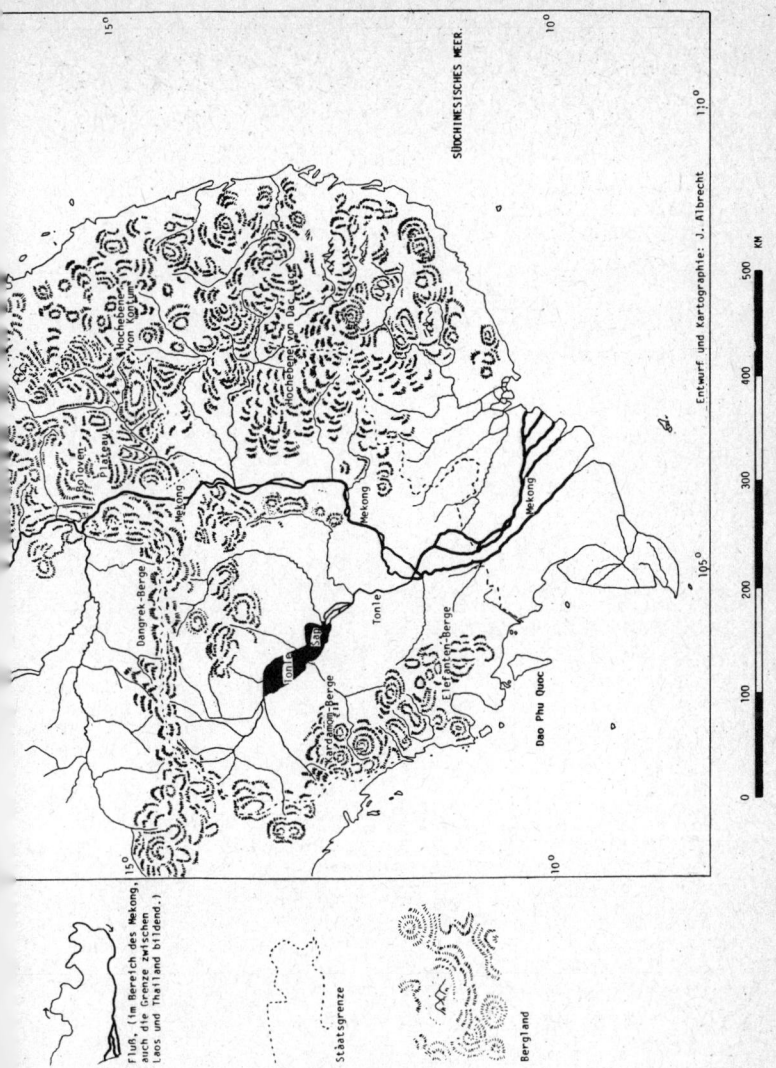

Fluß, (im Bereich des Mekong, auch die Grenze zwischen Laos und Thailand bildend.)

Staatsgrenze

Bergland

Entwurf und Kartographie: J. Albrecht

SÜDCHINESISCHES MEER.

Dangrek-Berge

Hochebene von Kontum

Hochland von Darlac

Bolovens Plateau

Mekong

Mekong

Mekong

Tonle

Tonle Sap

Elefanten-Berge

Cardamom-Berge

Dao Phu Quoc

500 KM

217

6. Register

(Das Register umfaßt nicht die im Anhang abgedruckte „Geschichte im Überblick", S. 201–207)

Aktuelle Länderkunden
in der Beck'schen Reihe

Probleme der Dritten Welt

Peter von Blanckenburg
Welternährung
Gegenwartsprobleme und Strategien für die Zukunft
1986. 349 Seiten. Paperback
(Beck'sche Reihe Band 308)

Volker Matthies
Kriegsschauplatz Dritte Welt
1988. 234 Seiten. Paperback
(Beck'sche Reihe Band 358)

Peter J. Opitz (Hrsg.)
Das Weltflüchtlingsproblem
Ursachen und Folgen
1988. 238 Seiten. Paperback
(Beck'sche Reihe Band 367)

Jahrbuch Dritte Welt 1991
Daten, Übersichten, Analysen
Herausgegeben vom Deutschen Übersee-Institut Hamburg.
1990. 270 Seiten. Paperback
(Beck'sche Reihe Band 417)

Klemens Ludwig
Bedrohte Völker
Ein Lexikon nationaler und religiöser Minderheiten
2., überarbeitete Auflage. 1990.
201 Seiten mit 10 Abbildungen und 2 Karten. Paperback
(Beck'sche Reihe Band 303)

Manfred Wöhlcke
Umweltzerstörung in der Dritten Welt
1987. 123 Seiten. Paperback
(Beck'sche Reihe Band 331)

Verlag C. H. Beck München